本书受江苏省"青蓝工程"资助

译界常州人
——常州籍翻译家研究

戎佩珏　戎林海——著

东南大学出版社
SOUTHEAST UNIVERSITY PRESS
·南京·

内 容 提 要

本书按出生年月，共收录研究了11位常州籍翻译家。全书共分两个部分，即翻译家研究和译论拾萃。对每一位翻译家的研究基本又分为简介、生平介绍、翻译活动与实践(作品)、翻译思想及译作评析等五个方面。此外，在译论拾萃部分，本书还收录了几位翻译家有关翻译见解的论文或访谈等。

图书在版编目(CIP)数据

译界常州人：常州籍翻译家研究 / 戎佩珏，戎林海著．— 南京：东南大学出版社，2024.1
 ISBN 978-7-5766-0991-2

Ⅰ.①译… Ⅱ.①戎… ②戎… Ⅲ.①翻译家-人物研究-常州 Ⅳ.①K825.5

中国国家版本馆 CIP 数据核字(2023)第 224307 号

责任编辑：刘 坚(635353748@qq.com)　　责任校对：张万莹
封面设计：王 玥　　责任印制：周荣虎

译界常州人——常州籍翻译家研究
Yijie Changzhouren——Changzhouji Fanyijia Yanjiu

著　　者	戎佩珏　戎林海
出版发行	东南大学出版社
出 版 人	白云飞
社　　址	南京市四牌楼2号(邮编：210096　电话：025-83793330)
经　　销	全国各地新华书店
印　　刷	广东虎彩云印刷有限公司
开　　本	787 mm×1092 mm　1/16
印　　张	13
字　　数	294 千字
版　　次	2024年1月第1版
印　　次	2024年1月第1次印刷
书　　号	ISBN 978-7-5766-0991-2
定　　价	78.00元

本社图书若有印装质量问题，请直接与营销部调换。电话(传真)：025-83791830

序

近年来,我一直呼吁要加强翻译家研究。在与刘云虹教授共同发表的《走进翻译家的精神世界——关于加强翻译家研究的对谈》一文中,我曾明确指出,在中华文明发展、中外文化交流的历程中,翻译家始终在场。让我们把目光投向历史,想一想中国历史上的翻译活动:谈到佛经翻译,我们会想到鸠摩罗什与玄奘;谈到西学东渐,我们会想到严复;谈到西方文学在中国最初的译介,我们会想到林纾;而一谈到五四运动前后的翻译,我们就会想到鲁迅、陈望道等。这一个个名字,不仅与某位思想家或作家、某种思潮或流派紧密地联系在一起,而且一想到他们,就会感到中华文明发展史、中外文化交流史仿佛有了生命,是鲜活的,是涌动的。这些翻译家就像是一个个重要的精神坐标,引发我们对中华文明的延续与发展、中外文化的交流与互鉴做出更为深刻的思考。

在对翻译家进行研究的过程中,我和国内翻译界的一些同行进行了广泛的交流,一起努力,把翻译家研究落到实处。我先后主编了《中华译学馆·中华翻译家代表性译文库》《中华译学馆·中华翻译家研究文库》《中华译学馆·中华翻译研究文库》。这些工作得到了学界同行的大力支持。前些日子,常州工学院的戎林海教授给我打电话,说他主持编撰了《译界常州人——常州籍翻译家研究》,邀我为该书写几句话,我欣然应允。

常州人杰地灵,英才辈出。赵元任、瞿秋白、姜椿芳、方重、屠岸、汤永宽、张柏然等等,都是中国译坛响当当的名字。他们的翻译实践丰富了我国的翻译宝库,他们的翻译经验和翻译探索成果更是我们翻译界不可多得的财富。《译界常州人——常州籍翻译家研究》对这些译界大家进行深入研究,在我看来是做了一件非常有意义的事。

戎林海教授是我多年的朋友,给了我很多帮助,承担了《中华译学馆·中华翻译家代表性译文库》(赵元任卷)的编撰工作。他在翻译家研究方面做过许多重要的探索,一直致力于常州籍翻译家的研究，成果丰硕，发表、出版了《赵元任的翻译观》《瞿秋白的翻译观》《屠岸的翻译观》《赵元任翻译研究》《翻译家赵元任》《瞿秋白翻译思想研究》等论文和著作。更可喜的是，他的事业有继承，有发展，他的女儿戎佩珏（该书作者之一）也先后发表过多篇有关赵元任、恽代英等翻译方面的研究论文。戎林海教授是常州人，他对常州这片故土热爱有加，情有独钟，对从常州走出去的翻译家更是崇拜与敬畏。他本人也热爱翻译，先后出版了不少译作，获到了读者普遍的好评，如他参与翻译并审校的《给聪明孩子的故事与诗》（广西师范大学出版社 2021 年出版）一书，位列该出版社年度好书榜（黄橙、戎佩珏、熊亚芳译，戎林海校）；他主编的《新编实用翻译教程》由上海外语教育出版社出版后，于 2010 年获得江苏省精品教材荣誉称号；他对翻译研究也颇有心得，曾在《中国翻译》《外国语》《外语教学》《南外学报》等刊物上发表过有关翻译研究方面的论文；他对翻译事业尤其热心，曾先后两次参与承办江苏省翻译协会年会以及"面向翻译的术语研究"国际学术研讨会。可以说，在他身上，集中体现了常州翻译人不懈追求与努力奉献的精神。

《译界常州人——常州籍翻译家研究》共集中研究了 11 位翻译家。他们都是多才多艺的人物，也都经历了程度不同的人生坎坷。但是，在翻译上，他们都是我们的楷模，值得我们好好学习，好好研究。他们对翻译的热爱和一丝不苟的精神，值得我们继承和发扬。

许　钧

2023 年 5 月 8 日于南京

前言

> 江山代有才人出，各领风骚数百年。
> ——赵翼

> 翻译之为用大矣哉！
> ——季羡林

常州，又名龙城，是一座拥有2500多年历史的江南文化名城。自古以来，这里文风昌盛，教育发达，经济繁荣，民风淳朴，百姓安居乐业。

俗话说，一方水土养一方人。在常州这片肥沃的热土上，涌现出了一批又一批"英雄豪杰"，他们都是常州人民引为骄傲与自豪的优秀儿女：他们有的是帝王，有的是朝廷高官，有的是文学家，有的是诗人，有的是历史学家，有的是科学家，有的是画家，有的是艺术家，有的是将军，有的是教育家，有的是工业家，有的是医学家……

近现代以降，这座古城更是人才辈出：革命家常州三杰——瞿秋白、张太雷、恽代英，民族工业家刘国钧，画家刘海粟、谢稚柳、吴青霞，戏剧家吴祖光，教育家孟宪承、瞿世英，辞书编纂家陆尔奎、赵元任、姜椿芳、张柏然，诗人屠岸，小说家高晓声，出版家姜椿芳、汤永宽，语言学家赵元任、周有光，两院院士华罗庚（数学家）、吴阶平（医学家）、史绍熙（工程热物理与燃烧学家）、顾冠群（计算机网络专家）、蒋亦元（农业工程学家）、许学彦（船舶设计学家）、董申保（岩石学家）、王之江（光学家）、吴旻（细胞生物学家、医学遗传学家）……

常州这方沃土还孕育出了一批具有世界眼光的翻译家，他们是恽铁樵、孟宪承、赵元任、恽代英、张太雷、瞿秋白、方重、姜椿芳、屠岸、汤永宽、张柏然等等。

翻译家必须具有坚实超然的双语能力，娴熟的文章技法，宽广的知识领域，严谨的工作态度，孜孜以求的探索精神，淡泊名利的宁静心态……

翻译不易，成为翻译家更难。

对翻译家及其翻译文本进行研究就是要通过观察、学习、分析,向他们靠近,了解他们的成长过程,理解他们的翻译初衷,体会他们的酸甜苦辣,学习他们的钻研精神,以他们为榜样,以"译"为媒,"请进来,走出去",为中外文化交流、文明互鉴做出可能的贡献。

本书作者曾经对一些翻译家进行过研究,也发表、出版了一点有关他们的文章和书籍。但是,对常州籍翻译家群体做系统研究,这还是第一次。这11位翻译家无一不是多才多艺,无一不是人生坎坷。他们在有限的人生历程中,为后人贡献了无限的智慧与才华。他们是"灯",为我们照亮了前进的方向;他们是"镜",为我们映照了他们曾经走过的路程,使我们看到了他们上下求索、孜孜矻矻、一丝不苟的光辉形象。

这11位翻译家,人人都有优秀的译本,人人都有可资借鉴的经验与体会。从翻译学的角度来看,他们都是我国翻译历史长河中璀璨的明珠,是翻译实践图画中一道亮丽的风景线。

除少数几位外,本书中讨论的翻译家都有自己的翻译观,他们对翻译的论述(参见附录)是构建具有中国特色翻译理论的重要的、不可或缺的组成部分。

《译界常州人——常州籍翻译家研究》共收录研究11位翻译家,按照他们的出生年月先后进行排列。全书共分两个部分:翻译家研究和译论拾萃。每一章又分为五个部分进行论述:简介(楷体部分)、生平介绍、翻译活动与实践(作品)、翻译思想、译作评析。个别的翻译家,由于缺乏可资利用的资料,没有讨论其"翻译思想",比如孟宪承等等。在译作赏析部分,有的原文难以找到,故只能提供几个译文片段供大家欣赏。这一点还请读者见谅!

《译界常州人——常州籍翻译家研究》的写作前后准备了近三年,断断续续,有时因第一手资料难以寻找,笔者甚至产生过放弃的念头。好在时有学者和朋友帮忙,使得这本书才有今日的模样。在本书付梓之际,我们对以不同方式为本书的写成提供过帮助的同志表示衷心的感谢,他们是谈继红女士(张柏然遗孀)、汤定先生(汤永宽之子)、李寿生先生(常州日报)、石一梅女士(常州图书馆)、卢丹秋女士(加拿大)等等。

我们还要特别感谢许钧教授(浙江大学文科资深教授),感谢他在百忙中为本书作序。

我们深知本书还存在这样那样的不足,甚至错讹,敬请读者在阅读的过程中予以指教并宽宥。

戎佩珏　戎林海

2023年6月于常州西太湖翡丽蓝湾

目录

第一章　恽铁樵：多才多艺的翻译家 …………………………… 001

第二章　孟宪承：学贯中西的教育家、翻译家 ………………… 013

第三章　赵元任："天生的语言学家"、音乐家和翻译家 ……… 017

第四章　恽代英：红色翻译家 …………………………………… 039

第五章　张太雷：共产国际的翻译家 …………………………… 049

第六章　瞿秋白：革命家、文艺家和翻译家 …………………… 057

第七章　方重：学富五车的翻译家 ……………………………… 073

第八章　姜椿芳：译坛巨子，译界领袖 ………………………… 081

第九章　屠岸：诗人翻译家 ……………………………………… 097

第十章　汤永宽：出版家和翻译家 ……………………………… 109

第十一章　张柏然：译学理论家、词典编纂家和翻译家 ……… 115

附录：译论拾萃 …………………………………………………… 125

第一章 恽铁樵：多才多艺的翻译家

恽铁樵(1878—1935)，江苏常州人，名树珏，字铁樵，以字行，别名冷风、药庵、黄山民、焦木等等。弱冠时期在家乡接受传统的私塾教育，古文基础坚实；1903年入上海南洋公学(今上海交通大学前身)攻读英语专业；1906年毕业，先后在长沙、上海任教；1911年，经人介绍入商务印书馆工作，为编译所编译员；1912年，任《小说月报》主编；1917年，辞去主编职务；1920年6月离开商务印书馆，弃文从医；1935年7月病逝。

恽铁樵是20世纪二三十年代重要的翻译家、出版家和文学家。他的翻译与林纾齐名[①]，是中国翻译历史长河中一道亮丽的风景线。

---

① 何公度、周瘦鹃等语，参见《药盦医学丛书》第一辑。

第一节
生平介绍

恽铁樵 1878 年出生于浙江台州,其时他父亲在浙江台州任官。他 5 岁那年丧父,11 岁时又丧母。后在族人的帮助下,恽铁樵随同父异母兄长,扶父母灵柩返回故里江苏常州西夏墅。孤苦伶仃的他是由宗亲们抚养长大的(其先祖是清朝末年阳湖文派的创始人恽敬)。恽铁樵自幼聪颖异常且勤奋好学,从小在家乡私塾里读书,接受了系统的传统教育,古诗文等基础坚实。19 岁与夫人丁氏结婚。1903 年恽铁樵考入上海南洋公学(今上海交通大学前身)攻读英语专业。1906 年毕业后,经人介绍赴湖南长沙等地任教。后来到上海,在上海浦东中学做教师。1910 年开始,恽铁樵在业余时间模仿当红翻译家林纾的笔法,以章回体形式翻译了几部长篇言情小说,在《小说时报》(后为《小说月报》)上连载。他翻译的小说文笔优美流畅,可读性强,在当时的文坛集聚了一定的名气。1911 年,在商务印书馆资深编辑庄俞的介绍和引荐下,恽铁樵结识了商务印书馆编译所所长张元济。张元济十分欣赏恽铁樵的文学才华,遂聘他担任编译所的编译员。1912 年,《小说月报》主编王蕴章赴南洋留学,经张元济提议,恽铁樵接替前任成为《小说月报》的第二任主编。1917 年年底,恽铁樵因故辞去《小说月报》主编一职,在编译所继续做编译工作直至 1920 年。这一年恽铁樵下定决心,弃文从医,自开诊所,悬壶济世,就这样他正式与商务印书馆脱离了关系。1935 年 7 月 26 日,恽铁樵因病在上海辞世(他的弟子章巨膺评价他为"一介寒儒,卒成医林一代宗匠,不亦伟哉!"[①])。

恽铁樵是 20 世纪二三十年代中国重要的出版家。

1912—1917 年,恽铁樵自接任《小说月报》主编后,工作兢兢业业,恪尽职守,开创性地对杂志进行了多方面的大刀阔斧式的改革,从封面、插图、栏目到内容、文字、撰与译等等,将其办成在全国有影响力的大型文学杂志,拥有成千上万的忠实读者。更难能可贵

---

① 章巨膺:《恽铁樵先生年谱》,载《药盦医学丛书》第一辑,千顷堂书局,1948,第 15 页。

的是,他热情鼓励提携了不少文学青年,像鲁迅①、叶圣陶②、张恨水③、程小青等等,使他们在文坛崭露头角。

恽铁樵是20世纪二三十年代中国著名的文学家。

自1910年模仿林纾翻译风格进行言情小说的翻译开始,恽铁樵在翻译之外还笔耕不辍,创作发表了许多小说,深受读者好评,影响广泛,如《文字姻缘》《泥忆云》《七十五里》《雁声》《五十年》《新论字》《鞠有黄花》《毁像造像》《村老妪》《工人小史》《罂花碧血记》《醒世缘弹词》等等。其中很多是优秀作品,描写当时的社会人生,鞭挞当时社会上的封建、黑暗、愚昧和不平等现象,也彰显了作者其时的人生观和价值观……

恽铁樵是二十世纪三四十年代中国重要的中医学家。

1920年,正当恽铁樵事业蒸蒸日上的时候,他离开了商务印书馆。其中有两个可能的原因。一个原因是他与张元济的关系出现了问题,而且裂痕越来越大,工作上不能得心应手;另一个原因是家庭,丧子之痛时不时就向他袭来。1916年,年已14岁的长子阿通殁于伤寒④,次年第二、三子又因伤寒而夭折。恽铁樵自己虽然懂得一些医术,但他爱莫能助,只能听医生的。连丧三子后,恽铁樵痛定思痛,深深地感到求人不如求己,遂深入研究《伤寒论》,同时请教杏林名人。一年后他第四个儿子又得病,恶寒发热,无汗而喘。虽经名医诊治,但病情仍没有缓解,反而恶化,恽铁樵踌躇徘徊,彻夜难眠。有一天黎明时分他果断开了一剂麻黄汤,对夫人说:三个儿子都死于伤寒,今慧发病,医生又说无能为力,与其坐等其死,宁愿服药而亡。四子服用他开的处方配药后,病情终得缓解。

恽铁樵离开商务印书馆后,潜心研究医学。由于古文功底扎实,勤奋好学,恽铁樵在推动中医事业的发展上取得了很大的成就。1925年,他创办铁樵中医函授学校,通函受

---

① 鲁迅逝世后,周作人对这件事做了具体的说明:"他写小说,其实并不始于《狂人日记》,辛亥年冬天在家里的时候,曾经用古文写过一篇,以东邻的富翁为模型,写革命前夜的情形,有性质不明的革命军将要进城,富翁和清客闲谈商议迎春,颇具讽刺色彩,这篇文章未有题目,过了两三年,由我加了一个题目与署名,寄给《小说月报》,那时还是小册,系恽铁樵编辑,承其复信,大加称赏,登在卷首。"参见周作人:《关于鲁迅》,载《瓜豆集》,河北教育出版社,2002,第156、157页。又,1934年5月,鲁迅在给杨霁云的一封信中说:"现在都说我的第一篇小说是《狂人日记》",其实……是一篇文言的短篇小说,……后有恽铁樵的批语",参见《鲁迅书信集》(上卷)第538页。
② 1979年,叶圣陶回忆说:"《旅窗心影》原来是投给《小说月报》的,当时主编《小说月报》的是恽铁樵。恽铁樵喜欢古文,有鉴赏眼光,他认为这一篇有可取之处,可是刊登在《小说月报》还不够格,就收在也是他主编的《小说海》里。"参见吴泰昌:《文艺轶话》,安徽人民出版社,1981,第197页。
③ 张恨水回忆说:"一篇是《旧新娘》……一篇是《桃花劫》……稿子写好了,……寄去商务印书馆《小说月报》编辑部。稿子寄出去了,我也是寄出去了而已,并没有任何被选的幻想。因为我对《小说月报》的作者,一律认为是大文豪,我太渺小了……四五天后,一个商务印书馆的信封,放在我寝室的桌上。……信上说,稿子很好,意思尤可钦佩。容缓选载。我这一喜,几乎发了狂了。"参见张占国、魏守忠:《张恨水研究资料》,天津人民出版社,1986,第21页。
④ 章巨膺:《恽铁樵先生年谱》,载《药盦医学丛书》第一辑,千顷堂书局,1948,第17页。

业者达六百余人。1933年复办铁樵函授医学事务所,问业者三百余人。离开商务印书馆后的十几年间,恽铁樵为培养中医人才呕心沥血,事必躬亲。他撰写了许多医学著作,比如《论医集》《群经见智录》《伤寒论研究》《药盒医案》《伤寒论辑义按》《药物学》《病理概论》《病理各论》《热病学》《霍乱新论》等等,后统一收录进八卷本的《药盒医学丛书》。此外,他还创刊了《铁樵医学月刊》,共发行二十期。

第二节
翻译活动与实践(作品)

恽铁樵的翻译实践活动始于1910年,而他在文坛的声名鹊起靠的就是文学翻译。1910—1911年,恽铁樵模仿当时坊间非常有名的翻译家林纾的笔法,以章回体小说形式翻译了《豆蔻葩》等三部长篇通俗(言情)小说,发表在《小说时报》上,受到了读者的追捧,为他后来事业的精进打下了坚实的基础。

恽铁樵的翻译作品主要有:

(一)通俗小说(亦称言情小说)翻译:如《豆蔻葩》《黑衣娘》《波痕夷因》《沟中金》《出山泉水》等等;

(二)军事小说翻译:如《沙场归梦》《爱国真诠》《吾血沸矣》《与子同仇》《献身君国》《战事真相》等等;

(三)社会冒险小说翻译:如《欧蓼乳瓶》《动物院叟》《冰洋双鲤》《金钱与爱情》《五千镑》《女侠》《贪魔小影》《情魔小影》《弱女救兄记》《堕落》等等;

(四)散文游记翻译:如《印度婚嫁志异》《高丽近状》《台湾游记》《黎贝嫩古林记》《弗罗列达横海铁道记》等等;

(五)科学类小说翻译:如《催眠术》《说梦》《有声有色》等等;

(六)其他:如莫泊桑的《情量》,以及《北梦》《牧师》《面包趣谭》《西班牙宫闱琐语》《西学东渐》(凤石译述,恽铁樵校订)等等。

第三节
翻译思想

恽铁樵的翻译活动始于通俗小说（言情小说）的翻译，并由此在文坛出名。那么，恽铁樵为什么首先选择通俗小说来翻译呢？他的翻译目的是什么呢？恽铁樵在《论言情小说撰不如译》一文中阐明了他的主张和目的。概括起来讲，就是"借他山之石以攻玉"，以拓展读者视野，增加新知，宣传改良思想，推进社会的变革与进步。他说："泰西人人各有信仰中心点，不如吾国之杌木皋无定也。譬之结婚，自由乎？父母命乎？……譬之嫠妇，守节乎？改嫁乎？……吾其揆之情理，就吾心所安者为言乎？然吾之所谓安，果天下人所谓安耶？""彼邦有男女交际可言，吾国无之，彼以自由结婚为法，我国尚在新旧嬗蜕之时……欧洲言情小说，取之社会而有余；我国言情小说，搜索枯肠而不足。""饾饤满纸，不可救药。"①

在军事小说《与子同仇》译后语中，恽铁樵阐明了他为何翻译军事题材作品的由衷。他这样写道："本报今注意迻译欧战小说，虽曰借助他山，其实舍己之田，借人之酒，无聊之极思而已。"②在《献身君国篇后书》中，恽铁樵说："时至今日，我国对症之药，惟普及教育及军国民主义乎……一日与欧洲兵相遇于疆场，我敢誓言必不胆寒，然而不免眼热。"③其时正逢第一次世界大战，恽铁樵欲借翻译军事小说来唤醒国人的爱国热情和坚强斗志，体现了他对国家对社会对民族所秉持的高度的责任感和使命感。

恽铁樵主张翻译必须忠实于原文，不能有任何的出入。在翻译《西学东渐》时，他指出："此书悉照原本意思，不敢稍有出入，致失真相。"④他是这样主张的也是这样做的。他的翻译作品总体上看是忠实于原文的（当然也存在一些"删、漏、撰"的问题），其译文优美，译笔流畅，一气呵成，译语典雅清新，简洁明了。这恐怕也是当时众多读者追捧他的原因之一吧⑤。

---

① 参见《小说月报》第六卷第七号。
② 参见《小说月报》第七卷第二号。
③ 参见《小说月报》第七卷第三号。
④ 参见《小说月报》第六卷第七号。
⑤ 钟叔河认为《西学东渐记》"信而且达，无愧原作"。钱基博对《冰洋双鲤》的译文大加赞赏，他说："……读尊译《冰洋双鲤》一篇，绮丽清新，则诚佳构也。"周瘦鹃曾回忆说："最初读了……《豆蔻葩》，醇醇有味，觉得他的一枝译笔和林畏庐先生有异曲同工之妙。后来又读了《黑衣娘》《波痕夷因》诸书，对他老人家的印象更深。"

恽铁樵起初的小说翻译是模仿林纾的翻译风格,以章回体形式再现原作,包括所用语言,也是所谓的"文言文",即典雅的文言,"半文半白"的文言,"较通俗、较随便、富于弹性的文言"①,这是他们的一个共同点。他们的翻译还有一个鲜明的共同点,那就是译文中都有"删、漏、撰(增)"的问题,有的地方还比较严重。关于林纾翻译中的"删、漏、撰(增)"问题,钱锺书先生在其《林纾的翻译》一文里有专门的论述,这里不再赘述。恽铁樵翻译中的得与失,我们后面将以《豆蔻葩》为例进行详细讨论。与此同时,我们也应该认识到恽铁樵的翻译与林纾的翻译有一个根本的不同点,那就是,林纾"不审西文",他的翻译是根据助手的口述而进行的[所以其"删、漏、撰(增)"问题更加突出];而恽铁樵早年在南洋公学攻读的是英语专业,他的英语基础坚实,修养很高,所以他的翻译是直接从英文进行的,他译文中的"删、漏、撰(增)"是他主观故意而为之。

第四节
译作评析(以《豆蔻葩》为例)

恽铁樵最先翻译的三部言情小说(即《豆蔻葩》《黑衣娘》《波痕夷因》等)都是英国作家查尔斯·安德鲁·加维斯(Charles Andrew Garvice,恽铁樵的原译名是却而司佳维)的作品。加维斯(1850—1920)是英国一位多产作家,以创作言情小说(romance novel)而闻名于世。他一生创作了很多部言情小说,在英国和美国都非常受欢迎。他的作品译满世界(translated around the world),到1914年为止,他的作品销量达到了700余万册,之后每年都有175万册的销量,直到他去世。所以,他被誉为当时英格兰最成功的小说家(Arnold Bennett② 语)。遗憾的是,他的小说没有受到文学评论家的青睐,所以,今天他几乎被人们遗忘了。

《豆蔻葩》是加维斯言情小说中一部比较有名的作品,其英文名是 *Just A Girl*。小说通过讲述一个名叫 Esmeralda(原译伊瑟姆)的姑娘与 Trafford(翠兰福特)之间的一段曲折动人的爱情故事,展示了一幅幅栩栩如生的伦敦社会生活画面,歌颂了社会底层劳动者的善良、质朴、勤俭等美德,批判了所谓上流社会人们的虚伪、狡诈、丑陋。

下面我们简要分析一下恽铁樵翻译的《豆蔻葩》。

---

① 钱锺书:《林纾的翻译》,载《翻译研究论文集(1949—1983)》,外语教学与研究出版社,1984,第279页。
② 阿诺德·贝内特(Arnold Bennett,1867—1931),英国作家。

总的说来,恽铁樵翻译的《豆蔻葩》语言优美,译笔流畅,故事内容与情节忠实于原文,可读性强。经与原文比较,我们发现译文有以下几个特点。

(一) 译文信而且达

从翻译研究的角度看,翻译中的"信"有多种表现形式,用赵元任的话说就是翻译中的信是有幅度的[①]。恽铁樵翻译中的"信"是"形散神不散",是整体意义神韵上的信,而不是字对字、句对句层面上的信。例如:

1. The men flocked around with cries of "Got anything for me, Bill?" "Hand out that check I've been waiting for!" "Got a message for me, Willyum?" and so on; most of them in accents of simulated indifference or burlesque anxiety.

译文: 众人环老人数匝。群呼弼而弼而者,老人名也。此时嚣声复作,咸向老人索雁足书平安字。声嘈杂更不辨谁某语。

恽铁樵翻译时,将原文中的两个问句融合在一块儿,用几个字就再现了原文的真实意思。此外,这个段落的翻译还有词序的调整等。反复读两遍,觉得此段翻译整体上"信而且达"。

2. "It's a new dress he lifted from the store at Dog's Ear Camp for his missis," suggested a humorist.

Bill twisted his huge mouth into a smile.

"Guess again," he said, "though you wouldn't hit it if you tried all night. Hands off!" he added, as one of them made for the bundle.

译文: 众曰衣耳,一人曰然,或女衣……吾知弼而有所欢居狗耳堡。盖所以媚彼妇者。众皆笑,老人嗤之以鼻。谓众毋手触,即使竟夜臆度亦无益。

从具体上下文看,这段文字比较贴切地再现了原文的情节和意义。

(二) 语言优美,表达流畅

恽铁樵自幼接受了比较好的传统教育,他的古文功底非常深厚。翻译《豆蔻葩》时,他用的是清新典雅的文言,与林纾的翻译语言有异曲同工之妙。这种地道流畅的语言表达,读起来没有一点翻译腔,倒很像是用汉语撰写的小说。这恐怕也是他的翻译可读性

---

① 赵元任:《论翻译中信、达、雅的信的幅度》,载戎林海主编《赵元任翻译研究》,南京:东南大学出版社,2011,第158页。

强,并拥有众多读者的原因之一吧。我们来看下面这段文字。

3. They were riding through a lovely valley upon which the sun shone as it can only shine in Australia; the river ran between its grassy banks, breaking now and again into little cascades as it tumbled over impeding rocks; the mountains, clothed here and there with the brilliant green of trees in all their summer bravery, rose majestically from the plain and towered high against the blue and cloudless sky.

Lord Norman looked around him and drew a long breath; the beauty of the scene, the extraordinary loveliness of the girl by his side, cast a spell over him.

"What a beautiful place!" he said. "And you live near here?"

译文:二人并行,默然者久之。落日距地平线两丈许。远山一角尚余残照。远近村树,暮霭苍然,断霞半空,赤如鱼尾。密司脱蹒躇满志,莊敬致词曰,佳哉风景。尊居不远耶?

可以看出,这段描写的文字非常优美,一气呵成。不过,从翻译的角度看,它对原文的忠实度不是非常高,存在着一些漏译和错讹的地方,当然这些"删与讹"没有改变其情节内容。

(三) 顺应读者阅读习惯

外国小说是舶来品,与目标语读者之间存在不少距离。为缩短这个距离,便于读者接受,译者在翻译过程中通常都会做些许调整,这就是当年德国学者施莱尔马赫所说的,译者让读者不动,尽可能地让作者走近读者①,即所谓的"归化"。恽铁樵翻译《豆蔻葩》时,为照顾读者的阅读习惯,他运用了"归化"手法。比如采用传统的章回体形式,并为每个章节安了个章节名,用寥寥数字,概括出一个章节的主要内容。譬如:第一章拾儿;第二章英雄之孵化;第三章剖心语……第二十七章伤心人别有怀抱;等等。在翻译上,这种现象属于"增译",从译介学角度看,这种增添属于"创造性的叛逆"②。此外,如"丈""仞""阿爷""初几""足下"等等表达的运用,也是明显的归化式的表达。

(四) 用写作的手法,对原作进行添改

从翻译的角度判断,这种添改,就是一种"讹"。林纾的翻译有不少"讹"的地方,恽铁

---

① 戎林海:《新编实用翻译教程》,上海外语教育出版社,2010,第 86 页。
② "创造性的叛逆"分为有个性化翻译、误译与漏译、节译与编译、转译与改编等等。参见谢天振:《译介学》,上海外语教育出版社,1999,第 146 页。

樵的翻译同样也有这种现象,不过由于读起来自然流畅,如果不仔细比对原文的话,还会觉得这种"讹"不着痕迹。比如:

4. One day—she was a little over seventeen—she was riding through the wood that rose from the edge of the stream halfway up the hill, her hat tilted over her eyes, her soft, full voice singing melodiously, when her horse, a beautiful young chestnut, purchased by the camp for her special use, started and shied, and then neighed.

译文:一日,伊瑟姆课毕,乘马出。马已长成,毛作栗色,俊伟绝伦。<u>缓绺行且讴,忘路之远近。只见野花含苞,鸣鸠在树。盖时方春暮也。至一处,灌木丛生,芳草鲜美。百步外有小山,高可数仞,一望苍翠,如入画图。</u>心爱好之,驻马凝眺。方徘徊间,忽隐约闻马嘶声,坐下马亦长鸣。

将原文与译文细细对照一下,我们发现,此段翻译除了故意的漏译,还有故意的添加,画线部分就是显著的添加,原文并没有这个景色描写。但对于恽铁樵来说,在树林间骑马走到半山腰,这时有必要对周围景色予以描写,故手痒难忍,替原作者加了一段景色描摹(与林纾的手法如出一辙)。其语言优美流畅,译笔犹如流水,致使读者在阅读过程中浑然不知。这种添改不仅没有伤害到原作的情节内容,反而还增强了原作的吸引力。

(五) 根据中文叙事习惯,大幅调整原文的词序和句序

为更好地使原作者走近读者,恽铁樵在翻译过程中常常按照中文叙述习惯,在保持总体意义不变的情况下,对原文的词序句序进行调整。比如小说的开头部分:

5. There was really a lovely row on at Dan MacGrath's Eldorado Saloon in Three Star Camp.

The saloon, a long and narrow room, built of rough, feather-edged boards and decorated with scraps of turkey-red cotton and cheap calico lining, with occasional portraits of local celebrities rudely drawn in charcoal, was well filled with the crew of miners and camp followers which made up the population of Three Star Camp—Three Star, it is needless to explain, after the well-known legend on the brandy bottles.

译文:三星堡者,村落间一小市集也。读者苟嗜饮孛兰地,当熟知三星为何处,无庸吾赘言矣。村中数十家皆茅屋。林木瀚翳,山泉清洌。平旷青绿之田畴,环其四围。中有一屋,土垣板屏……沽肆也……聚饮者多金矿工人……肆仅一楹,窄而长……

恽铁樵在翻译时,根据中国文人的习惯,先点出某一个地方,接着描写周围环境,然

后再描写里面；由远及近，由外及里。对照原文，我们发现，恽铁樵的上述译文有这么几个特点：一是将第二段最后一句提到了最前面，将起初的"闹哄哄争吵"和中间的"土耳其红布"等挪到了后面；二是凭自己的想象为原文添加了环境描写等；三是省译了一些词语乃至句子。虽然译文对原文作了译改，但可以看出其基本意义和情节与原文总体上是吻合的。

（六）译文对话部分不分行分段，不加引号

比如：

6. "Well, you see," he said, slowly, "you are growing up; you will marry some day."

She received the information with an expansion of her glorious eyes.

"Shall I? I know who I shall marry!"

"I'm glad to know that," said Varley; "it simplifies matters."

"I shall marry you, Varley, dear," she remarked...

译文：须知人无终身作女郎者。女曰，儿亦自知必嫁人，且所嫁何人，儿亦已知之。万愕然，徐诘之曰，儿既有意中人，亦大好事，盍告我，当为汝决从违。女曰，儿必嫁阿爷……

上述翻译（当然有漏译和增译）的对话部分全被糅合在一起，没有进行分行分段。但意义依然豁然。这就是所谓的"形散神不散"。

上述六点论述的是对恽铁樵翻译《豆蔻葩》的总体印象。我们发现恽铁樵的翻译与林纾的翻译笔法如出一辙：有的地方对原文忠实而且达意，有的地方有故意和草率的删节，有的地方有大幅度的词序句序的调整，有的地方有译者自己的撰写，故意增加一些环境、氛围以及心理的描写，有的地方顺应读者的需求，按照读者的阅读习惯进行了改译。

严格意义上讲，这种翻译不应该称为翻译，倒有点像是改译或译写。然而，从译介学的角度看，尽管存在着这样那样的问题，这种翻译却为原作生命的延续、原作者声誉的提升和传播起到了非常积极的作用，对两种不同文化间的交流发挥了桥梁和纽带作用。对读者来说，阅读这样的翻译小说，不仅得到了消遣娱乐，而且拓宽了视野，增长了知识。对一些向往读原作的读者来说，还无意间激发了他们学外语的积极性，希望某一天能痛快自在地阅读原作。

二十世纪初的二三十年中，像林纾、恽铁樵这样的翻译家有很多，也很受欢迎，这恐

怕与当时的社会现实有关。求变、求新、求异是普遍的社会索求,所以读者对"西洋镜"式的"异质"东西总是热情不减,总是有所期待,同时对翻译的忠实度也总是给予莫大的包容;有的读者甚至觉察不到"可读性"如此强的译本会存在"信"的问题,只要译文本身语言优美流畅,故事情节吸引人即可。至于其时的读者为什么会持有这般心境,这一点还有待更深入的社会学方面的研究。

※ ※ ※ ※ ※ ※

恽铁樵的翻译活动始于二十世纪初,其时的翻译可资利用的工具书寥寥无几(恐怕只有颜惠庆主编的《英华大辞典》①吧)。所以他对原文中一些人名、地名、物名等等的翻译与现今的译法存在着很大的差距,这是应该在这里予以说明的。比如:《豆蔻葩》原作者名 Charles Andrew Garvice,恽铁樵译为"却而司佳维",今译名为"查尔斯·加维斯";Norman 译为"拿门",今译"诺曼";Esmeralda 译为"伊瑟姆",今译"埃斯梅拉达";Bill 译为"弼而",今译"比尔";Mother Melinda 译为"梅林妈",今译"梅琳达大妈";Melbourne 译为"美勒笨",今译"墨尔本";card 译为"名刺",今译"名片";brandy 译为"孛兰地",今译"白兰地";Miss 译为"密司",今译"小姐";Mr. 译为"密司脱",今译"先生";等等。

有趣的是,笔者手头的颜惠庆主编的《英华大辞典》②对 card、brandy、Miss 和 Mr. 等词语有不同的翻译。card 译为"名片,名刺";brandy 译为"伯兰地";Miss 译为"小姐";Mr. 译为"先生"。恽铁樵翻译《豆蔻葩》是在 1910 年,而颜惠庆主编的《英华大辞典》是 1908 年由商务印书馆出版的,从时间上看,恽铁樵应该是能看到这部社会影响力巨大的辞书并加以利用的,可是他没有用。

另外,《豆蔻葩》的原作者是英国人,而恽铁樵将其误认为美国人。这个错讹,我想,可能是由于原作没有明确标示作者的国籍(笔者手头的版本也没有注明作者国籍),且该作者的作品在美国也很受欢迎,所以在获得此书的过程中,恽铁樵将原作者误认为美国的小说家。

翻译是文化交流的桥梁和纽带,科学意义上的翻译必须严格做到"信、达、雅③"。然而纵观世界翻译史,有几个作品(尤其是文学作品)是没有丝毫的"错讹"或"删减"或"变样"的?就连《圣经》也是不同时代不同版本,而且不同的版本间也存在着许多的不同。

---

① 颜惠庆主编的《英华大辞典》由商务印书馆于 1908 年出版,是中国第一本百科式的双语词典。
② 笔者手头的是商务印书馆 1930 年出版的(小号字),其内容与第一版相同。
③ 这里的"雅"指"雅正",就是规范的语言。

钱锺书认为"文学翻译的最高境界是'化'",然而,"彻底和全部的'化'是不可实现的理想"①。翻译所处的这种困境,是因为翻译者——原作与读者之间的媒人——是人,是人都会犯错误,正所谓"凡人多舛误,唯神能见宥"(To err is human, to forgive, divine.)。在翻译过程中,翻译者还会受到众多因素的影响和制约,如时代、政治、委托人、出版人、读者群等等,他甚至还会受到自己的掣肘,比如他的学识涵养、他的外语能力、他的母语修养、他的翻译目的和态度等等。所以,翻译是件苦差事,也是件难事。好的翻译应该努力少犯"错讹",使原作"投胎转世",虽然换了一个躯壳,但精神面貌依旧②。但是,有"错讹"③的翻译不一定就是"不好的翻译"。因为这种翻译,如果保持了原作的精神,它就会受到读者的关注,只要有目的语读者存在,原作的生命就得到了延续,异质文化间的交流也就自然而然地在进行。

从这个意义上说,恽铁樵的翻译是积极的,《豆蔻葩》在他的译笔下,好像是"投胎转世"了一般,其语言的优美流畅,故事情节的曲折生动,使读者读起来觉得似乎是没有经过翻译似的。这就是为什么恽铁樵的翻译能在二十世纪二三十年代堪与林琴南的翻译比肩媲美的原因吧。

---

① 钱锺书:《林纾的翻译》,载《翻译研究论文集(1949—1983)》,外语教学与研究出版社,1984,第267-268页。
② 同上书,第267页。
③ 主要指"删减、节译、增译"等等。参见谢天振《译介学》第146页。

第二章 孟宪承：学贯中西的教育家、翻译家

孟宪承(1894—1967)，江苏武进人，我国现代著名教育家与教育理论家，主要著作有：《教育概论》《教育通论》《教育史》《西洋古代教育》《大学教育》《民众教育》等等。他是华东师范大学首任校长。在文、史、哲等方面，孟宪承有很深的造诣。他学贯中西，博古通今，通晓英语和法语。此外，他还是一名优秀的翻译家。他的翻译对我国现代教育理论体系的构建具有重要的影响，发挥了积极的作用。

第一节
生平介绍

孟宪承,字伯洪,1894年9月21日出生于江苏武进。(家庭情况不详)

1916年毕业于上海圣约翰大学外文系。

1918年入华盛顿大学专攻教育学,师从著名教育家杜威,1920年获教育学硕士学位;后又赴伦敦大学深造,研究教育学、心理学、教育史、教育哲学。

1921年11月回国,受聘于国立东南大学,任教授。

1923年,受圣约翰大学校长卜舫济之邀,前往任教。"五卅惨案"后,爱国学生运动浪潮迭起。孟宪承不顾个人前途,与美籍校长据理力争,坚决支持学生的爱国行动。而后,孟宪承等教授和一批学生为了抗议校方的无理规定,毅然宣布脱离圣约翰。离开圣约翰后,孟宪承联合一些教育界人士(如钱锺书的父亲钱基博教授等),发起创办了光华大学。此后曾一度担任国立第四中山大学秘书长、国立中央大学教育学院院长。

1929—1933年在浙江大学任教。

1933年,在杭州创办民众实验学校,研究和推广民众教育。抗战期间,先后在浙江大学(1938—1941年)和湖南国立师范学院等学校任教。抗战胜利后重返浙江大学任教(1946—1951年),兼任文学院院长。

1949年杭州解放,军管会委派孟宪承为浙江大学校务委员会常务委员,参与主持浙江大学校务。

1951年孟宪承被调到上海,出任华东军政委员会教育部部长、华东行政委员会教育局局长。后专任华东师范大学校长。

1956年被评为一级教授。先后当选为第一、第二、第三届全国人民代表大会代表,上海市第三、第四届政治协商会议副主席,并曾担任上海市教育学会会长。

"文化大革命"运动中,孟宪承也遭受到了冲击,受到了不公正的对待。1967年7月19日,孟宪承病逝于上海,终年73岁。

2006年5月,经教育部批准,中国高等教育学会发出关于做好"共和国老一辈教育家宣传活动"的通知,列入第一批计划宣传的共18位大学校长,孟宪承名列其中。并列的还有吴玉章(中国人民大学)、贺绿汀(上海音乐学院)、匡亚明(南京大学)、陈望道(复旦大学)、马寅初(浙江大学、北京大学)、周培源(北京大学)、苏步青(复旦大学)等。

第二节
翻译活动与实践

从专业的角度看,为了使国人更好地了解国外先进的教育理念、教育思想、教育方法,翻译介绍国外的教育理论无疑是最便捷的途径。孟宪承早年留学海外,师从著名教育家杜威。因此,他选择翻译一些教育方面的理论书籍是再自然不过的事情。作为译者,他是非常合适的人选,因为他不仅通晓英文、法文,而且他是专门攻读教育学的学者。教育学领域的专家来翻译教育学方面的书籍,这是最理想的,就像诗人译诗一样(参见本书第九章)。

孟宪承的翻译活动和实践主要集中在教育学领域。主要译作有:

杜威的《我们怎样思维》(中译本名《思维与教学》,与人合译);

W. H. 基尔帕特里克(旧译克伯屈)的《教育方法原论》;

B. H. 博德的《教育哲学大意》《现代教育学学说》《教育心理学辨歧》等。

第三节
译作赏析

下面我们来看一下孟宪承1924年翻译的博德(Boyd H. Bode)的《教育哲学大意》(*Fundamentals of Education*)最后一章中的一个段落。

原文:Chapter XII　Education and Philosophy

In any system of education there are two considerations that are of fundamental importance. One of these is the question of the aims which are to be realized; the other is the nature of the mind which is to receive the education. These two matters may be intimately conjoined. If, for example, the nature of the mind be conceived along the lines of the faculty psychology, there is considerable justification for the inference that the aim of education should be to furnish training on the basis of formal discipline. Similarly the conclusion that the mind is to be interpreted in terms of behavior leads naturally to the inference that there are no fixed aims in education, but that the proper test is the development of capacity for future growth. The question of aims in education is obviously bound up with the question of what is of supreme value in life; and this question, like that of the nature of the mind, is commonly regarded as a philosophical problem. It is evident, therefore, that there is an intimate connection between education and philosophy.①

译文: 第十二章 教育与哲学

在任何教育系统里,有两项根本重要的问题。一是应该达到什么目的,一是受教育者心灵的性质是怎样。这两问题,又常有密切的关系。例如心灵的观念,如其是照官能心理说的,那末教育目的,便当依据着形式训练。如其心灵的观念,是照行为说的,那末当然主张没有固定的目的,而但当发展能力,以供将来的生长。教育目的的问题,又与人生价值问题分不开。心灵问题,人生价值问题,都是哲学。所以教育与哲学,有深密的关系。②

从形式上看,译文字数比原文少。除却汉语表达固有的精练这个原因之外,我们看到,孟宪承先生在翻译中还运用了"省略法""综合法"等等翻译技巧,而不囿于原文的词、句、词序。

例如:One of these is the question of the aims which are to be realized. (一是应该达到什么目的),因为前文中已经提及"问题",所以这里就没有必要再重复,反而累赘。

再比如:Similarly the conclusion that the mind is to be interpreted in terms of behavior leads naturally to the inference that there are no fixed aims in education. (如其心灵的观念,是照行为说的,那末当然主张没有固定的目的),从对照中可以看出,原文句子中不少词语都省略了,但意思又不折不扣地得到了再现。

最后两句也是如此,在此不再赘述。

翻译不是简单的文字转换,要真正领会原文之要义,必须对原文进行研究性的解读,必须通晓这个领域的相关知识。在这个方面孟宪承为我们做出了榜样。原作者博德是杜威的学生,而孟宪承也是杜威的学生。作为译者,孟宪承拥有得天独厚的条件,所以他的译文经得起时间的考验,即使今天,其译文仍然不失为佳译。

---

① Boyd H. Bode, *Fundamentals of Education* (New York: The MacMillan Company, 1922), P. 224.
② 孟宪承:《教育哲学大意》,商务印书馆,1924,第147-148页。

第三章 赵元任:"天生的语言学家"、音乐家和翻译家

> 江山代有才人出,各领风骚数百年。
> ——赵翼①

赵元任(1892—1982)是一位享誉世界的杰出学者。他学识渊博,兴趣爱好广泛,在数学、物理、哲学、音乐、摄影,尤其是语言学等领域都有着突出的建树,被誉为国际语言学大师、中国现代语言学之父、中国的"舒伯特"。他精通英文、法文、德文和日文,还通晓多种中国地方方言;他一生倾注于语言科学的研究,取得了举世瞩目的学术成就。他曾是清华国学院的四大导师之一(其他三人是王国维、梁启超和陈寅恪),美国语言学会会长,美国东方学会会长,美国艺术与科学院(AAAS)院士。不仅如此,他还是一位出色的翻译家,他不仅为英国学者罗素和美国学者杜威做过口译,而且在笔译方面——包括英译汉、法译汉和汉译英——也取得了令人瞩目的成就,其中,尤以他翻译的《阿丽思漫游奇境记》《阿丽思漫游镜中世界》为要。他的翻译实践量虽不算非常大,但涉及的面却比较宽泛,有文学类的翻译,科学类的翻译,也有语言学、哲学类的翻译。在一生的语言研究和翻译实践中,他对翻译问题有着独特的语言学家的视角,形成了他自己的翻译观。在我国翻译历史长河中,他的翻译及其思想是熠熠生辉的。

---

① 赵翼(1727—1814),赵元任的六世祖,清代著名诗人和史学家。

第一节
生平介绍

赵元任，江苏常州人，1892年11月3日生于天津市紫竹林，4岁时一家随祖父迁到了祁州。9岁返回常州，居城中青果巷，14岁入常州局前街"洋学堂"溪山小学，接受新式教育，开始系统地学习中文、历史、代数、几何、化学以及英文等课程。在溪山小学读书期间，他开始对自然科学产生浓厚兴趣，并开始记日记，此后一直坚持长达76年之久。他只在溪山小学读了一年书，可是对赵元任来说，这一年非常重要。"他自己把这一年称为身心发展的转折点。"[①]15岁入南京江南高等学堂预科学习3年。1910年7月，赵元任参加清华庚款赴美留学考试，成绩优异，名列第二，赴美国康奈尔大学学习，主攻数学；1915年，入哈佛大学攻读哲学博士学位。在哈佛的岁月里，他选修了语言学方面的课程，还选修了梵语。1920年回国受聘为清华学校讲师。1920年10月至1921年7月，英国著名哲学家罗素（Bertrand Russell）应邀到中国做系列演讲，赵元任被选作罗素的翻译。后清华学校增办大学部和国学研究院，33岁的赵元任被聘为国学研究院导师兼哲学系教授，与梁启超、王国维、陈寅恪一起并称为研究院的"四大导师"。

1938年，46岁的赵元任举家迁居美国夏威夷，原准备只住一年，没有想到竟在美国侨居40余年，度过他的后半生。赵元任先后供职于夏威夷大学、耶鲁大学、哈佛大学、密歇根大学、伯克利加州大学。1945年，赵元任作为中国代表团成员（胡适为首席代表）赴英国伦敦出席联合国教科文组织的筹备会。1945年，53岁的赵元任当选为美国语言学会（Linguistic Society of America）会长；1960年，68岁的赵元任当选为美国东方学会（American Oriental Society）会长。1967年加州大学授予他教授研究（荣誉）讲师称号（Faculty Research Lecturer），这是该校授予教职员的最高荣誉。

1973年，赵元任杨步伟夫妇回国访问，受到周恩来总理的亲切接见，周总理表示，赵先生在清华教书的时候，他曾经想选赵元任的课，跟他学语言学，但由于赵元任当时在给罗素当翻译，未曾实现，也未曾见到赵先生。赵元任听了非常高兴，风趣地答道：幸亏没有跟我学语言，不然中国可就少了一个好总理。1981年，赵元任在女儿赵如兰的陪同下再次回国访问，受到邓小平同志的亲切接见，北京大学授予他名誉教授称号。

1982年2月24日，赵元任因心脏病发作，医治无效，与世长辞，享年90岁。据赵元

[①] 苏金智：《赵元任传》，江苏文艺出版社，2012，第6页。

任大女儿赵如兰的回忆,"去世的前一晚,他还在用他那沙沙的嗓子,用常州音读'……星垂平野阔,月涌大江流……'"①。

一、语言学家赵元任

赵元任是享誉世界的语言学家。

美国哥伦比亚大学奥斯特利茨(R. Austerlitz)1973年②根据学术思想的来源,把美国有代表性的语言学家按照时间先后和资格分为十代:第一代——惠特尼……第四代——赵元任,第五代——布龙菲尔德、雅各布森……第八代——乔姆斯基……

在中国,傅斯年、罗常培等称赵元任为汉语语言学之父。他对中国现代语言学的贡献是多方面的,可以说涉及了汉语的每一个领域:普通语言学、方言调查与研究、汉语语音研究、汉语语法研究、社会语言学等等。

(一) 普通语言学研究

赵元任在《语言问题》一书中系统阐述普通语言学观点,全书共十六讲,讨论了语言学与跟语言学有关的各种基本理论问题。第一讲,语言学跟跟语言学有关系的些问题;第二讲,语音学跟语音学的音标;第三讲,音位论;第四讲,词汇跟语法;第五讲,四声;第六讲,上加成素;第七讲,方言跟标准语;第八讲,何为正音;第九讲,语史跟比较语言学;第十讲,语言跟文字;第十一讲,外国语的学习跟教学;第十二讲,英语的音系跟派别;第十三讲,实验语音学;第十四讲,一般的信号学;第十五讲,各种信号的设计;第十六讲,从信号学的立场看中国语文。

(二) 方言调查与研究

赵元任的汉语方言调查与研究开辟了一个现代汉语方言调查研究的新时代。1926年,在调查的基础上,他在《清华学报》(第三卷第二期)上发表了《北京、苏州、常州语助词的研究》,这是我国语言史上第一篇用现代语言学的方法系统研究汉语助词的开创性论文,也是第一篇深入比较方言语法的文章。1927年,赵元任和他的助教杨时逢开始了对吴语的调查,这是中国第一次大规模的方言调查,有计划,有目标,成系统。之后,又进行了几次全国性的方言调查。赵元任方言调查研究的杰出贡献在于他创造了一套为调查而设计的记录、整理、归纳和分析调查材料的科学方法。他创制的《方音调查表格》(后改名为《方言调查字表》),至今仍为方言调查工作者所使用。他在这方面的主要成果有《现代吴语的研究》《湖北方言调查报告》《湖南方言调查报告》《南京音系》《钟祥方言记》《中

---

① 赵元任:《赵元任生活自传》,中国华侨出版公司,1989,第4页。
② 赵世开:《美国语言学简史》,上海外语教育出版社,1989,第3—5页。

山方言》《绩溪岭北方言》《常州方言》《台山语料》等等。

(三) 汉语语音研究

汉语语音研究可粗略分为两大方面:一个是历史语音学研究,另一个是静态语音学研究(苏金智)。赵元任在这两大方面都做出了贡献。著名音韵学家张世禄说:"赵元任先生是我国采用新观点新方法新材料研究汉语音韵的前驱者之一。"①1934年,赵元任发表了《音位标音法的多能性》一文,这是一篇名震中外的论文,是音位理论研究上的重大突破。1957年,美国著名语言学家 Martin Joos(裘斯)将这篇论文全文收进他主编的 Readings in Linguistics(《语言学选读》),并评价说:"我们很难想到有比赵元任的这篇文章更好地对早期音位学具有指导意义的单篇论文了。"我国著名语言学家李荣说:"赵先生是理论跟实际并重的语言学家。写《多能性》这篇文章时,作者正在当年,那广博的知识,恰当的实例,深入的见解,严谨的逻辑,妥帖的文字,充分证实'名下无虚士',议论不同凡响。"②其他重要成果有《中国音韵学研究》(译作)、《国语留声片课本》《国音新诗韵》《北平语调的研究》《中国字调跟语调》等等。

(四) 汉语语法研究

1948年,赵元任出版了 Mandarin Primer(《国语入门》)一书,运用美国结构主义的理论和方法分析汉语语法的特点,建立新的语法体系,奠定了此后一个时期结构主义汉语语法研究的理论基础和基本格局。多年以后,他在《国语入门》的基础上,运用结构主义语言学的理论和方法,对汉语语法进行了全面、系统、深入和细致的研究,成就了其语法研究的代表作 A Grammar of Spoken Chinese(《中国话的文法》,亦作《汉语口语语法》),奠定了20世纪50年代后期到90年代国内居于主流地位的结构主义汉语语法的基础③。在《语法体系及其他》中,吕叔湘对这本书有这样的评价:"赵元任的《汉语口语语法》,这本书原名叫作《中国话的文法》(丁邦新的译本就用的这个名字,是香港中文大学出版的)。这部书的第四章形态类型,第五章句法类型,第六章复合词,第七章体词,这几章里面搜罗的事例的详细程度都是以往的语法书赶不上的。例如量词,就举了四百来个。"④赵元任在汉语语法研究方面还有不少高质量的论文,如《汉语语法与逻辑杂谈》《汉语结构各层次间形态语意义脱节现象》《汉语中的歧义现象》等等。

(五) 社会语言学研究

赵元任在社会语言学研究方面虽然没有涉及其理论方面的专门研究,但他对社会语

---

① 张世禄:《治学严谨的语言学家赵元任先生》,《语文杂志》(香港)1983年第11期。
② 李荣:《语文论衡》,商务印书馆,1985,第39页。
③ 胡明扬:《赵元任先生小传》,载刘梦溪主编《中国现代学术经典·赵元任卷》,河北教育出版社,1996,第1-4页。
④ 吕叔湘:《吕叔湘语文论集》,商务印书馆,1983,第133页。

言学一些重要领域的研究是深入的,提出的见解也是精辟的。他在这个领域的贡献主要体现在《中国社会语言学面面观》一书中,涉及了语言的社会属性、语言变异、语言接触、语言社会应用等方面。

二、音乐家赵元任

音乐是赵元任的终身爱好,也是他生活中必不可少的东西。他曾经这样说,自己对于艺术的兴趣仿佛是男人对女人的爱,热就热到火苗儿的程度,觉得没有伊,生活全没有光彩似的了。

赵元任一生创作了不少声乐和器乐等音乐作品,据《赵元任全集》第11卷统计,数量达148首(含未公开发表的手稿)。根据作品内容,大致可以分为八类:第一类是爱国主义歌曲,如《尽力中华》《我是北方人》《我们不买日本货》《苏州河北岸上的大国旗》《看醒狮怒吼》等等;第二类是为新诗歌谱写的歌曲,如《新诗歌集》,其中的《教我如何不想他》是脍炙人口、大家耳熟能详的;第三类是反映大众生活和情感的作品,如《卖布谣》《劳动歌》《江上撑船歌》《打夯歌》等等;第四类是抨击社会黑暗的歌曲,如《老天爷你年纪大》等等;第五类是儿童教育歌曲,如《儿童歌曲集》等等;第六类是校歌等,如《清华大学校歌》《云南大学校歌》等等;第七类是为推广国语和拼音字母的歌曲,如《注音符号歌》《韵母表歌》等等;第八类是家庭歌曲,如《唱唱唱》等等。

此外,赵元任在音乐创作理论方面也颇有造诣,发表了不少研究文章,如《中国语言的声调、语调、唱读、吟诗、韵白、依声调作曲和不依声调作曲》《常州吟诗的乐调十七例》《歌词中的国音》《关于中国音阶和调式的札记》《中国派和声的几个小试验》等等。(参见《赵元任音乐论文集》)

可以说,赵元任为他那个时代的中国音乐界开了一个新的纪元。对于赵元任的音乐创作成就,上海音乐学院原院长、我国著名音乐家贺绿汀说:"赵元任……的贡献却远远超过许多时尚的作曲家和理论家","对专业作曲家来说,他的词、曲、伴奏等方面都有许多值得我们学习的地方"[①]。

国务院原副总理李岚清在评价赵元任的音乐成就时这样说:"我认为,成为一位有造诣的音乐家,需要具备四个条件:一是天赋,二是勤奋,三是环境,四是机遇,四者缺一不可。赵元任就是这样一位四项条件具备的人。从他在语言、音韵方面的天赋来看,毋庸置疑,他具备第一个条件。我想补充的是,他像柴可夫斯基一样,脑子里不仅有丰富的乐感和美妙的旋律,音乐创作方面的功底也较深厚。另外,他还与柴可夫斯基类似,有亮丽

---

① 赵如兰:《赵元任音乐作品全集》,上海音乐出版社,1987,第1页。

的歌喉,这是很多作曲家所不具备的。1935年,上海百代唱片公司曾灌制了赵元任演唱自创的歌曲《教我如何不想他》和《江上撑船歌》。说到'环境',赵元任从小就受到传统文化和音乐的熏陶,对音乐产生了浓厚兴趣。在美国学习期间,他不仅有机会选修和声、对位、作曲等课程,学习钢琴,广泛涉猎西欧古典音乐和现代音乐,还亲身参加很多音乐活动,并开始从事音乐创作。可见,音乐虽然不是他的'专业',可他在音乐方面下的功夫,并不亚于科班学音乐的人。赵元任善于抓紧和利用时间高效率学习和写作。他有一个习惯,口袋里总是装着个小本子,上面并排插着四支笔,随时用来记录一些灵感和创意。他的许多歌曲创作灵感都是记录在这样的小本子上的,这些细节可以反映出他的好学和勤奋。至于'机遇',主要来自时代的赐予。那时,我国正处在国危思变的时期,人们已经认识到闭关锁国的危害,认识到必须学习西方先进的文化和科技,音乐也不例外。赵元任积极投身时代的潮流中,抓住了时代给予的诸多机遇。"①

第二节
翻译活动与实践(作品)

赵元任的翻译主要涉及以下几个方面:科普翻译、口译、文学翻译、语言学翻译等等。

一、科普翻译

1914年,第二批留美生在美国成立了"中国科学社",创办了《科学》杂志。在这两项活动中,赵元任都是积极分子和中坚力量,他不仅为《科学》组稿、撰稿,而且还为《科学》翻译了不少科普文章,以期向国人传播"科学思想、科学精神和科学原理"。这个时期的赵元任热爱科学,学习科学,并尽最大努力宣传科学,他希望通过自己的努力,在中国建立一种全新的科学文化②(屠聪艳,2004)。赵元任为《科学》翻译的科普文章主要有:《科学与经历》《无线电》《海王行星之发现》《烟煤之四害》《七天中三个礼拜日》等等。

二、为英国著名哲学家罗素做翻译

五四时期,一批具有国际视野的文化学者在北京成立了"讲学社",每年邀请一位西方学者来华讲学。"讲学社"一共请了四位外国学者来华讲学:美国哲学家杜威(John Dewey)、英国哲学家罗素(Bertrand Russell)、德国哲学家杜里舒(Hans Driesch)和印度

---

① 李岚清:《李岚清中国近现代音乐笔谈》,高等教育出版社,2009,第106-107页。
② 朱江:《赵元任与中国早期科学翻译》,载戎林海《赵元任翻译研究》,东南大学出版社,2011,第42页。

文豪泰戈尔(Rabindranath Tagore)。

  罗素是20世纪著名的哲学家和思想家,在数理逻辑、分析哲学和语言哲学等方面颇有建树。他来到中国的时候,适逢赵元任也刚刚从美国留学回到清华,清华是请他回来教授数学和物理的。1920年8月19日,赵元任接到"讲学社"的邀请,请他当罗素的翻译。"给罗素当翻译难度很大,这不仅是他讲的内容涉及面广,还因为他经常脱稿演讲。演讲之前他把大纲给赵元任看,其他就什么都没有了。罗素语言诙谐幽默,喜欢用双关语,这也是他们两人的共同点。为了做好翻译,赵元任花了大量时间跟罗素讨论有关问题,事先也同有关人士探讨了某些术语的用词问题。"①

罗素1920—1921年在华演讲时间表

时间	内容	地点
1920年10月13日	在上海团体欢迎会上的答辞	上海:大东旅社
1920年10月15日	社会改造原理	上海:中国公学
1920年10月16日	教育之效用	上海:江苏省教育会
1920年10月19日	教育问题	杭州:浙江第一师范
1920年10月20日	在江苏省教育会招待上的答辞	上海:一品香饭店
1920年10月21日	爱因斯坦引力新说	南京:中国科学社
1920年10月26日	布尔什维克与世界政治	长沙:湖南省教育会
1920年10月27日	布尔什维克与世界政治	长沙:湖南省教育会
1920年11月9日	在讲学社欢迎会上的答辞	北京:美术学校
1920年11月7日至1921年1月	哲学问题	北京:北京大学;高等师范学校(1920年11月14日以后)
1920年11月10日至1921年2月	心的分析	北京:北京大学
1920年11月19日	布尔什维克的思想	北京:女子高等师范学校
1920年12月10日	未开发国之工业	北京:中国社会政治学会
1921年1月6日	宗教的要素及其价值	北京:哲学研究社
1921年1月至3月	物的分析	北京:北京大学
1921年2月至3月	社会结构学	北京:北京大学
1921年3月	数学逻辑	北京:北京大学
1921年3月14日	教育问题	河北:保定育德中学
1921年7月6日	中国到自由之路	北京:教育部会场

---

① 苏金智:《赵元任传》,江苏文艺出版社,2012,第87页。

从表3-1可以看出，罗素在华讲学的主题及内容非常广泛，要当好翻译，不仅要熟悉主题内容，而且还要陪同罗素四处奔波，真不是一件容易的事。但是，由于赵元任的学科背景与罗素有不少相似之处，所以他"不仅慢慢适应这项艰难的工作，还逐渐显出应付自如的样子"①。

三、翻译《阿丽思漫游奇境记》

《阿丽思漫游奇境记》(Alice's Adventures in Wonderland, 以下简称《阿丽思》)是19世纪英国作家刘易斯·卡罗尔(原译加乐尔，Lewis Carroll)创作的一部脍炙人口的儿童文学名著，于1865年出版②。这是一本为儿童写的笑话书，语言浅显易懂，叙事对话相间，幽默风趣，图文并茂，是"除《圣经》之外，流传最广的书籍"③。据说这本书初出的时候，英国女王维多利亚看了就很是喜欢，并嘱凡有这个作家写的书，都要给她看。有评论家认为此书的文学价值达到了可与莎士比亚作品和《圣经》媲美的高度。

在美国康奈尔大学读书的时候，经他的老师Hurwitz教授的推荐，赵元任接触到了这本《阿丽思》，不看不知道，"一看就完全着了迷"④，并"喜欢上路易斯·加乐尔的书了"⑤。而且这种挚爱一直保持到他生命的最后。⑥

欣赏完之后，赵元任便萌发了要将此书介绍给更多中国读者的想法。"我想，要是把它们翻译成中文会很有趣。"⑦后来在胡适的鼓励下，赵元任便着手《阿丽思》的翻译。那是1921年上半年的事，当时英国著名学者罗素(1920年10月中旬来华)正在中国讲学，赵元任是罗素的翻译。由于罗素在1921年3月到河北保定去演讲，"讲堂里没有取暖设备，他演讲的时候还是脱掉大衣。结果他回到北京以后染上了致命的肺炎，几乎因此死掉"⑧。趁这个空隙(罗素大概治疗休养了三个多月)，赵元任夜以继日地翻译，终于完成了任务。虽然1920年回国后，赵元任忙于教学、研究、写作、翻译、访客、应酬等各种活动，但是他念念不忘的还是《阿丽思》的翻译⑨。《阿丽思》译本于1922年1月由商务印书馆出版，这是世界上第一个中文全译本。

---

① 苏金智：《赵元任传》，江苏文艺出版社，2012，第87页。
② 赵元任在译者序中说《阿丽思》大概是1867年出版的。其实是1865年，赵元任当时没有太在意这个问题。
③ Cohen N. Morton, "Lewis Carroll and the Alice's Books," in *Alice's Adventures in Wonderland* & *Through the Looking-Glass* by Lewis Carroll(New York: Bantam Books,1981), P. 18.
④ 苏金智：《赵元任传》，江苏文艺出版社，2012，第53页。
⑤ 罗斯玛丽·列文森：《赵元任传》，焦立为译，河北教育出版社，2010，第113页。
⑥ 赵元任：《赵元任生活自传》，中国华侨出版公司，1989，第5页。
⑦ 同⑤。
⑧ 同⑤，第85页。
⑨ 同⑥，第126页。

四、翻译《阿丽思漫游镜中世界》

《阿丽思漫游镜中世界》(Through the Looking-Glass and What Alice Found There,以下简称《走到镜子里》)是19世纪英国作家刘易斯·卡罗尔(原译加乐尔,Lewis Carroll)创作的第二部《阿丽思》系列儿童书,于1871年出版。赵元任翻译此书是在1929年,断断续续,一直到1931年1月上旬全部译完,据说花了约250个小时。这个译本是赵元任自己认为很重要的一个译本,也是赵元任很得意的一个译本(赵新那语)①,原本可以在1932年出版了,但由于上海商务印书馆毁于"一·二八"战火,这本译著的最后清样也被烧毁。1937年赵元任在长沙时就开始整理残稿并补译残缺的部分,重译 prefatory poem 等诗歌。后来一有时间,赵元任就对译文加以修改,对不满意的地方进行重译。1968年,这部译著作为《中国话的读物》(Readings in Sayable Chinese)第二本,在美国正式出版,这距离1932年已经过去了整整36年!赵元任本人对这个译本非常满意,他在寄出的第四封绿信中说:"我把双关语译成双关语,韵脚译成韵脚,在《阿丽思漫游奇境记》里我没有能做得这么好。"②国内正式出版这部译著是1988年,不过不是单独出版,而是以《阿丽思漫游奇境记》附:《阿丽思漫游镜中世界》(英汉对照本)的形式,由商务印书馆出版。

五、主持翻译《中国音韵学研究》

《中国音韵学研究》是著名的瑞典汉学家高本汉(Bernhard Karlgren)撰写的一本皇皇巨著。赵元任接触到此书是在1921年,读后印象深刻。赵元任认为这本书"是对中国音韵的第一次定量的解释,因为中国人对我们所谓的韵书(实际上是字典)的大多数研究,或多或少是建立在抽象的基础上的,就像是代数,而不是算数。高本汉在很多抽象的术语上能给你具体的数值"③。为将此书译成中文,原"中央研究院历史语言研究所"拨出专款5 000余元,请赵元任和罗常培等翻译,"李方桂翻译了一部分,……罗常培,他的法文不太好,在翻译某些章节的时候,我们得用有蜡盘的那种口授留声机……我把法文译成中文,罗常培把它整理成更加严谨的句子"④。所有改编跟加译者注的地方,赵元任主要负责语音学和方言材料方面的内容,罗常培主要负责音韵方面的内容。全书文字的可读性、体例的一致性、内容的恰当性等等都由赵元任负责。

---

① 赵新那、黄培云:《赵元任年谱》,商务印书馆,2001,第448页。
② 同上。
③ 罗斯玛丽·列文森:《赵元任传》,焦立为译,河北教育出版社,2010,第153页。
④ 同上书,第154页。

"《中国音韵学研究》的翻译并不是一般的翻译工作,而是一件需要付出大量学术研究的艰苦工作。在赵元任的主持下,翻译人员同高本汉商量,商定了五条翻译原则:第一,将全书作一忠实能读之翻译;第二,改其错误;第三,加入新材料;第四,改用国际音标注音;第五,一部分重编。"①另外,在书前,除了序言之外,译者还增加了"译者提纲""字体及标点体例""名辞表""音标对照及说明""常引书名简称表"等等内容。《中国音韵学研究》法文版在1915—1926年分四次出版,赵元任主持翻译的中文版于1940年初版,1948年再版,1987年商务印书馆根据再版本进行了影印。

六、其他翻译

赵元任还翻译了一些剧本和歌曲,如话剧《软体动物》《野玫瑰》《最后五分钟》(编译跟定谱,附北平语调的研究)等等;歌曲《有个弯腰驼背的人》《湘江浪》《鲜花》《小鳄鱼》等等。也翻译了一些语言学方面的文章,如《高本汉的谐声说》《上古中国音当中的几个问题》等等。此外,赵元任还将他夫人杨步伟写的《一个中国女人的故事》翻译成英文并在美国出版,取名为 *Autobiography of a Chinese Woman*;也花了不少时间帮助他夫人翻译《中国食谱》(汉译英)。

第三节
翻译思想

什么是翻译?古今中外有许许多多既相同而又不同的理解与表达。对一般人而言,将一种语言的口头语或书面语转换成另一种语言的口头语或书面语的活动或过程就是翻译。翻译就是把意义翻译出来,便于使用不同语言的人们进行交流和沟通。

对学者而言,翻译涉及的因素很多,不仅有语言上的,还有文化上的;不仅有内容上的,还有形式或风格上的。美国著名翻译理论家奈达(E. Nida)在其《翻译理论与实践》一书中指出,翻译是指在译语中用最切近而又自然的对等语再现原语信息,首先是在语义上,其次是在文体上(Translating consists in reproducing in the receptor language the closest natural equivalent of the source-language message, first in terms of meaning and secondly in terms of style.)。

不同的历史时期,不同的政治,不同的文化,不同的译者或翻译赞助人,对翻译的目

---

① 苏金智:《赵元任传》,江苏文艺出版社,2012,第165页。

的与作用起着不可估量的决定性影响。翻译可以是为了信息的沟通,可以是为了文化的交流,可以是为了某一个政治目的,可以是为了宗教的传播,可以是为了审美需求,也可以是为了生存……

对赵元任来说,翻译意味着什么?有什么样的作用?应该采用什么样的方法?译到什么程度就算是比较好的翻译呢?

(一)关于翻译的目的与作用

赵元任先生的翻译思想主要见于他的《阿丽思漫游奇境记》"译者序"和《论翻译中信、达、雅的信的幅度》一文,也体现在他丰富的翻译实践及译作之中。就翻译的目的而言,赵元任先生坚持认为,翻译应该"为我所用""洋为中用"。1914年,赵先生与任鸿隽、胡适等友人曾经在美国的康奈尔创办"中国科学社"并编辑出版《科学》杂志。他为该杂志撰写了大量文章、科学小品以及新闻等,其中有不少是赵先生翻译的科学小品文和国外介绍科学的优秀文章,属于大众科学(popular science)。赵先生为什么要翻译这些文章呢?他的翻译目的是什么?质言之,是为了宣传和普及科学知识,把科学传播到中国来,提高国人对科学和实用科学的认识,从而激励更多的中国人爱科学,用科学,研究科学,并以科学来振兴民族,振兴中华。在翻译过程中,他还十分注意作品的选择。

在赵元任先生看来,翻译的另一个目的与作用是要能唤起更多人学习外语的兴趣,使读者读了译文之后产生强烈的要求读原文的欲望。赵先生在《阿丽思漫游奇境记》的"译者序"中说:"翻译的书也不过是原书附属品之一,所以也不必看","最好是丢开了附属品来看原书"[1]。这一观点与钱锺书先生的看法不谋而合,钱先生在《林纾的翻译》一文中说:"翻译本来是要省人家的事,免得他们去学外文、读原作的,却一变而为导诱一些人去学外文、读原作。它挑动了有些人的好奇心,惹得他们对原作无限向往,仿佛让他们尝到一点儿味道,引起了胃口,可是没有解馋过瘾。他们总觉得读翻译像隔雾赏花,不比读原作那么情景真切。"[2]英雄所见略同,由此可见一斑。不过,赵元任的这一观点比钱锺书的早了几十年。

(二)关于翻译的标准

严复对翻译提出的"信、达、雅"三字要求,一直被我国翻译界奉为翻译的"圭臬",虽然也有不同的声音,但基本上都是"信、达、雅"的阐述、解释或翻版,说得绝对一点的话,自严复以来,无人提出过一个能超越"信、达、雅"的翻译标准。在翻译标准问题上,赵元

---

[1] 赵元任:《阿丽思漫游奇境记》,商务印书馆,1988,第10页。
[2] 钱锺书:《林纾的翻译》,载《翻译研究论文集》,外语教学与研究出版社,1984,第267页。

任先生显然也是全面接受了严复的"信、达、雅"的理论,但他又没有简单地全盘肯定,而是采取了一分为二的辩证的态度来看待"信、达、雅"。比方"雅",赵先生说:"不过说起雅的要求来,虽然多数时候是个长处,可是如果原文不雅,译文也应该雅吗?……雅的程度固然是增加了,可是信的程度减低了。"再比方"达",赵元任先生认为"多半时候是个长处,……可是一个小说家描写各种人物在辞令上的个性的不同,要是一个译者把人人的话都说的一样的流利通畅,那么达是达了,可是对于原意就'失信'了"。所以对于"信、达、雅",赵元任先生既不迷信也不盲从,他认为翻译应根据翻译之内在要求,考虑各种复杂因素,区分各种不同情况,采用适宜的翻译策略,服务于既定的翻译目的,求得最佳的翻译效果。

对赵元任先生来说,"信"是翻译中最最基本的条件与要求,没有信就谈不上翻译,不信就不能称为翻译。然而,"信"又是有幅度的,受到很多种因素的制约与影响。在《论翻译中信、达、雅的信的幅度》一文中,赵元任先生从各种角度探讨了翻译里"信"的幅度,比如语言与非语言、语境、情况、借用语、范畴、音调、节律以及韵等等,以此说明诸如此类的因素都会影响译文的"信"度。他认为"信"度是相对的,不是绝对的;译文的"信"度随翻译过程里的具体情况和需要而此消彼长、此高彼低、此大彼小。这种翻译标准"信"度的辩证观和相对论是赵元任先生翻译思想的精髓所在(参见戎林海《论赵元任的翻译观》一文)。

(三)关于翻译的策略

细细考察世界翻译的历史,在各国翻译的实践中,译者所采用的翻译策略主要有两种:一个是"归化"(Domestication),一个是"异化"(Foreignization)。所谓"归化",就是用目的语文化中的一些文化因子来替代原语文化中的一些文化因子,而"异化"则是在翻译过程中尽量保持原文文化因子的原样,是什么就是什么,不加任何修改或文饰。"归化""异化"这两个概念是美国翻译理论家韦努蒂(Venuti)提出来的。其来源可以追溯到德国柏林大学教授施莱尔马赫。1813 年施莱尔马赫在其著作《翻译的方法》中曾提起两种方向相反的翻译方法:"要么译者尽可能地让原作者安居不动,让读者去接近作者;要么译者尽可能地让读者安居不动,让作者去接近读者。"

归化策略的选择主要是"读者关怀",为读者提供便利,让读者更容易接受,在读者心中产生共鸣,从而使译作更好地完成"传播"和延长原作的生命,而这正是翻译固有的一项使命。异化策略主要是为了保存原作的文化基因和不一样的风土人情,向读者介绍与展示异国情调,让读者最大限度地了解不同文化的内容及其魅力,从而真正发挥翻译在跨文化交流中不可替代的作用。归化异化策略各有优劣,翻译过程中究竟运用哪一种策略或是交叉使用这两种策略,必须视翻译语境和译者译作具体情况而定。

(四) 关于翻译的方法与途径

在大量的翻译实践和活动中,赵元任先生为求得译文的最大可能的"信",十分讲究翻译的策略和方法。比方翻译中的"直译"和"意译",他主张两者必须有机地融合在一起。他说:"直译是照字面一一翻译,意译是取最相近而译语中较通行的语句来翻译(这与奈达的主张完全一样)。比方英国的死胡同儿口上贴着 No Thoroughfare,可以直译作'没有通路',美国街上就贴着 Not A Thorough Street,直译是'不是一条通街',或者文一点儿叫'非通衢'。可是意译成中国街上贴的字就是'此路不通'了。从一方面看起来所谓直译乃是一种细颗粒的翻译,意译是粗颗粒的翻译。如果光是翻译的颗粒细,而结果功用不相当,或语句不通顺,那么信的总分就不能算高。"

在翻译《阿丽思漫游奇境记》时,赵元任说:"翻译的法子是先看一句,想想这句的大意在中国话里要怎么说,才说得自然;把这个写了下来,再对对原文;再尽力照'字字准译'的标准修改,到改到再改就怕像外国话的时候算危险极度。"①

(五) 关于机器翻译

1933 年,苏联发明家特罗扬斯基设计了用机械方法把一种语言翻译成另一种语言的机器,并在同年 5 月登记了他的发明。② 机器翻译发展经历了几个重要时期:第一个时期是 1954—1970 年,这个时期是机器翻译试验到 ALPAC(美国科学院语言自动处理咨询委员会)报告发表后的草创期;1970—1976 年是复苏时期;1976 年至今是繁荣期。③

赵元任有关机器翻译的讨论见于他在 1964 年发表的《论人工翻译》这篇文章。他认为机器翻译的大致发展阶段是:(1) 1965 年以前,书面语和口语的翻译都是人工完成的;(2) 书面语的机器翻译将始于 1965—1970 年,但是仍然没有适用于口语的机器翻译;(3) 同时适用于口语和书面语的机器翻译将会在 1970—1975 年开始发展。对照一下冯志伟 2004 年的描述,可见赵元任 1964 年的预测是何等的科学高明,何等的富有远见。

赵元任对翻译的观察与研究也多半是从语言学角度出发的,可以说他的翻译观是语言学派的翻译观;但同时,他的翻译思想又是传统的,与许多翻译理论家如严复、林语堂、胡适、傅雷、林以亮、瞿秋白、钱锺书的主张一脉相承;然而,他的不少观点又很现代,显然是从国外现代语言学中汲取了不少养分。他的论文《论翻译中信、达、雅的信的幅度》发

---

① 赵元任:《阿丽思漫游奇境记》,商务印书馆,1988,第 1 页。
② 冯志伟:《机器翻译研究》,中国对外翻译出版公司,2004,第 12 页。
③ 同上书,第 1 页。

表于 1969 年,其时他已经 77 岁高龄了。这里我们也可以看出他对翻译问题是深思熟虑的。"信"非常重要,但它是有幅度的;"信"固然是第一要素,但有时为了"要达原书原来要达的目的起见,只可以稍微牺牲点准确的标准"。总而言之,他的翻译观是辩证的、灵活可变的,是他翻译实践的理论升华。

第四节
译作评析(以《阿丽思》系列部分译文为例)

赵译《阿丽思》从内容到形式都忠于原文,其忠信度达到了一个比较高的水平,译文优美流畅,语言地道得体,清新自然;译笔精彩,译技高明。凡是仔细研读过全文的读者都会有这么一个共同的看法,赵译《阿丽思》不仅满足了两个"顺应"需求——即顺应时代与读者的需求和顺应译者自身的需求,而且同时又遵守了儿童文学翻译的固有的规律与要求。因此,它受到广大读者的欢迎与好评。从翻译研究角度对赵译《阿丽思》进行具体的分析与研究,发现其成功主要表现在以下几个方面。

一、适当的语言策略

翻译是语言间的转换。一切内容和信息都必须通过语言载体才能得以表现与传播。尤金·奈达说:"翻译是在译语中用最切近而又最自然的对等语再现源语的信息。"[①]这无疑是非常正确的。然而,要寻找这些"最切近而又最自然的对等语"却非易事,译者必须进行宏观的和微观的、仔细的和反复的比较,从而做出"适应性"的选择。因此,翻译的过程是一个不断对比、不断选择、不断顺应的过程。对译者来说,根据原作选择适当的语言策略能为译文的"信达"提供有力的保障。赵译《阿丽思》在语言策略的选用上独具匠心,译者对语言三方面的试验,尤其是"语体文"(即白话文)试验获得了空前的成功。

(一) 儿语的大量运用

为了再现原作的"儿童化"语言,顺应中国读者的需求,赵译《阿丽思》运用了大量儿童化的语言,其中尤以"儿""子"两字的应用为最。比如"儿"有画儿、玩意儿、笑话儿、一点儿、一会儿、野菊花圈儿、小猎狗儿、鹦哥儿、小鹰儿、蚋虫儿、今儿、明儿、后儿、叹气儿、自各儿、那边儿、谜儿、弯弯儿、好玩儿、省时候儿、黄毛儿、吹叫儿、胡椒面儿、事儿、起头儿、份儿、猫儿、鼻子尖儿、这条道儿、歌儿、词儿、衣兜儿、手绢儿、第二样儿、仰不脚儿、压

---

① 方梦之:《译学辞典》,上海外语教育出版社,2004,第 395 页。

根儿、笔杆儿等等;"子"有蝙蝠子、石子子、办法子、一双白手套子、猫子、树枝子、瞎结子、乱团子等等。

例1

原文:"Why do you wish I had made it?"Alice asked. "It's a very bad one."

译文:阿丽思说,"为什么我说了就好?这个笑话编得一点儿也不好嘿。"

就是在这一页上,"儿"字竟多达二十几个。① "儿"和"子"的运用符合儿童的语言习惯,拉近了读者与译文的距离,提升了译语读者的接受程度。

(二)口语的恰当使用

赵元任先生的语言天赋惊人。他对汉语口语以及南北方言的掌握与运用令人叹为观止。他的这个特殊优势为他在翻译过程中选择词汇增加了巨大的自由度,使得他运用起来游刃有余。比如上述"儿"言"子"语中的一些表达法;比如"一头……一头……"的句式;比如"你告诉嘞我罢""宕啊宕的走过来"的说法;"来"字的运用(如"四尺来高"等);"很"字的运用(如"对不起的很""真是感谢的很"等);再比如方言的使用:稀哩呼噜、困来蒙东、白绕、横里头、竖里头、横竖、蛮好、湿济济、湿淋淋、湿滴滴、鸡子儿、黑漆漆等等。这些大众化、儿童化口语的使用以及部分方言的使用不仅贴切而且忠实于原文,还为译文增色许多,使读者读起来自然而然产生一种亲近感。

例2

原文:So they began..., and waving their fore-paws to mark the time,...

译文:……一头跳着,就一头拿爪子拍板,……

例3

原文:"What is the use of repeating all that stuff,"the Mock Turtle interrupted.

译文:那素甲鱼插嘴道,"背这些呜哩八怪的不通的东西干嘛?"

(三)叠词的频繁使用

儿童心理学和语言习得理论认为,婴儿咿呀学语初始时,对叠声词比较喜欢,因为叠声词简洁明了,朗朗上口,具有很好的节奏感和音乐美感,因而也容易学会与掌握。比如,"妈妈""羊羊"(羊)、"狗狗"(狗)、"筷筷"(筷子)、"饭饭"(饭、粥)、"糖糖"(糖果)、"果果"(水果)、"饼饼"(饼、饼干)、"凳凳"(凳子)等等,都是大人教小孩时张口就说的叠声词(这也是汉语的一大特色)。在赵译《阿丽思》中,赵元任先生就使用了很多叠声词,比如"瞧瞧、乖乖、个个、怪怪、想想、练练、咕咕叨叨、恰恰、快快、望望、问问、说说、偷偷、昏昏、样样、巧巧、悄悄、弯弯、尽尽、宝宝、偏偏、踢踢、舔舔、试试、看看、量量、刚刚、正正经经、

---

① 赵元任:《阿丽思漫游奇境记》,商务印书馆,1988,第233页。

讲讲究究、慢慢吞吞、恭恭敬敬、呜呜咽咽"等等,从而使译文朗朗上口,童趣盎然,易于被小读者接受。

例4

原文:So they bagan solemnly dancing round and round Alice, every now and then treading on her toes when they passed too close...

译文:他们俩就<u>正正经经</u>围着阿丽思跳舞,<u>时时刻刻</u>走得太近了就踩到她的脚趾头……

例5

原文:...and she set to work very carefully, nibbling first at one and then at the other,...

译文:……所以她这回就<u>小小心心</u>底这一块咬一点儿,那一块咬一点儿……

(四)拟声词的巧用

为增加译文的形象性和生动性,使读者产生身临其境的感觉,译者还运用了不少拟声词。比如"踢勒踏踢勒踏""乒吟乓啷""刮喇喇""豁喇喇""浦叉浦叉地""霹呀地一声""唧哩唧哩"等等。

例6

原文:She very soon finished it off.

译文:所以一会儿工夫就<u>稀哩呼噜</u>地喝完了。

例7

原文:These words were followed by... by an occasional exclamation of "Hjck-rrh!"from the Gryphon.

译文:这两句话说完了……,只听见有时候那骨勒凤"<u>嗝儿! 嗝儿!</u>"地打冷嗝。

(五)语气词与叹词的应用

语气词是表示陈述、疑问、祈使以及感叹的词语。纵览赵译《阿丽思》,我们发现在不少对话、独白和陈述句的句尾,赵元任都有意识地添加了一些语气词,像"啊""啦""呢""嘞""那""呵""呀""咯"等等。叹词是表示强烈感情以及用于招呼和应答的词,在赵译《阿丽思》中的应用有两种情况:一是对原文中叹词的翻译,如对 Why、Oh、Ah 等词的翻译;还有一种是赵元任自己根据译文的需要而自行添加的,比如"啊""哎""唉""哼""咳""呵""啊呀""啧啧啧"等等。这些语气词和叹词的添加为译文增加了色彩,符合儿童文学作品的语言要求,也更加适合父母给孩子讲解或朗读。

例8

原文:"Come, my head's free at last!"

译文:"好啦,我的头松动嘞!"

例 9

原文:Down, down, down. Would the fall never come to an end?

译文:掉啊,掉啊,掉啊!这一跤怎么一辈子摔不完了吗?

(六) 词语的音乐节奏

词语一旦具有了音乐节奏,读起来就会朗朗上口,便于记忆。一般说来,词语的音乐节奏多见于诗词。在赵译《阿丽思》中,我们发现,很多地方的词语都有音乐节奏感。比如上文提及的"叠词"等。另外就是那些诗歌(其实是童谣,也就是赵元任说的"滑稽诗")的翻译,也都是匠心独运,就连那些不具音乐节奏的"童谣"也译成了有韵脚的文句,使之具有鲜明的节奏和音乐美感。

例 10

原文:"Will you walk a little faster?"said a whiting to a snail,

"There's a porpoise close behind us, and he's treading

On my tail.

See how eagerly the lobster and the turtles all advance!

They are waiting on the shingle—will you come and join the dance?

Will you, won't you, will you, won't you, will you join the dance?

Will you, won't you, will you, won't you, won't you join the dance?"

译文:黄蟹对着蜗牛说,"赶快走!"

"有个鲤鱼追着来,咬我手。

看那些龙虾甲鱼大家活泼鲜跳地一齐到,

排列在沙滩等你到了一齐跳?

问你来吗,来罢,来吗,来罢,来吗一齐跳。

劝你来吗,来罢,来吗来罢来罢一齐跳!"

儿童对有声语言格外敏感,对儿童文学作品来说,注意文句的节奏与音乐美感这一点非常重要。赵元任在翻译过程中有意识地运用韵脚和节奏就很好地说明他对儿童语言的特性了如指掌。此外,作为音乐家,他对声音格外敏感,他也非常清楚声音对于儿童的重要性。这就是为什么在翻译《阿丽思》时,他主张要将那些"只有诗的形式而没有诗的意味"的"滑稽诗"译得有韵脚有节奏而读起来朗朗上口的原因所在。

二、适度的归化手法

现当代翻译理论对"归化"和"异化"一直争论不断,仁者见仁,智者见智。"归化"和

"异化"是一对矛盾体,绝对的归化和彻底的异化都是不可能、不必要的,也是不可接受的。① 从读者接受的角度,从翻译目的论和顺应论的角度,我们认为,译者采用适度的归化手法,使译文易于接受与传播,不失为一种聪明的、高瞻远瞩的方法。生态译学理论认为,翻译也是"适者生存"②,只有那些易于被读者接受并受到他们欢迎的译文才会有市场、有价值、有生命,才会有可能成为经典译作。

纵观赵译《阿丽思》,归化手法的运用可谓"顺理成章"。例如:

nine feet high 九尺来高/a few yards 一两丈路/you 看官/every Christmas 过年/go to law(have a trial)上公堂/condemn you to death 见阎王/Cheshire cat 歙县的猫/like a snout 到(倒)象(像)个八戒/What day of the month is it? 今天初几?/cook 老妈子/nurse 李妈/drawing room 堂屋/silent night 五更天/dough 大馄饨等等。

从上述例子可以看出,赵元任先生在处理一些翻译要素时,利用具有汉文化特质的一些词语或表达法,制造出中国读者(尤其是儿童读者)熟悉的阅读环境,真是匠心独运。不过,也应该指出,有的归化译法可能还有商榷的余地,如上述的"歙县的猫"。歙县是我国安徽省的一个县,用在这里是否合适,读者诸君自己考量。我们猜想赵先生在翻译时是取了"谐音法",不假思索地将 Cheshire 翻译成了"歙县"。

三、适切的译法技巧

译法技巧的运用是否得当也是衡量译文"信"与"达"的一个重要的方面。成功的译文背后必定有高明的译法技巧。这与古人云的"工欲善其事,必先利其器"的道理是一样的。赵译《阿丽思》的成功也是得益于下列适切的翻译方法与技巧。

(一)巧用"谐音法"

《阿丽思》原文中有许多文字和谐音的双关语。这些"似通的不通"读来会令人捧腹,但翻译时就非常棘手,甚至是不可译。因为,弄得不好,反而会将"似通的不通"变成"不通的不通","或是把双关的笑话变成不相干的不笑话"③。"遇到这类问题,简直是无可奈何。因为在两种不同的语言中,没有音和义完全吻合的情况。"④在处理此类问题时,赵元任先生技高一筹,显现了大家风采,令人叹为观止。

例 11

原文:"Mine is a long and a sad tale!" said the Mouse, turning to Alice, and sig-

---

① 戎林海:《翻译问题探微》,东南大学出版社,2010,第 29 页。
② 胡庚申:《生态翻译学解读》,中国翻译 2008 年第 6 期。
③ 赵元任:《阿丽思漫游奇境记》,商务印书馆,1988,第 1 页。
④ 曹靖华:《有关文学翻译的几个问题》,《文汇报》1962 年 8 月 25 日。

hing.

"It's a long tail, certainly," said Alice, looking down with wonder at the Mouse's tail; "but why do you call it sad?"

译文:那老鼠对着阿丽思叹了一口气道,"唉!我的身世说来可真是又长又<u>苦</u>又<u>委屈</u>呀——"

阿丽思听了,瞧着那老鼠的尾巴说,"你这<u>尾是曲</u>啊!可是为什么又叫它苦呢!"

英语原文利用 tale 和 tail 两个谐音词进行打趣,读了令人忍俊不禁;译文将 tale 翻译成"身世",利用"增词法"将 sad 引申翻译为"又苦又委屈";再将 tail 翻译成"尾曲",既保留了"尾巴"的意思,又与前面的"委屈"谐音,这种处理方法出人意料,妙不可言。

例 12

原文:"You can draw water out of a <u>water-well</u>," said the Hatter; "so I should think you could draw treacle out of a treacle-<u>well</u>—eh, stupid?"

"But they were in the <u>well</u>," Alice said to the Dormouse, not choosing to notice this last remark.

"Of course they were," said the Dormouse,—"<u>well</u> in."

译文:那帽匠道,"水<u>井</u>里既然有水,糖浆井里自然有糖浆——咄,这么笨!"

阿丽思故意当没听见这末了一句话,她又对那惰儿鼠问道,"但是她们自己已经在<u>井里头</u>鲗,怎么还吸得出来呢?"

那惰儿鼠道,"自然她们在<u>井里头</u>——<u>尽尽里头</u>。"

英语原文里的 well 是一语双关,一个作名词,一个作副词,尤其是后面的 well in 非常难翻译。然而,这"区区小事"难不倒译者,他用"尽"与"井"谐音来译,译得令人叫绝,曲尽其妙。从这个译文中,我们可以看到赵先生的汉语功底是如何之非同一般;也使我们清楚地认识到在翻译中,理解是基础,表达更关键,词不达意,等于白说。

例 13

原文:"I beg your pardon," said Alice very humbly:"you had got to the fifth bend, I think?"

"I had <u>not</u>!" cried the Mouse, sharply and very angrily.

"A <u>knot</u>!" said Alice,…

译文:阿丽思很谦虚地道,"对不住,对不住。你说到了第五个弯弯儿嘞,不是吗?"那老鼠很凶很怒地道,"我没有<u>到</u>!"

阿丽思道,"你没有<u>刀</u>吗?"……

原文里的 not 与 knot 是同音词,但意义完全不一样,原作者在这里是故意玩文字游戏,以博读者一哂。翻译的时候如果不有意加以变通,那就无法翻译,或译出来的词语达不到搞笑的效果。比如我们可以将 knot 直译为"结"或"花结",阅读的时候谁会笑呢? 赵先生利用近音词(同音不同调)来处理,故意将 knot 错译为"刀",这样一来,not 跟 knot 同音,"到"跟"刀"同音,收到了"异曲同工"的效果,读来令人捧腹。这种"叛逆"式译法真真是"神来之笔"。

(二)使用"增词法"

增词法就是根据具体的上下文,在译文中添加一些原文中没有的词语,以将原文字里行间的意义更好地表达出来,或使原本隐现的意义变为显现,使读者读起来上下贯通,意义豁然。

例 14

原文: In another moment down went Alice after it, never once considering how in the world she was to get out again.

译文:不管四七二十八,阿丽思立刻就跟进洞去,再也不想想这辈子怎么能再出来。

例 15

原文:"Do cats eat bats? Do cats eat bats?" and sometimes,"Do bats eat cats?"

译文:"猫子吃蝙蝠子吗?猫子吃蝙蝠子吗?"有时候<u>说说说乱了</u>,变成"蝙子吃猫蝠子吗?吃子蝙猫蝠子吗?"

例 16

原文:"What did they live on?" said Alice...

"They lived on treacle," said the Dormouse...

"They couldn't have done that, you know," Alice gently remarked. "They'd have been ill."

译文:阿丽思问道,"她们吃什么过活呢?"

那惰儿鼠答道,"她们吃糖浆。"

阿丽思柔声地说道,"这她们怎么能呢!老吃糖浆一定要病的,你可知道?"

例 14 原文运用倒装句,将阿丽思强烈的好奇心和冒险精神表现得淋漓尽致。赵元任为了再现阿丽思这种好奇与迫不及待,在译文里增加了非常大众化的口语"不管四七二十八",我们认为是必需的,也是恰当的。例 15 译文中增加了两个部分,将原文内含的逻辑意义彰显得一清二白,使译文通畅。假如没有画线部分,译文就生硬不通。例 16 的增加部分将原文隐含的"因果"关系表示得清清楚楚。

(三)运用"拟人化"的手法

运用拟人化的手法使译文更具生动性,增加译文的感染力。例如:将猫的名字 Kitty

译为"华儿",将壁虎的名字 Bill 译为"毕二爷",将狗的名字 Dash 译成"小花",将植物名字 tigerlily 译为"四眼花"等。

(四) 灵活处理

所谓灵活处理,就是译者在翻译的具体过程中,不囿于原文的用词和结构,而是根据具体的上下文,将其内在的意义再现出来。

例 17

原文:The Hatter's remark seemed to her to have no sort of meaning in it, and yet it was certainly English.

译文:她觉得那帽匠那句话一点什么意思都没有,可是听又象(像)好好的一句话。

在这个译文里,我们看到,原文 it was certainly English 的原意"当(自)然是英语"变成了"好好的一句话"。从这里具体的翻译语境看,需要译者作灵活处理,译文才能地道传神。如果不这样"变译",把原文译为"……什么意思都没有,可是那又是英语",我们认为"虽译犹未译"。"那又是英语"的说法会使读者误以为"帽匠"原先说的可能不是英语。译文"好好的一句话"应该是有意义的,怎么会对阿丽思没有意义呢? 读者的这个疑问于是就与上下文贯通了。

灵活处理进行"变译"的例子在赵译《阿丽思》中还有不少,限于篇幅,不再枚举与赘述。

第四章 恽代英：红色翻译家

恽代英(1895—1931)，江苏常州人。他是中国无产阶级革命家和领导人，"中国青年热爱的领袖……他的无产阶级意识、工作热情、坚强意志、朴素作风、牺牲精神、群众化的品质、感人的说服力，应永远成为中国革命青年的楷模。"(周恩来语①)他也是中国共产党早期著名的理论家，思想理论涉及哲学、政治、社会发展、教育、家庭伦理、宗教、妇女解放等方方面面，对其时的读者尤其是青年读者产生了巨大的影响。恽代英同时也是一位伟大的翻译家，他的翻译作品，尤其是他翻译的《阶级争斗》在我国翻译历史长河中是一座巍巍丰碑。

---

① 转引自刘辉编《恽代英卷》封四。

第一节
生平介绍

恽代英,1895年8月12日出生于湖北武昌一个官宦家庭。兄弟姐妹五人中,他排行第二。恽代英自小聪慧,酷爱读书学习。

1913年,恽代英考入武汉中华大学预科,1915年进入中华大学攻读中国哲学。在学生时代,恽代英便积极参加革命活动和新文化运动,在《东方杂志》《新青年》上撰文,提倡科学与民主,批判封建文化,是武汉地区五四运动主要领导人之一。

1918年夏,恽代英大学毕业,担任中华大学中学部主任。

1920年春,恽代英开始学习和传播马克思主义,并由信奉改良主义和空想社会主义转变为信仰马克思主义,研究马克思及其学说、唯物史观、布尔什维克、劳动问题。1921年加入中国共产党。1920—1923年,先后在安徽宣城、四川泸州、成都等地任教。

1923年年初,他应吴玉章等人邀请,在成都高等师范学校和西南公学任教,继续传播马克思主义。同年夏,他应邓中夏之约,到上海大学任教。不久,出席了中国社会主义青年团第二次代表大会,被选为团中央执委会委员、宣传部部长,与邓中夏等一起创办和主编团中央的机关刊物《中国青年》。

1927年1月,恽代英到武汉主持中央军事政治学校工作,任政治总教官。7月,恽代英奉中央之命赴九江,任中共中央前敌委员会委员,参与组织和发动南昌起义。12月,与张太雷等领导了广州起义,任广州苏维埃政府秘书长,主编机关刊物《红旗日报》。起义失败后,转赴香港,担任广东省委委员,从事地下斗争。

1928年6月,恽代英从香港赴广西贵县,作为党中央的代表出席了中共广西省第一次代表大会。同年秋,恽代英奉命从香港调到上海党中央组织部任秘书,协助部长周恩来工作。

1929年年初,恽代英任党中央宣传部秘书长,负责编辑党刊《红旗》。同年6月,恽代英在中共六届二中全会上被补选为中央委员。

1930年,中共福建省委在厦门召开第二次代表会议,恽代英代表党中央出席了会议。5月6日,恽代英在上海被国民党当局逮捕,被关押在南京江东门外"中央军人监狱",化名王作林。在狱中,恽代英面对敌人的威逼利诱,坚贞不屈。后来被叛变的原中共中央政治局候补委员、特科负责人顾顺章指认,暴露了身份。

1931年4月29日,36岁的恽代英被杀害于南京。牺牲前他写下了"浪迹江湖忆旧游,故人生死各千秋。已摈忧患寻常事,留得豪情作楚囚"的不朽诗篇。

第二节
翻译活动与实践(作品)

恽代英的翻译活动始于1917年。主要译作有:

《阶级争斗》(由新青年社出版)

此外,还有分别发表在《东方杂志》《妇女杂志》和《中国青年》上的译文,如:

《和平损失与战争损失》

《顽童》

《笑》

《论睡眠》

《爱情与知识》

《儿童游戏时间之教育》

《户外生活》

《禁食疗病说》

《人寿保险事业之发展与长生会》

《儿童问题之解决》

《卫生之婴儿哺乳法》

《婴儿之体操》

《聪明之女郎》

《蠹鱼的故事》

《美国人对于早婚之意见》

《一个基督教徒讨论非基督教运动》

《英哲尔士论家庭的起源》

《拉法格论古代共产制》

《哲学之意义》

《斯通勒夫人教育学说》

《自然之母教》

《苏俄国家的教育》

这些译文内容涉及生活、养生、家庭、爱情、婚姻、儿童问题、教育、哲学、政治以及宗教等多方面。

第三节 翻译思想

通过翻译,恽代英向国人传播西方先进的政治思想、社会制度、教育方法以及社会生活样式,受到了广大读者的欢迎,引起青少年读者的共鸣与反思。通过翻译,恽代英自己也增长了知识,丰富了自我,坚定了信念,尤其是通过翻译《阶级争斗》,他的政治信仰也发生了根本的改变,从一度信仰泛社会主义(尤其是无政府主义[①])转变为笃信马克思主义。恽代英加入中国共产党之后,渐渐成长为一名意志坚定的无产阶级革命家。

用翻译介绍西方的新思想、新观念的同时,恽代英也严肃地指出,原作的内容有的不一定正确,有的东西不一定适合国人,因为国情不一样,文化之间存在着差异。他在《〈儿童游戏时间之教育〉译者按》中说:"吾每译此项文字,心中辄怦怦若有所感。吾之此译,非谓吾国妇女,可一一将所言施用于吾国之家庭也。国情之不同,游戏用品之不完具,彼之所言,有非我所可行者,吾人惟当师其用意,变通而神明之耳。[②]"这种辩证的观点与看法还见于《〈儿童读书年龄之研究〉按语》中。由此可见,恽代英对待翻译的态度是认真的、科学的,对待翻译的内容是批判的,而不是一味的"拿来主义"。

第四节 译作评析(以《阶级争斗》为例)

《阶级争斗》(The Class Struggle)的原作者是德国社会民主党主要领导人柯祖基(Karl Kautsky,现译卡尔·考茨基),原书名是《爱尔福特纲领解说》。1920年2月,陈独秀应武汉文华大学校长邀请,去武汉参加该校学生毕业典礼并发表讲话。在武汉期间,陈独秀专门与恽代英进行了会晤,并委托恽代英翻译考茨基的这本书。这本书的英文译本书名是 The Class Struggle,译者是英国人博恩(William E. Bohn)。恽代英翻译的《阶

[①] "五四运动以后,……各种社会主义思潮在中国广泛传播,曾一度深刻地影响了五四时期的一代知识精英,尤其是无政府主义、新村主义和工读主义,像灿烂的星辰,吸引了他们的眼球。李大钊、毛泽东、恽代英等概莫能外。"(李良明等:《恽代英思想研究》,人民出版社,2011,第131页。)

[②] 恽代英:《恽代英全集》第一卷,人民出版社,2014,第324页。

级争斗》依据的就是这个英译本。

《阶级争斗》一书准确地阐释了马克思主义的政治经济学原理和阶级斗争学说，对马克思主义在中国的早期传播产生了重要而广泛的影响，对毛泽东等中国共产党早期领导人的思想和政治信仰产生了重大影响。①

然而，时至今日，这么重要的一个译本在我们翻译研究领域还没有得到应有的重视，鲜有论文对译文进行全面细致深入的研究与评价。《阶级争斗》是一本政治类的书籍，文本涉及的知识有关乎政治的、经济的、社会的、历史的等等。要翻译好这本书，不具备这方方面面的知识是断然不行的。恽代英不仅英文修养好，而且自身的知识面也非常宽泛，这为他的翻译实践提供了极大的裨益。下面我们分别从四个方面来分析《阶级争斗》这个中译本的译文，即词义的选择、褒与贬的处理、术语（概念）的翻译、长句子的处理等等。

一、词义的选择

在翻译过程中，单词或词组的意义的选择非常重要，词典提供的只是基本释义。一个词在一个语境是这样的意义，在另一个语境可能是另外一个意义。英国著名语言学家John Firth 曾经说过："… each word when used in a new context is a new word"②。所以译者在翻译时，必须结合具体上下文对一些关键的词的词义做出适当的选择。

例1

原文：In his relation to his employees he is not a fellow-worker, he is a driver and exploiter.

译文：他对于被雇者，不是一个伙伴，只是一个鞭笞的人，剥夺的人。

这句中的 driver 一词如何理解，如何表达才符合上下文对此词词义的限定？先看几本词典上的释义。

《英汉大词典》（陆谷孙）：监工，工头。

《新英汉词典》（吴莹）：监工。

《牛津英汉双解词典》（张柏然）：驱赶动物者，牧人。

《英华大词典》（颜惠庆）：监督奴隶或罪犯工作的人。

"监工"在《现代汉语词典》（第七版）的释义是：（1）（动）在厂矿、工地等做工现场监督

---

① 毛泽东在与斯诺的谈话中说："有三本书特别深地铭刻在我的心中，建立起我对马克思主义的信仰。我一旦接受了马克思主义对历史的正确解释后，我对马克思主义的信仰就没有动摇过。"这三本书是《共产党宣言》《阶级争斗》和《社会主义史》。转引自恽代英：《恽代英全集》第四卷，人民出版社，2014，第 312 页。

② J. R. Firth, *Papers in Linguistics* 1934–1951(London: Oxford University Press, 1957).

工作;(2)(名)做监工工作的人。如果在翻译时简单地将 driver 译为"监工",语义上是通的,也算是忠实的,但它失去了阶级性,未能充分传达原文的阶级情感。从上述词典释义看,《英华大词典》的释义比较准确,但表述太长,显然也不能照抄。好的翻译始终要根据具体语境,在目的语中寻找那个最自然最贴切的表达。恽代英将 driver 译为"鞭笞的人"——一个拿着鞭子,将工人当奴隶或牲口一样驱赶,强迫他们劳动的人——可谓妙译,译得很形象,很到位,充分传达出了原文的政治考量和阶级感情。恽代英在翻译的时候,可能也参考了 1908 年商务印书馆出版的,最权威、最全面、最综合,也最受欢迎的《英华大词典》。但他没有简单地按照词典释义来移译。而是在汉语中努力寻找那个最适合最恰当的等值词语。

例 2

原文:Therefore poverty is regarded as a visitation of Providence, or as the result of shiftlessness or carelessness.

译文:所以那时的人,只说贫困是命运不佳;不然,便是不灵巧不谨慎使然。

这个句子中的词组 visitation of Providence 怎样理解,如何翻译?我们再看看上述几本词典的释义。

《英汉大词典》:visitation 天罚,天赐;providence 天道,天意,天命,天佑;上帝。

《新英汉词典》:在 visitation 和 providence 词条下都举例有这个使用搭配 a visitation of Providence,释义为"天灾"。

《牛津英汉双解词典》:visitation 天罚,天谴,报应;providence 天助,天佑;上帝,苍天。

《英华大词典》:visitation 降刑于人以罚其罪;providence 天佑,天命,天意;上帝,天。

可以看出,这几本词典对 visitation 和 providence 的释义大同小异。意思就是"来自上帝的惩罚"。如果照此直译,那么工人或无产阶级之所以"贫穷",是因为他们犯了错(或罪)而遭到天谴。这与作者的政治观点不符。再看恽代英的翻译,"命运不佳",既忠实于原文,又地道得体,通俗易懂。在具体的上下文中,贴切而自然。此外,这句的翻译将 be regarded as 译为"只说",将"被动式"转为"主动式";又将 or 翻译为"不然",将 shiftlessness 译为"不灵巧",真是上下贯通,一气呵成。

二、褒与贬的处理

政治文献的翻译,在处理一些词语的褒贬意义上,译者须保持清醒的政治头脑,再现原文作者泾渭分明的政治立场、态度和情感。

例3

原文：Many a slave holder has in former times torn husband from wife and parents from children, but the capitalists have improved upon the abominations of slavery; they tear the infant from the breast of its mother and compel her to entrust it to strangers' hands.

译文：古时许多蓄奴隶的，或随意的孤人之子，寡人之妻，但资本家变本加厉，乃至于从为母的怀中，夺婴孩以勉强他付托于生人之手。

原文中的 improve，本义应该说是褒义的，有"改善、提高、变好"的意思。加介词 upon，也是这个意思。但在具体语境中，这个词语的意思正好是贬义的，原作者是在对资本家进行挖苦嘲讽。恽代英将 improve 译为"变本加厉"，这个"本"就是奴隶制，而资本家的做法则大大"超越了"旧时的人。真是神来之笔，再现并强化了原作的语气、立场、态度及其极强的讽刺性。

例4

原文：However wretched his home may be, however miserable his food, nay, even though he famish, the well-being of the capitalist is not disturbed by the sickening sight.

译文：无论工人的房子怎样可怜，他的食物怎样坏，甚至于连坏的食物亦没有；但这些颠连困苦的情形，都不得扰害了资本家的幸福。

这个句子中的 sickening，意思是"令人厌恶的，使人作呕的"，属于贬义词。如果按照词典释义翻译，那么阶级立场就发生了变化：穷人的生活情景令你作呕，令你讨厌？！恽代英把它译为"颠连困苦"，译得很传神，很形象，使读者读后仿佛看到了穷人凄惨的生活场景，于是心中迸发出一种强烈的对无产者的同情心和对资本家的憎恨。

三、术语（概念）的翻译

《阶级争斗》是一本政治类的书籍，文本内容涉及政治、经济、社会、历史等等，其中有很多专门的词语，即（概念）术语。如果对这些术语的内容外延不清楚，如果不具备这方面的知识，那么要忠实地再现原文面貌将是非常困难的。1920 年前后，国内还没有统一的权威的术语翻译手册，有的则是《英华大词典》，以及江南制造局编的名词翻译参考书。还有一些散见于报纸杂志的用词。恽代英知识渊博，阅读面广，英文基础扎实，积累的新知识新词汇也比较丰富，所以他在翻译《阶级争斗》时，能得心应手，这恐怕也是为什么陈独秀要请恽代英来翻译这本书的缘由吧。

比如：class struggle 阶级争斗；means of production 生产工具；bourgeois society 资

本社会；exploiter & exploited 剥夺者与被剥夺者；exchange value 交换的价值；relation of supply and demand 供给与需要的关系；social reform and social revolution 社会改良与社会革命；national party 国民党；state socialism 国家社会主义；the property-holding class 有产阶级，interest-bearing capital 利贷的资本；method of production 生产方法；instruments of production 生产工具；trust 托拉斯①；stockjobber 股票商；emancipation 解放②；labor movement 劳工运动；socialist movement 社会主义运动；等等。再比如：

例 5

原文：the industrial reserve army

译文：劳工后备军

这里的 industrial，在上述几本词典里的释义基本都是"工业的、产业的"，但恽代英没有将其译为"工业后备军或产业后备军"（如果这样译，表述似欠妥，也不通顺，也没逻辑），而是把 industrial 变译为"劳工"，这种变译很好，是考虑到了具体的上下文，因为原文在这一节讲的主要是劳工问题。

四、长句子的处理

在翻译中我们经常会碰到一些长而复杂的句子，它给我们理解与表达都带来了一些困难。对此类句子，译者须谨慎小心，须研读细析。恽代英在翻译《阶级争斗》过程中，对一些长句子的处理，策略得当，译技高明，堪称楷模。

例 6

原文：To invest his little savings in some small independent industry were for him to fall from the frying pan into the fire; ten to one he will be thrown back to his previous condition, with the bitter experience that the small producer can no longer keep his head above water—an experience which he have purchased with the loss of his hard-earned savings.

译文：他若把他所储蓄去做小的独立的工业，只当是把锅里东西丢到火里去。他能救得十分之一像从前境遇，便是好的。他的痛苦的经验，令他知道小生产者已是没有生路。这种经验，便是他损失了的辛苦储蓄的金钱所买得惟一的教训。

这个长句子有四层含义，恽代英用断句法将原句切分成四个小句，然后一一翻译过来，层次清晰，意义明确，逻辑分明。另外，恽代英在翻译这个句子中的 experience 时，灵活多变，将第二个 experience 译为"教训"，既"信"又"达"，堪称妙译。

---

① 《英华大辞典》的释义是"脱辣司"。
② 《英华大辞典》的释义是"释放、享自由、解脱"。

例 7

原文:Credit is today, just as it was formerly, a means whereby to render non-capitalists—whether property holders or propertyless—subject to the payment of interest; today, however, it has, further, become a powerful instrument wherewith to convert into capital the property in the hands of the various classes of non-capitalists, from the large estates of endowed institutions and aristocrats down to the pennies saved by servant girls and day laborers.

译文:现在的借贷,与从前一样,是使有产的或无产的非资本家要担负利息。但今天他更成了变各种财产,从各种非资本家手里,大到富人贵人的遗袭财产,小到工人婢女储蓄的几个钱,都成为一种资本家的有力武器。

这个句子比较复杂一点。从意义层面看,两层意思。但由于作者在中间使用了几个从句,所以整个句子看起来又长又有点复杂。恽代英在翻译时将后面的从句提前,把"成为有力武器"放在最后,读起来自然顺畅。

一点说明

由于1920年前后国内还没有统一的权威的名词译名指南,所以那时见于报纸杂志的翻译文章或出版社出版的翻译书里,同一个人名(包括地名)可能有不同的翻译,即使是著名的作家、科学家、政治家、哲学家等等,其名字翻译也不统一。比如:

牛顿,原译是牛敦;

伊丽莎白,原译是以利沙伯[①];

弗洛伊德,原译是傅拉伊德、弗罗伊德;

莱布尼兹,原译是赖勃尼兹、赖伯尼兹、莱布尼茨;

俄国著名诗人普希金的长篇诗体小说《叶甫盖尼·奥涅金》,其他译名还有《欧根·奥尼金》(第一个译本)、《欧根·奥涅金》和《叶夫根尼·奥涅金》等。

同样,在恽代英的翻译中,这种情况也有所存在,比如《阶级争斗》的原作者"柯祖基",现译名是考茨基;"厄佛得",现译名是爱尔福特;"马克斯(司)",现译名是马克思;"英哲尔士""昂格斯",现译名是恩格斯;而"阶级争斗",现在一般都说阶级斗争;等等。这些现象应该说是"瑕不掩瑜",是由历史语境所致,情有可原。我们在这里指出来,是向研究者和现在的读者做一个实事求是的、客观的说明。

※ ※ ※ ※ ※

1945年,毛泽东在党的"七大"闭幕式上指出:没有翻译就没有共产党。因为没有翻

[①] 颜惠庆:《英华大辞典》,商务印书馆,1930,第1066页。

译,中国人就不知道什么是马克思主义。① 强调了翻译对中国共产党的建立所产生的巨大影响。试想,如果没有陈望道翻译的《共产党宣言》,如果没有恽代英翻译的《阶级争斗》……

　　恽代英是一位伟大的翻译家,更是一位红色翻译家。他翻译作品的内容涉及政治、哲学、教育、婚姻家庭、社会、养生等方方面面。看起来有点"杂",其实不然,因为这些领域都是他研究和关注的方方面面。《阶级争斗》的原理与主张不仅促使他转变了政治信仰,进而成长为一名坚定的中国共产党党员,而且在当时的社会还产生了巨大的反响,影响了一大批知识青年精英,如刘少奇、周恩来、董必武等等,更是对毛泽东的政治信仰产生了重大影响,成为铭记在毛泽东心里的三本书之一。在我国翻译的历史长河中,恽代英的翻译作品及其翻译思想的影响是重大而深远的。

---

① 陈福康:《中国译学理论史稿》,上海外语教育出版社,2000,第380页。

第五章 张太雷：共产国际的翻译家

张太雷（1898—1927）是中国共产党最早的党员之一，中国共产党重要的创始人之一，也是中国共产党早期的一位杰出领袖、国际活动家、工人运动领袖。中国共产党建党初期，张太雷担任了不少重要的口头翻译工作（同时也有一些笔译工作），为中国共产党的建立以及早期的国际交流做出了重要的贡献。

第一节
生平介绍

1898年6月17日,张太雷出生于江苏武进,原名曾让,字泰来,学名复,自号长铗。参加革命后初名为春木、椿年,后改名为太雷。1911年张太雷入常州府中学堂读书,与瞿秋白是同窗好友。1915年秋考入北京大学,同年冬转入天津北洋大学,在法政科学习。这期间,曾在《华北明星报》任英文翻译。在十月革命和李大钊等人的影响下,张太雷开始研究马克思列宁主义。五四运动期间,张太雷是天津地区爱国运动的骨干,也是周恩来的好友。

1920年春,共产国际代表魏金斯基(亦作维经斯基、魏琴斯基)等来华与李大钊、陈独秀商议在中国建立共产党的事宜,张太雷担任翻译。1920年10月,他参加了北京的共产主义小组,并在李大钊的帮助下,接着组建天津社会主义青年团小组,任小组书记。1921年1月受共产主义小组委派赴俄国,任共产国际远东书记处中国科书记,是第一个在共产国际参加工作的中国共产主义者。同年6月,陪同共产国际代表马林(G. Maring)等到中国,先后在北京和上海分别与李大钊、张国焘、李达、李汉俊等会谈,商讨筹建中国共产党的事宜,决定在上海召开中共第一次全国代表大会。会前,张太雷为大会筹备组翻译了《中国共产党宣言》草案,提交马林修改。6月至7月以中共代表身份出席在莫斯科召开的共产国际第三次代表大会。随后参加赤色职工国际第一次成立大会和少共国际第二次代表大会。

1922年1月至3月,张太雷相继出席远东被压迫民族大会、东方劳动者大会和青年共产国际代表大会,并被选为青年共产国际执行委员,成为中国共产党最早参加国际共产主义运动的活动家。

1922年5月,张太雷主持召开中国社会主义青年团第一次代表大会,作关于团纲和团章的报告,被选为团中央委员,成为青年团的创建人之一。8月,参加在杭州召开的中共中央全会,主张与国民党合作,以建立反帝反封建统一战线。会后,根据党的决议,与陈独秀、李大钊等首批以个人身份加入国民党。

1923年6月,张太雷出席中国共产党第三次全国代表大会,在党的第四次、第五次全国代表大会上分别当选为中央候补委员和中央委员。后赴莫斯科东方大学学习。

张太雷1924年8月回国后,在社会主义青年团中央工作。1925年1月在社会主义青年团第三次全国代表大会上作政治报告,大会决定将团的名称改为中国共产主义青年团,张太雷当选为团中央书记。会后被派到广州,在国民党中央宣传部工作,同时任苏联政治顾问鲍罗廷的翻译和助手,对加强国共两党合作、促进革命形势的发展,做出了贡献。

1927年7月中共中央改组,他任中央临时政治局五名常委之一。8月7日参加中共中央紧急会议(即八七会议),当选为中央临时政治局候补委员,后任中共广东省委书记。12月11日张太雷与苏兆征、叶挺、叶剑英等领导发动广州起义,成立广州苏维埃政府,任苏维埃政府代理主席。翌日,在乘车途中遭反动派武装人员伏击,不幸牺牲,时年29岁。

第二节
翻译活动与实践(作品)

张太雷是一个具有很高素养的马克思主义文献翻译者与传播者。他的翻译活动与实践对中国共产党的建立与发展,对共产国际事业的发展都起到了特殊而重大的作用。

张太雷的翻译有笔译也有口译。就其笔译而言,大致可以分为三个部分:书面译文、书面改译文(如《第二次留在莫斯科工作》)、同步口译文等(如《翻译鲍罗廷的演讲》《编辑修订〈鲍顾问演讲集〉》)。

1921年中国共产党正式成立后,9月1日,曾作为上海共产党早期机关刊物的《新青年》第9卷第5期上发表了《对于华盛顿太平洋会议》译文,署名"张椿年译",张椿年即张太雷。此原文为共产国际执委会发表的有关声明,落款"第三国际执行委员会 中国张椿年译于北京"。这是迄今为止看到的张太雷在国内公开发表的最早的译文。这篇译文4000多字,分为六个小节:1.华盛顿会议;2.美国重新参与欧洲政治;3.英国底地位;4.日本底孤立;5.美国在东亚的政策;6.华盛顿会议底希望。(参见丁言模、李良明《张太雷研究新论》)

其他的译文还有:

《介绍一篇国民革命的纲领》(与人合作翻译);

《美国十一岁小共产党人供词》;

《中国的战争》(片段);

《国家与革命》(节译)等等。

张太雷的翻译活动除上述笔译外,主要集中在口译上。

一、担任柏烈伟的翻译兼助手

在《华北明星报》做编辑工作时,经该报主编福克斯介绍,张太雷担任了俄籍汉学家柏烈伟(S. A. Polevory,亦译鲍立维、布鲁威、百禄威、柏烈威)的英文翻译兼助手。柏烈伟在海参崴长大,常跟那里的中国人打交道,会讲汉语,逐渐对中国的《诗经》产生了浓厚兴趣,后来成了一名汉学家。柏烈伟思想倾向进步,有许多俄共(布)朋友,来到天津后,他以各种方式联络北京、天津、上海等地的进步青年和文化人士,传播十月革命后的苏俄情况,后来与俄共(布)、共产国际等方面发展出了错综复杂的联系。

担任柏烈伟的翻译兼助手,张太雷主要做了如下一些工作:

其一,为柏烈伟翻译有关俄国革命的情况。这无形中为张太雷打开了一扇神秘之窗,使他比同时代的人更早地直接接触有关苏俄革命的文件。张太雷翻译的文稿中有一些经过编写,提供给《华北明星报》。

其二,担任李大钊与柏烈伟之间的特殊联络员,往返京津之间,在五四运动前后辗转传播有关俄国革命的宣传材料,同时也促使他自己的思想发生了新的变化。

二、担任维经斯基、马林、达林、鲍罗廷等共产国际代表的翻译

1920年春,共产国际派遣代表魏金斯基(亦作维经斯基、魏琴斯基)等来华,先后与李大钊和陈独秀商议在中国建立共产党组织的事宜。期间的翻译工作都是由张太雷担任。

1921年7月,中国共产党第一次代表大会先后在上海与嘉兴召开,会上正式宣告中国共产党的成立。来自上海、北京、广州、湖南等地共产主义小组代表13人出席了会议,共产国际派遣两位代表参加,他们分别是马林与尼可尔斯基。马林是由张太雷陪同来华的。在代表大会召开之前,张太雷曾为大会筹备组翻译了《中国共产党宣言》草案,提交马林修改。1921年9月,中国共产党首任书记陈独秀从广州至上海与马林会晤,他们之间的翻译工作由张太雷担任。陈独秀见到马林后,便让张太雷翻译他的话:你(马林)是牛林,头上有两只角,我头上只有一只角(独秀),可我的身体棒得像头牛。初见伊始,便让马林领会了陈独秀的幽默与豪放。两人商谈了新生中国共产党的最低纲领与最高纲领。会谈中,当马林要求这位书记承认中国共产党是共产国际的一个支部时,独立性很强的陈独秀让张太雷翻译:中国共产党不是共产国际的一个支部,是否接受共产国际领导还有待考虑。马林听完张的翻译,心中十分不悦。因此,他与陈独秀的会谈,闹得不欢而散①(引自电影《日出东方》)。

---

① 转引自黎难秋《中国口译史》,青岛出版社,2002,第396页。

1921年12月4日,马林、张太雷到达桂林与孙中山会谈三次,期间的翻译工作都是由张太雷担任。

1923年,中国共产党第三次代表大会在广州召开,陈独秀主持了会议。会议选出陈独秀、毛泽东与罗章龙等5人为中央执行委员。会上批评了张国焘不愿与中国国民党合作的观点,决定了与国民党合作,共产党员以个人名义加入中国国民党。共产国际代表马林出席了会议,代表们不同意马林提出的中国共产党一切归国民党管理的错误意见。会议期间,张太雷担任马林的翻译①(参见电影剧本《日出东方》)。不久之后,张太雷又一次陪同马林会见孙中山,促进并实现了中国共产党与中国国民党的第一次合作,这次会见的翻译工作也是由张太雷担任。

张太雷担任维经斯基、马林、达林、鲍罗廷等共产国际代表的翻译和秘书,以无穷的精力、渊博的知识赢得了各国共产党人对他的尊重,显示出了杰出的政治与外交才能,被誉为"真正的国际主义者"。李大钊先生曾称赞他"学贯中西、才华出众"。

第三节
译作赏析

一、《美国十一岁小共产党人供词》译文

这篇译文原刊登在团中央机关周报《中国青年》第26期(1924年4月12日出版)上。由于缺乏英文原文,故难以对照分析。但是,我们从中文译文就可看出,张太雷的翻译是地道的、得体的,其译文流畅自然、达意传神。

列瓦格兰拿夫(Leo Granoff)是一个纽约城十一岁的小孩,在十二月十五日被带到儿童审判厅受审。因为在街上被警察从身上查出共产主义的传单。

列瓦承认他是一个忠心的共产党人,他曾经组织一个儿童苏维埃团,年龄从七岁到十四岁,这个团体隶属于美国青年工人团。他说他是生长在纽约,他算是一个美国人,虽然如此,他极端倾向于俄国式的政府。他说:"这个俱乐部是我自己组织的,每月团费一角。半角交给全国总部——做什么用呢?为出报等用。煤油大王的儿童不准进我们的俱乐部,就是比煤油大王稍差一点的亦所不许。我以为苏维埃式的政府要比美国的好。"

---

① 转引自黎难秋《中国口译史》,青岛出版社,2002,第396页。

于是审判官就问他：美国的政府，有什么地方不好呢？

他说："我知道，你们亦知道，在这个国家，自由的国家里面，我们假定有言论自由和集会自由，但是言论自由、集会自由只是对于我所说的资产阶级的事物。现在看我的母亲的缝工，别的男子女子，小孩子在工厂里做工，而他们不能得充分的代价。我并不是说缩短时间，我说他们没有得着他们所做的工的代价。"

"学校似乎不差，但是他们教我们些什么？只有拼法、写法、算法和历史。我不欢喜历史，历史就是爱国主义。他甚至于拿煤油大王弄成一个上帝，而且我是反对战争和杀戮人民。"

于是审判官又问他：华盛顿与杜洛次基，谁是较大的人物？

"华盛顿并不坏，但是他是一个将军，我以为杜洛次基对于世界所做的事业更多一点。你们知道在华盛顿时代与杜洛次基时代的情形是不同。"

林肯如何呢？又问他。

列瓦回答："林肯是一个很漂亮的人物，我这样想。他是贫穷而时常想改善他自己。否，我以为我应该欢喜住在俄国，你看，此地很需要我。俄国已有许多能组织的人，如果我真有组织能力，此地需要我，因为此地没有许多能组织的人。我们现在还不是用武力，而正是我们组织人民的时候。到某时期或者我们必须用武力，然而决非现在。"

以上就是这位小共产党人的供词。这供词把美国的德谟克拉西和他们所崇拜的大人物描写得如何真晰，中国的青年们对于这篇供词当有如何的感想？
（转引自丁言模、李良明《张太雷研究新论》）

二、翻译列宁的《中国的战争》片段

列宁的《中国的战争》（张太雷译为《中国之战》），载于《火星报》创刊号（1900年12月）。在这篇文章里，列宁强烈谴责了八国联军联合镇压中国义和团运动，以及残杀妇孺，抢劫皇宫、住宅和商店。他指出"沙皇政府对中国实行的政策不仅侵犯人民的利益，而且还竭力毒害人民群众的政治意识"，痛斥沙皇政府侵华战争取得的所谓"胜利"，号召俄国人民起来斗争，"结束政府的专制统治"。

张太雷读过此文，首次摘译了其中几个片段。下面我们来看一下张太雷的译文（摘译）以及新中国成立后组织翻译的《中国的战争》中的两个段落。

（一）

张太雷译文：中国人民并不仇恨欧洲的人民，他们对于他们没有什么反对，然而他们却仇恨欧洲的资本家,和为资本家用的欧洲的政府。他们到中国去只为求利,他们用了他们所矜夸的文明去欺骗,去抢掠和压迫,他们同他开战,强迫他承认输入使中国人民愚蠢的鸦片之权(一八五六英法联军),他们用传教遮掩他们的活动,对于这些人们除掉仇恨之外还有什么呢?

新译文:中国人并不是憎恶欧洲人民,因为他们之间并无冲突,他们是憎恶欧洲资本家和唯资本家之命是从的欧洲各国政府。那些到中国来只是为了大发横财的人,那些利用自己的所谓文明来进行欺骗、掠夺和镇压的人,那些为了取得贩卖毒害人民的鸦片的权利而同中国作战(1856年英法对华的战争)的人,那些用传教的鬼话来掩盖掠夺政策的人,中国人民难道能不痛恨他们吗?

(二)

张太雷译文:他们"帝国主义者"并不公开地动手瓜分,而象(像)夜间的偷贼,他们抢掠中国象(像)掘坟墓一样,但是如果假使要想抗拒的时候,他们又象(像)野兽一样对着他,把树林亦烧了,屠杀没有武装的人民。

新译文:不过它们在开始时不是公开瓜分的,而是象(像)贼那样偷偷摸摸进行的。它们盗窃中国,就象(像)盗窃死人的财物一样,一旦这个假死人试图反抗,它们就象(像)野兽一样猛扑到他身上。它们杀人放火,把村庄烧光,把老百姓驱入黑龙江中活活淹死,枪杀和刺死手无寸铁的居民和他们的妻子儿女。(转引自丁言模、李良明《张太雷研究新论》)

从上述两个段落的译文可以清晰地看到,张太雷的译文同"新译文"几乎一模一样,都是忠实可信的。无论是内容上还是语言表达上,张太雷的译文都堪称上乘。

第六章 瞿秋白:革命家、文艺家和翻译家

瞿秋白1899年1月29日生于江苏常州城内的青果巷,1935年6月18日牺牲在福建长汀罗汉岭。他是中国共产党早期的主要领导人之一。他一生虽然短暂,但给世人留下的却是不朽的精神财富。他学贯中西,多才多艺:不仅是一位伟大的无产阶级革命家,思想家,坚定的马克思列宁主义者,杰出的文学家,社会活动家,而且还是一位卓有成就的翻译家。他的翻译思想丰富而深邃,翻译作品面广而量大。在中国翻译的历史长河中,他在翻译及翻译理论方面的建树令人瞩目,影响广泛而深远。

第一节
生平介绍

瞿秋白(1899—1935),江苏常州人,谱名懋森,名双,又名爽、霜,字秋白,后以字行。他1899年1月生于一个破落的书香家庭。自小天资聪颖、勤奋好学,先后入塾馆、冠英等小学堂、常州府中学堂读书,但因父亲长期失业,家庭经济拮据,中学未毕业就被迫辍学,到无锡城外当小学教员。1916年,瞿秋白获得亲属的资助,进入武昌外国语学校学习英文。1917年,随堂兄瞿纯白北上北京,考入俄文专修馆学习俄语。五四运动期间,瞿秋白作为俄专代表积极投身其中,并加入了李大钊组织的马克思学说研究会。1920年,瞿秋白被北京《晨报》与上海《时事新报》聘为特约通讯员前往莫斯科采访,向国人发回有关新生苏维埃政权的最新报道。旅苏期间,即1922年2月,经张太雷介绍,瞿秋白加入中国共产党,12月回国。期间曾出席共产国际第三、四次代表大会,远东各国共产党和民族革命团体第一次代表大会,会见过列宁,并在莫斯科东方劳动大学中国班担任政治理论课的翻译。此时他开始了文学写作,完成了《饿乡纪程》(又名《新俄国游记》)与《赤都心史》两本散文集。1922年年底,陈独秀代表中国共产党来到莫斯科,瞿秋白担任其翻译。1923年年初,瞿秋白回到北京,开始参加《新青年》的编辑工作,同年至上海,担任上海大学的教务长兼社会学系主任,这一时期,他参加了中共三大,主持起草党纲草案,参加起草三大宣言,还兼管中共宣传工作,并在《新青年》等刊物上发表《列宁主义概述》等译作。1924年1月,出席国民党一大,参与修改联俄、联共、扶助农工的大会宣言,并当选为国民党候补中央执行委员,后被选为国民党中央政治局委员会委员。

1925—1930年,瞿秋白先后当选为中共中央委员、中央局委员与中央政治局委员,成为继陈独秀之后,中国共产党第二任最高领导人,并于1928—1930年担任中国共产党驻共产国际代表团团长。由于受到王明等人的诬陷与排挤,瞿秋白被撤销代表团职务,于1930年离开莫斯科回国。1931年,在六届四中全会上,瞿秋白被解除中央领导职务;随后,他留在上海养病,指导左翼文学运动,并完成大量的创作与翻译工作,并与鲁迅、茅盾等结下了深厚的友谊。1934年,瞿秋白离开上海来到中央革命根据地瑞金,担任中华苏维埃共和国中央执委会委员、人民教育委员会委员、中华苏维埃共和国中央政府教育部部长等职。红军开始长征后,他留在根据地继续游击战争,1935年2月24日,途经福建省长汀县时不幸被捕。在狱中写就《多余的话》。同年6月18日瞿秋白于长汀县英勇就义。

第二节
翻译活动与实践（作品）

1917年9月，18岁的瞿秋白考入北京俄文专修馆文科学习，这期间开始接触并翻译托尔斯泰、果戈理等人的俄国文学作品。他发表的第一篇文学译作是1919年9月15日出版的《新中国》第一卷第五期刊登的托尔斯泰短篇小说《闲谈》。

瞿秋白的翻译有两个高峰期，一个是五四运动前后，另一个是20世纪30年代。他的主要译作有：

果戈理的短剧《仆御室》、小说《妇女》；

法国都德的小说《付过工钱之后》；

法国欧仁·鲍狄埃的《国际歌》；

托尔斯泰的十篇短篇小说（和耿济之合作翻译），辑为《托尔斯泰短篇小说集》；

恩格斯的《致玛·哈克纳斯的信》；

列宁的《列夫·托尔斯泰像一面俄国革命的镜子》《列夫·托尔斯泰和他的时代》《托尔斯泰》；

普列汉诺夫的《易卜生的成功》《别林斯基的百年纪念》《唯物史观的艺术论》；

拉法格的《左拉的"金钱"》；

高尔基的《二十六个和一个》《马尔华》《市侩颂》《海燕》；

普希金的《茨冈》；

别德内依的《没工夫唾骂》；

卢那察尔斯基的剧本《解放了的堂吉诃德》；

格拉特柯夫以及绥拉菲摩维支等人的作品和论文等等。

此外瞿秋白还编译了《马克思恩格斯和文学上的现实主义》《恩格斯和文学上的机械论》《文艺家普列汉诺夫》《拉法格和他的文艺批评》《关于左拉》《社会主义的早期"同路人"——女作家哈克拉斯》等等。

第三节
翻译思想

一、翻译的目的、作用与功能、标准和方法

（一）关于翻译的目的

任何翻译都有其目的：可以是语言的沟通，信息的交换，文化的交流，知识的更新，思想的传播；任何翻译也都不可避免地打上时代的烙印：有的为政治服务，有的为艺术欣赏，有的为社会发展，有的为某种功利……①

瞿秋白的翻译思想也不例外。除却其他一些零星的论述之外（例如他在1920年3月16日为《俄罗斯名家短篇小说集》作的序、1930年10月5日为《现代经济政策之趋势》译著作的序以及1931年10月20日在《北斗》第一卷第二期上发表的《乱弹》等等），最能集中体现瞿秋白翻译思想的文章主要是他以J·K笔名于1931年12月5日和1932年6月20日分别写给鲁迅的两封信。就翻译目的而言，瞿秋白认为翻译应当为无产阶级革命服务，为社会变革服务。他说：

> 翻译世界无产阶级革命文学的名著，并且有系统的（地）介绍给中国读者（尤其是苏联的名著，因为它们能够把伟大的十月，国内战争，五年计划的"英雄"，经过具体的形象，经过艺术的照耀，而贡献给读者），——这是中国普罗文学者的重要任务之一。……《毁灭》《铁流》等等的出版，应当认为一切中国革命文学家的责任。②

瞿秋白生活的年代是20世纪初的35年，那正是旧中国社会最黑暗、最混乱、最风雨飘摇的一个阶段。作为一个经过五四新文化运动锻炼的热血青年，作为中国共产党早期的主要领导人，瞿秋白所追求的是一个崭新的、民主的、自由的中国。梁衡先生在《觅渡，觅渡，渡何处？》一文中说："他目睹人民沉浮于水火，目睹党濒于灭顶，他振臂一呼，跃向黑暗。只要能为社会的前进照亮一步之路，他就毅然举全身而自燃。"③身为新青年，身为新文学的倡导者和实践者，瞿秋白不仅认为新文学应当为人民大众服务，为无产阶级革

---

① 戎林海：《翻译问题探微》，东南大学出版社，2010，第134页。
② 瞿秋白：《关于翻译——给鲁迅的信》，载《翻译研究论文集(1894—1948)》，外语教学与研究出版社，1984，第215页。
③ 梁衡：《梁衡人生小品》，花山文艺出版社，2001，第5页。

命服务,更认为翻译也同样应该为人民大众服务,为无产阶级革命服务,为社会进步服务。他进而认为翻译的"努力——我以及大家都希望这种努力变成团体的,——应当继续,应当扩大,应当加深","谁能够说:这是私人的事情?! 谁?!"①香港中文大学翻译系教授王宏志先生认为"瞿秋白翻译理论的中心思想"就是"翻译为政治服务,翻译本身就是一场政治斗争"②。这是符合当时的实际情况的,也是瞿秋白内心深处的真实写照。他自己的翻译实践与作品——作品的选择,作品的思想内容,面向何种读者,会产生什么样的社会影响等——便很好地说明了这一点。

(二)关于翻译的作用与功能

瞿秋白翻译观中的一个重要方面就是他对翻译作用和功能的阐述。在他看来,(其时的)翻译应当帮助创造出"新的中国现代言语",而且他坚信"翻译,的确可以帮助我们造出许多新的字眼,新的句法……"。他说:

"翻译——除出能够介绍原本的内容给中国读者之外——还有一个很重要的作用:就是帮助我们创造出新的中国的现代言语。中国的言语(文字)是那么穷乏,甚至于日常用品都是无名氏的。中国的言语简直没有完全脱离所谓'姿势语'的程度——普通的日常谈话几乎还离不开'手势戏'。自然,一切表现细腻的分别和复杂的关系的形容词,动词,前置词,几乎没有。宗法封建的中世纪的余孽,还紧紧的束缚着中国人的活的言语,(不但是工农大众!)这种情形之下,创造新的言语是非常重大的任务。……中国的资产阶级可没有这个能力。……无产阶级必须继续去彻底完成这个任务,领导这个运动。翻译,的确可以帮助我们造出许多新的字眼,新的句法,丰富的字汇和细腻的精密的正确的表现。因此,我们既然进行着创造中国现代的新的言语的斗争,我们对于翻译,就不能够不要求:绝对的正确和绝对的中国白话文。这是要把新的文化的言语介绍给大众。"③

"而这种新的言语应当是群众的言语……中国言语不精密,所以要使它更加精密;中国言语不清楚,所以要使它更加清楚;中国言语不丰富,所以要使它更加丰富。我们在翻译的时候,输入新的表现法,目的就在于要使中国现代文更加精密,清楚和丰富。"④

在瞿秋白看来,"创造出新的中国现代言语""把新的文化的言语介绍给大众""输入新的表现法……使中国现代文更加精密、清楚和丰富"是翻译的首要任务和作用。这两句话铿锵有力,体现了时代赋予翻译的使命,彰显了翻译的重要性和紧迫性,吹响了汉语言由"文言—半文半白—白话(文)"向现代汉语迈进的进行曲。

---

① 瞿秋白:《关于翻译——给鲁迅的信》,载《翻译研究论文集(1894—1948)》,外语教学与研究出版社,1984,第215页。
② 王宏志:《重释"信达雅":20世纪中国翻译研究》,东方出版中心,1999,第273-274页。
③ 瞿秋白:《关于翻译——给鲁迅的信》,载《翻译研究论文集(1894—1948)》,外语教学与研究出版社,1984,第216页。
④ 罗新璋:《翻译论集》,商务印书馆,1984,第285页。

然而,对上述所引这段文字(以及后续部分),我们也看到了不同的观点,听到了不同的声音(这种学术争鸣应大力提倡)。当代香港译学理论家刘靖之先生在《重神似不重形似》一文中指出:

"瞿秋白的白话文写得十分流畅、推理清晰明了,但他却大事攻击中国现代语过于'贫乏';"①

接着又说:

"瞿秋白的文字技巧相当好,修养也够,写出这么偏激的言论可能是由于求变心切,将中文一笔抹杀。"②

这种观点也得到了陈福康先生的支持与响应。陈先生表示瞿秋白"过低地评估了具有悠久历史的汉语,是我们难以接受的"③。

在笔者看来,瞿秋白并没有"一笔抹杀"具有悠久历史的汉语,而只是在选字用词上"夸张"了一点,将当时汉语言的实际情况说得严重了一点。这反映了他针砭时弊、想要改变现状的迫切心情,其出发点是好的,此其一;其二,批评中国语言文字"贫乏"的学者在瞿秋白之前就大有人在,比如国学大师王国维等。王先生早在1905年4月第96期《教育世界》上发表的《论新学语之输入》一文里就说:

"周秦之言语,至翻译佛典之时代而苦其不足;近世之言语,至翻译西籍时而又苦其不足。……抑我国人之特质,实际的也,通俗的也;西洋人之特质,思辨的也,科学的也。……故我中国有辩论而无名学,有文学而无文法,……言语之不足用,岂待论哉!"④

他接着又说:

"故我国学术而欲进步乎,则虽在闭关独立之时代,犹不得不造新名,况西洋之学术骎骎而入中国,则言语之不足用,固自然之势也。"⑤

这种在当时所做的冷静客观的比较分析基础上得出的结论——"言语之不足用",我们认为是实事求是的,是有说服力的,而并非"一笔抹杀"或全盘否定汉语,所以我们不同意刘先生和陈先生的上述观点。

另一个需要澄清的或要与陈福康先生(还有范立祥先生等)商榷的是如何看待和理解瞿秋白那封信里多次出现的"言语"二字。陈福康先生说:

"在严格的科学的意义上来说,'言语'与'语言'是不同的。语言(Langue)是由语音、词汇和语法诸要素构成的庞大的系统;而言语(Parole)一般指人们的语言实践,即个人运

---

① 罗新璋:《翻译论集》,商务印书馆,1984,第863页。
② 同②,第864页。
③ 陈福康:《中国译学理论史稿》,上海外语教育出版社,2000,第311页。
④ 同上书,第150页。
⑤ 同上书,第311页。

用语言的具体表达形式。语言……不可能因个别的翻译活动而'创造'。……他(指瞿秋白)有时又将'言语'混同于'语言'。"①

"语言"与"言语"的确是有差别的,但这种差别只有在语言学家的语言学专著或学术论文里,即陈先生所说的"严格的科学的意义上"才会"泾渭分明"。一般人在平时的说和写的实践中通常不会对它们细加区分,即使陈先生本人也没有很好地对它们予以区分。比如在评论蔡元培翻译观时(还有许多其他地方),陈先生写道:

"在以这样精练的语言回顾了整个中国翻译史后……"②

此其一;其二,许多学者包括蔡元培、王国维、胡以鲁等在使用"语言"或"言语"时也未对它们做"语言学"意义上的区分(恐怕也无必要),比如前面所引王国维先生的两小段文字里"言语"二字就出现了四次;其三,笔者手头1979年出版的《现代汉语词典》对"言语"的释义是:"语言,也指所说的话",1980年版的《辞海》对"言语"的第二个释义是:"即语言";其四,在现代汉语形成之初,很多字和词的用法(还有句法)尚未定型(即使在鲁迅的作品中,这样的例子也不鲜见),可以互为借代而用之。

由此可见,通常情况下"语言"与"言语"是可以通用的。再说,瞿秋白那时写的一封信,不是现代意义上的学术论文,所以我们在看待这个问题时,不能求全责备,更不可故意曲解或贬低。

第三个需要讨论的是瞿秋白有关"创造现代言语"和"人人要做'仓颉'"的论述。由于对"语言"和"言语"两个术语的不同理解,导致了一些人对瞿秋白"创造现代言语"的误解甚至质疑,比如陈福康先生和刘靖之先生等。刘靖之先生在《重神似不重形似》一文中说:

"任何一种语言都是难以'创造'的,……在语言方面来讲,我们唯有依靠演变、吸取营养、变化、丰富的手法来改进我们的表达方式和表达能力……"③

其实细细研读一下,我们不难发现,瞿秋白的所谓"创造新的中国现代言语"就是"要天天创造新的字眼,新的句法"来"表现现在中国社会已经有的新的关系,新的现象,新的事物,新的观念"④,而不是推翻具有悠久历史的汉语而"另起炉灶"。

瞿秋白坚定地认为通过翻译,通过"创造",古老的汉语就能获得新生,他所倡导并身体力行的"绝对的白话"就会深入人心,植根于中华大地,并为现代汉语的最终形成奠定坚实的基础。

---

① 陈福康:《中国译学理论史稿》,上海外语教育出版社,2000,第311页。
② 同上书,第137页。
③ 罗新璋:《翻译论集》,商务印书馆,1984,第864页。
④ 瞿秋白:《关于翻译——给鲁迅的信》,载《翻译研究论文集(1894—1948)》,外语教学与研究出版社,1984,第218页。

（三）关于翻译的标准

对于翻译的标准，瞿秋白主张"忠实、准确"，他强调译文必须"既信又顺"，翻译时，"应当估量每一个字眼"。他在上述同一封信中说：

"你的译文，的确是非常忠实的，'决不欺骗读者'这一句话，决不是广告！

…………

严几道的翻译，不用说了。他是：

译须信雅达，

文必夏殷周。

其实，他是用一个'雅'字打消了'信'和'达'。……是拿中国的民众和青年来开玩笑。古文的文言怎么能够译得'信'，对于现在的将来的大众读者，怎么能够'达'！

现在赵景深之流，又来要求：

宁错而务顺

毋拗而仅信！"

接着，他对自己主张的"既信又顺"的观点作了进一步的阐述：

"翻译应当把原文的本意，完全正确的介绍给中国读者，使中国读者所得到的概念等于英俄德日法……读者从原文得来的概念，这样的直译，应当用中国人口头上可以讲得出来的白话来写。为着保存原作的精神，并不用着容忍'多少的不顺'。相反的，容忍着'多少的不顺'（就是不用口头上的白话），反而要多少的丧失原作的精神。"①

必须指出，瞿秋白的"读者概念等同"的翻译标准足可与现代的"等值翻译"（equivalent translation）和尤金·奈达（Eugene Nida）提倡的"功效对等"（functional equivalence）相媲美。他强调并坚持的翻译既要"信"又要"顺"的目的就是要使读者得到"等同的概念"（等同于读原文），从而使译文与原文"功效对等"。

在他看来，"顺"和"信"虽然是一对矛盾体，但矛盾的两个方面可以相互转化，可以有机地统一在一起。求信（即忠实）必须"估量每一个字眼"（可见秋白对信的高度的重视），但同时又可能会招致"不顺"，但是翻译者必须尽最大的努力将"不顺"理顺，因为"不顺"就是"不达"，就势必影响译文对原文精神的再现，影响"信"。在瞿秋白眼里，"顺"就是顺畅易懂的真正的中国白话。所以，他既强烈反对赵景深的"宁错而务顺"的说法，又不赞成鲁迅的"宁信而不顺"的观点。

"信"与"顺"简单地说就是我们现在讲的"忠实"与"通顺"，但是秋白坚持的"顺"又比我们现在所讲的"通顺"多了一层时代赋予的独特含义：那就是创造出一般民众能懂的所

---

① 瞿秋白：《关于翻译——给鲁迅的信》，载《翻译研究论文集（1894—1948）》，外语教学与研究出版社，1984，第219页。

谓的绝对的白话——而这种白话在当时正处于孕育之中,没有现成的,需要创新,需要大力提倡并践行。

(四) 关于翻译的方法

翻译采用什么方法? 为什么要采用这个方法? 应用这个方法能否达到翻译的标准与要求? 对这些问题,瞿秋白结合自己的翻译实践和体会指出,要使译文"忠实、准确、通顺","翻译要用绝对的白话",要"直译"。

1. 直译

直译与意译是翻译中两种处理手法和途径,也是翻译界经常争论的焦点话题之一。在我国翻译的历史长河中,直译与意译之争在汉代就开始了;直译派与意译派各有千秋,各有各的支持者和实践者。在读者群里,直译与意译也是"平分秋色"。历史上的"文质之争"也都与直译和意译有关,而且源远流长。老子说:"信言不美,美言不信"。在翻译中,"以质应文,则悦者寡",而"以文应质,则疑者众"。

瞿秋白的"直译"是"信言不美"的选择,是"以质应文"的手段。为了避免"以质应文,则悦者寡"的结果,瞿秋白认为"应当用中国人口头上可以讲得出来的白话来写",这样既能保存原作的精神,又能使译文"顺"。他认为"直译"要"估量每一个字眼",这种观点与纽马克(Peter Newmark)的直译观点不谋而合。纽马克认为直译重视的是词语的翻译(At the level of words, literal translation works best.)[①]。孙致礼先生认为:理想的译文应是"形神皆似",而一般来讲,"形神皆似"的译文又总是直译的结果。[②] 瞿秋白自己的翻译作品是直译的结果,是用白话做本位来翻译的。如果我们用今天的眼光来审视他的译文以及他同时代人的译文,我们有理由说瞿秋白的"直译"说是站得住脚的,应当引起我们的高度重视。

2. "绝对的白话"

瞿秋白的翻译标准是"既信又顺"。在他看来,"顺"是"信"的根本保证,所以求信必先顾"顺"。那么,什么是"顺"呢? 让我们看看瞿秋白的原话:

"所以说到什么是'顺'的问题,应当说:真正的白话就是真正通顺的现代中国文,这里所说的白话,当然不限于'家务琐事'的白话,这是说:从一般人的普通谈话,直到大学教授的演讲的口头上的白话。中国人现在讲哲学,讲科学,讲艺术……显然已经有了一个口头上的白话。难道不是如此? 如果这样,那么,写在纸上的说话(文字),就应当是这一种白话,不过组织得比较紧凑,比较整齐罢了。这种文字,虽然现在还有许多对于一般识字很少的群众,仍旧是看不懂的,因为这种言语,对于一般不识字的群众,也还是听不

---

① 纽马克:《翻译教程》,上海外语教育出版社,2001,第31,70页。
② 孙致礼:《我国英美文学翻译概论》,译林出版社,1996,第156页。

懂的。——可是,第一,这种情形只限于文章的内容,而不在文字的本身,所以,第二,这种文字已经有了生命,它已经有了可以被群众容纳的可能性。它是活的言语。

"所以,书面上的白话文,如果不注意中国白话的文法公律,如果不就着中国白话原来有的公律去创造新的,那就很容易走到所谓'不顺'的方面去。这是在创造新的字眼新的句法的时候,完全不顾普通群众口头上说话的习惯,而用文言做本位的结果。这样写出来的文字,本身就是死的言语。"①

从上述引文可以清楚地看到,秋白的"顺"就是指翻译时,必须"以白话为本位",而决不能"以文言为本位"(如严复等的译文),也决不能"以半文不白的语言为本位"(如梁启超、胡适之、赵景深等所为),否则译文就会走向"不顺"。这里的"白话"指的是"真正的白话""绝对的白话""真正通顺的现代中国文",它包含下列几层意思:首先是指人们日常生活中讲的普通白话;其次是指大学教授和学者演讲时讲的白话;再次是指书面白话(文字)。在瞿秋白看来,这三种白话汇集成了真正的白话,这种白话根植于人民大众,因而是"活的言语"。用活的言语进行翻译,必定能够保存原作的精神风貌。当然,瞿秋白也认识到,由于这种"活的言语"尚未"羽丰",还有局限性,所以翻译面临着很多困难。但是,瞿秋白坚信办法总比困难多:"我们是要绝对不怕困难,努力去克服一切的困难。"这不也从一个侧面反映了瞿秋白那大无畏的革命英雄主义精神吗?

二、瞿秋白翻译思想的来源与形成

瞿秋白的翻译思想不是空洞的理论,更不是空穴来风。他对翻译的理解和感悟得益于中国传统译论,得益于马克思、恩格斯译论,也得益于他自己的翻译实践活动。

(一)秋白翻译观与中国传统译论

瞿秋白生性聪慧,才智过人。他"实在是一个谜,他太博大深邃,让你看不清摸不透"②。可以想见,在翻译问题上,他是非常熟悉和了解中国传统译论的,他不会不知道佛经翻译史上的支谦、道安、鸠摩罗什、彦琮、玄奘等;更不会不知道徐光启、马建忠、康有为、梁启超、严复、林琴南、蔡元培、王国维等。他的翻译标准或曰中心思想"既信又顺"以及他的主要翻译方法"直译"是对我国传统翻译思想的浓缩与扬弃,是一般常识与时代要求的融会与升华。

(二)秋白翻译观与马克思、恩格斯译论

瞿秋白很早就开始接触马克思主义了,他不仅学习、研究马克思主义理论,而且还动

---

① 瞿秋白:《关于翻译——给鲁迅的信》,载《翻译研究论文集(1894—1948)》,外语教学与研究出版社,1984,第219页。
② 梁衡:《梁衡人生小品》,花山文艺出版社,2001,第3页。

手翻译了不少马克思、恩格斯的著作与文章。通过大量的阅读和翻译,瞿秋白或多或少地了解了马克思、恩格斯在翻译问题上的看法,尽管这些看法不是系统的、成章成篇的。马克思、恩格斯的翻译观归纳起来讲就是:"忠实、准确、流畅",这种观点对瞿秋白翻译思想的形成是有益的。此外,瞿秋白精通俄语,且在苏联学习生活了一段时间,不能排除他也受到了苏联翻译理论的影响,尤其是翻译必须为无产阶级革命服务的观点。

(三)秋白翻译观与翻译实践活动

瞿秋白才华横溢且异常刻苦努力。离开党的领导岗位转而为文的短短几年中,他的著译就达 500 万字[①]。在他短暂的一生中,他翻译了 200 余万字的外文作品,其中尤以政论文和无产阶级革命文学为主。大量的翻译实践使他对翻译的本质、目的、任务、标准、途径和方法都有了深切的体验与感悟,也促使他对翻译问题的方方面面进行理性的分析与思考。在吸取传统翻译思想精华,借鉴国外翻译思想的基础上,针对当时的翻译之论战及其翻译现状,瞿秋白通过给鲁迅写信,旗帜鲜明地表明了自己的翻译思想与主张。

在某些翻译理论家的眼中,瞿秋白的翻译思想及其阐述是没有什么体系可言的,也不属于哪个流派,也不是什么鸿篇巨制,更没有什么深奥的理论阐述,但是,他的见解与主张在那个时代是独树一帜的。身为一个三十刚出头的年轻人,作为一个"职业革命家",作为一个有许许多多爱好的非翻译理论研究专门家,瞿秋白在翻译问题上能有如此精深的、独到的、有价值的见解,是非常难能可贵的。诚然他的译论中出现了一些"夸大其词",也存在些许偏激之处,但"瑕不掩瑜",其思想的光辉是掩盖不住的,他在中国翻译历史上的地位也是动摇不了的。他的翻译思想与主张如同他的英名一样必将彪炳史册。

第四节
译作评析(以《国际歌》《海燕》《马尔华》译文片段为例)

一、《国际歌》的翻译

《国际歌》是法国诗人欧仁·鲍狄埃于 1870 年创作的诗歌。国人第一次见到的词曲相配的《国际歌》译本出自瞿秋白之手。1920 年瞿秋白以北京《晨报》记者的身份赴俄采访。途经哈尔滨时,在参加俄国人庆祝十月革命三周年大会上首次听到《国际歌》。1923 年春夏之交,瞿秋白把《国际歌》译成中文,并配上简谱,发表在 1923 年 6 月 15 日出刊的《新青年》季刊第 1 期"共产国际号"上。瞿秋白的译文如下:

---

① 梁衡:《梁衡人生小品》,花山文艺出版社,2001,第 4 页。

《国际歌》

起来,受人污辱咒骂的!
起来,天下饥寒的奴隶!
满腔热血沸腾,
拼死一战决矣。
旧社会破坏得彻底,
新社会创造得光华。
莫道我们一钱不值,
从今要普有天下。
这是我们的
最后决死争,
同英德纳雄纳尔(International)
人类方重兴!
这是我们的
最后决死争,
同英德纳雄纳尔(International)
人类方重兴!
不论是英雄,
不论是天皇老帝,
谁也解放不得我们,
只靠我们自己。
要扫尽万重的压迫,
争取自己的权利。
趁这洪炉火热,
正好发愤锤砺。
这是我们的
最后决死争,
同英德纳雄纳尔(International)
人类方重兴!
这是我们的
最后决死争,
同英德纳雄纳尔(International)
人类方重兴!
只有伟大的劳动军,

> 只有我世界的劳工,
> 有这权利享用大地;
> 那里容得寄生虫!
> 霹雳声巨雷忽震,
> 残暴贼灭迹销声。
> 看! 光华万丈,
> 照耀我红日一轮。
> 这是我们的
> 最后决死争,
> 同英德纳雄纳尔(International)
> 人类方重兴!
> 这是我们的
> 最后决死争,
> 同英德纳雄纳尔(International)
> 人类方重兴!

瞿秋白多才多艺,且通音律,为了能使《国际歌》译得便于传唱,他在自家的风琴上,一边弹奏一边吟唱译词,反复推敲,不放过一词一句。比如原文的 International,有比较长的一串音,如若意译为"国际"一词,只有两个字,难以与歌曲节拍相合,经再三斟酌,瞿秋白采用音译"英德纳雄纳尔"。他认为,"'国际'一词——欧洲文为'International',歌时各国之音相同;华译亦当译音,故歌词中凡遇'国际'均译作'英德纳雄纳尔'"[①]。他认为这样译在歌唱时和各国之音一致,使中国劳动人民和全世界无产者得以"同声相应",收万口同声情感交融之效。

在他之前和之后,有不少人翻译过这篇歌词,包括耿济之、郑振铎、萧三、陈乔年、沈宝基等名家。但综合比较来看,瞿秋白的译文显然要简洁、准确、生动一些,显然更能适合歌唱之需要。

二、《海燕》的翻译

《海燕》是苏联作家高尔基的作品,写于 1901 年。瞿秋白最早将其译为汉语。早在 1920—1922 年他作为《晨报》记者访苏时就翻译了这篇作品,原译为《暴风鸟的歌》,1932 年才定稿译为《海燕》。下面我们来看看最初的译文片段和定译的片段以及戈宝权的相应的译文。

---

① 戎林海、赵惠珠:《瞿秋白翻译研究》,东南大学出版社,2017,第 258 页。

原文：Гром грохочет. В пене гнева стонут волны, с ветром споря. Вот охватывает ветер стаи волн объятьем крепким и бросает их с размаха в дикой злобе на утёсы, разбивая в пыль и брызги изум-рудные громаты.

瞿秋白译《暴风鸟的歌》（片段）：

    雷声隆隆的响着，
    波浪和风争论着，
    在那愤怒的水沫里呻吟。
    风却紧紧的抱住了
    一大堆一大堆的波浪，
    极其愤恨的用力把他们扔到岩石上，
    仿佛把巨大的绿玉柱子，
    一个个的打得个粉粉碎。

瞿秋白译《海燕》（片段）：

    雷响着。
    波浪在愤怒的白沫里吼着，
    和风儿争论着。
    看吧，风儿抓住了一群波浪，
    紧紧的抱住了，恶狠狠的一摔。
    扔在崖岸上。
    把这大块的翡翠石
    砸成了尘雾和水沫。

戈宝权译文：

    雷声轰响。
    波浪在愤怒的飞沫中呼叫，
    跟狂风争鸣。
    看吧，狂风紧紧抱起
    一层层巨浪。
    恶狠狠地将它们摔到悬崖上，
    把这些大块的翡翠
    摔成尘雾和碎末。

《海燕》是高尔基早期的一篇散文诗，在这里作者仿佛宣布了他的文艺纲领。他就是"海燕"，就是"暴风雨的歌颂者"，因为俄文的"海燕"一词正是"暴风雨者"之意。在这个作品中,高尔基无情地讽刺了那些醉生梦死的市侩,那些无法了解"斗争快感"的低能儿。诗文最后发出了"让暴风雨来得更厉害些罢"最强音。瞿秋白的这篇译文后来成了催人奋进的号角,鼓励了一代又一代中国青年为国家的兴亡而奋不顾身,前进前进,永远向前。

从瞿秋白上述两个译文可以看出,在《海燕》译文里,瞿秋白用了几个动词,如"吼""抓""摔""砸"等,使诗文中的形象更加鲜明,更加传神。

比较瞿译与戈译,我们认为两个版本都能传达原文的意境和激昂的气势。瞿秋白的译文反映了他过硬的俄语和汉语基本功,译文简洁、凝练、流畅和优美,不露半丝生硬的痕迹,达到了"信而且达"的高峰。戈译明显继承了前人的优点,译文是不断改进与完善的结果。瞿译多处发挥想象力和直觉作用,对原作心领神会,译文与原文浑然一体,并未拘泥于原文的形式。有学者指出,"译诗必须力求形神皆似"。这段描写"风儿"与"波浪"搏斗的诗文,在瞿秋白的译笔下,便成了一幅气势磅礴、情景交融、神形兼备的油画。

三、《马尔华》的翻译(片段)

原文(片段):

Море-смеялось.

Под лёгким духовением знойного ветра оно вздрагивалои, покрываясь мелкой рябью, ослепнтельно ярко отражавшей солнце, улыбалось голубому небу тысячами серебряных улыбок. В голубом пространстве между морем и небом носился весёлый плеск волн, взбегавших одна за другой на пологий берег песчаной косы. Этот звук и блеск солнца, тысячекратно отраженного рябью моря, гармонично сливались в непрерывное движение, полное живой радости. Солнце было счастливо тем, что светило; море-тем, что отражало его ликующиий свет.

译文:

海——在笑着。

在热风的轻轻吹动之下,它在抖动,一层细密的皱纹,耀眼的反映着太阳的光彩,盖住了它,而几千个银光灿烂的笑涡向着蔚蓝的天微笑。在海与天之间的蔚蓝的空间,动荡着欢乐的波浪声,那些波浪一个跟着一个的跟上倾斜的沙岸。这个声音,和太阳的光彩,千波万折的反映在海里的,和谐的混合在一起,形成不断的运动,充满着活泼的愉快。太阳是幸福的,因为它放射着光明;海呢——因为它反映着太阳的欢乐的光明。

《马尔华》是高尔基一部比较著名的短篇小说。这里援引的是小说开头部分,描绘了海上景色。读过高尔基作品的人都会有这样一个印象:高尔基对大自然的感受,对环境和周围景物独特而细腻的描写简直到了令人拍案叫绝的地步。

范立祥在分析这段翻译时指出:

除了译文下面的着重号以及俄语语法所要求的词序之外,其余的地方都是一模一样的,甚至连句首的破折号都能一一保存下来,这对译者来说也是不容易的。再说,译文又是用的地地道道的大白话,是纯粹的文学语言,美丽而又整饬,既不矫揉造作,又无洋腔洋调、佶屈聱牙难以卒读之嫌。真乃美文美译,形意练达,写译双璧啊!

(1)"破"原文句式中的被动结构,"立"汉语中的主动结构。原文中的主语为 море(大海),补语则是 мелкой рябью(第五格),而译文不为原文所囿,大胆地启用中国人习惯的主动句式,将原来的补语变为主语,把原来的主语变成了宾语,这样的一"破"一"立",真乃是化"别扭"为神奇的妙笔啊!

(2)发原文至幽微,化"暗有"为"明补"。仍然是这一句中的主动形动词短语:ослепительно ярко отражавшей солнце(耀眼的反映着太阳的光彩)。"光彩"一词本是原句中字面上没有,而内涵里却有的意思,被译者"明补了"出来。"补"的结果,非常形象、非常生动地再现了原文的美艳,增加了太阳的光彩。

(3)涵概有致,简约得体。这里所指的仍然是上面的这个主动形动词短语。秋白同志把 ослепительно ярко(明亮耀眼地)这两个副词,涵概简化为一个词且又不失原意,真乃是炼词的大师啊!

其次,翻译家善于深解原文,"小中寓大",表意独具匠心。

在上面引述的这一段中,"(море)улыбалось голубому небу тысячами серебряных улыбок."画横线处的数量词短语,原本是句中的间接补语,若按原文句法结构的表层意思,应该译为:"(大海)用几千个银光灿烂的微笑,向着蔚蓝的天空一展笑颜。"但译家却另辟蹊径,将"太阳照射下的几千个小小的银色光点和光斑"喻为"浩瀚无垠的大海",这种既不失原意,又有增强译文的修辞效果的妙译,确实是慧心独运的结晶!

另外,上句中的"улыбки"译为"笑涡"形象而熨帖。如果将"улыбки"和"улыбаться"都译为"微笑",实在是修辞学上的一种大忌。译者避除了这种忌讳,以"笑涡"一词之巧变,免去了修辞上的"叠床架屋"之累。所以文学翻译上的一词之巧设,简直抵得上军事学中的"千军万马"呀!

最后,要特别一提的是,译文把原文中大海的轻快而愉悦的"微笑"声,大海、天空与太阳的蔚蓝色彩,大海的微澜之动作,都一一鲜明、准确地烘托了出来;把原文的节奏感和匀称性都能奇巧地复现出来;把高尔基流浪汉画廊中的男女流浪者们的那种放荡不羁、向大海讨生活的乐天秉性,以及没有目的的、没有理想的女主人公——马尔华的苦乐形象,在大海的景色中跃现了出来。这种融情于景,融景于人的衬托手法,确实是高尔基塑造人物的绝活! 也是翻译家苦心孤诣的滴血之功啊!①

---

① 范立祥:《瞿秋白翻译艺术探微(四)》,载戎林海、赵惠珠主编《瞿秋白翻译研究》,东南大学出版社,2017,第217页。

第七章 方重：学富五车的翻译家

方重（1902—1991），字芦浪。我国著名文学家、乔叟研究专家、翻译家、中古英语专家、比较文学学者。1956年，方重被评为二级教授并调入上海外国语学院。1986年，方重教授成为上外第一位博士生导师。翻译有《乔叟文集》、莎士比亚名剧《理查三世》、《莎士比亚全集》中文版（十一卷本）、《陶渊明诗文选译》等等。方重对乔叟、陶渊明的研究和翻译，享誉海内外，为中西文化交流做出了卓越的贡献。

第一节
生平介绍

1902年重阳节,方重出生于安徽芜湖一个普通家庭,乃家中独子,自幼家境贫寒。其父为人厚实,"受过张之洞时候的那种'新式教育'"(方重语),精通古文,后供职于商务印书馆编辑部,从事国文字典的编纂工作,编有《白话词典》。其母出自常州书香世家,外祖父曾创办县立"冠英小学"。方重自幼被寄养在江苏常州的外祖父家。七岁那年,外祖父便携着方重的小手,亲自将其送入了校门。校园里,除了语文、数学、史地、写字、画图外,方重开始了英文的学习。

1916年,方重考入北京清华学校(现清华大学),插班入中等科二年级。1919年,在五四运动热潮中,方重矢志献身文艺,升高等科时,决定主修英国语言文学。

1923年在清华结业后即赴美留学,先入斯坦福大学,随当时著名乔叟研究专家塔特洛克(Tatlock)教授,攻读英国中世纪文学,同时研究中国文化对英国的影响,后又到加州大学继续读研究生。

1927年冬,方重教授心系民族命运和国家前途,决定回国,是年冬,自美返国。后由清华同窗闻一多先生介绍,到南京第四中山大学(即国立中央大学之前身)执教英国文学。

1931年,方重教授应聘赴武汉大学。武汉大学由武昌大学改建,正值初创时期,文学院长闻一多先生因故去职,坚请方重教授任外文系主任。此后十余年间,经过方重教授的不懈努力与辛勤付出,武汉大学外文系取得了斐然的成绩,培育了大量的人才,遂驰誉学界。

1944年,英国著名学者李约瑟等人受英国文化委员会之命前来中国,邀请方重等赴欧讲学。方重教授与范存忠、殷宏章教授等一行四人,先后在英国剑桥大学、伦敦大学、爱丁堡大学以及比利时布鲁塞尔大学讲学并考察,并任英国三一学院客座教授。在此期间,方重教授利用讲学之余,继续悉心研究乔叟,同时潜心翻译我国古代诗人陶渊明的诗文,为中英文化交流做出了贡献。

1947年,方重教授回国,应聘在浙江大学执教。新中国成立后,方重教授先后在安徽大学(1952年)、华东师范大学(1953年)、复旦大学(1954—1956年)执教。1956年被评为二级教授。

1957年,方重教授调至上海外国语学院(现上海外国语大学)执教,历任西方语言文学系(英、德、法语)主任、英语系主任、外国文学研究所所长。1964年,被选为上海市外文学会会长。

1986年,方重教授成为上海外国语学院第一位博士生导师。

1988年,方重教授届满执教六十周年之际,上海外国语学院举行了隆重的庆祝活动,表彰他六十余年来治学严谨,广育英才,在外语教学中取得丰硕成果。

1991年3月27日,因突发心脏病,方重不幸在上海逝世,享年89岁。

第二节
翻译实践与活动(作品)

方重的翻译看起来篇目似乎不多,但是他的译文的字数却是非常惊人的。从篇目上看,方重的翻译作品主要有:

《坎特伯雷故事集》(1955);

《乔叟文集》(1962);

《理查三世》(1959);

《莎士比亚全集》中文版(十一卷本,1978);

《陶渊明诗文选译》(汉译英,1984)等等。

第三节
翻译思想

方重的翻译思想与中国翻译传统思想一脉相承。其主要观点见于他的《翻译漫忆》《陶诗英译的实践与心得》和《翻译应以研究为基础》等论文中。下面我们简要谈谈方重的翻译观。

一、关于翻译和翻译的目的

方重很早就开始搞翻译了,可以追溯到他的学生时代。

"这要从国家的许多史实讲起,在此不必多讲,主要是在清华学堂的时候,碰到学生运动。那时是新文艺运动,范围很广,除掉政治方面,对于文艺方面、思想方面都有关系。那时,我年纪还很轻,除了自己决定究竟走哪一条路,同时就从事翻译。现在回想那时候为什么喜欢搞起译,好象(像)是很自然的一个问题,因为在清华英文念得多,后来文学方面的兴趣、思想方面的因素也很多,好象(像)念到西方的文学,自己思想上有些激动,认为自己能够把西方的作品介绍到中国来,可能有些贡献。"①

后来他在英国决定搞陶渊明诗歌的翻译,是因为他发现不少国外的汉学家的译本未能充分传达原作的形式和内容,是为了不忍让我国古代一位伟大诗人的高风亮节被国外人士忽视,或甚至曲解。

这是方重刚开始搞翻译时的简单而朴素的想法。随着时间的流逝,也随着方重对翻译越来越深的痴迷,他对翻译的理解发生了重大的转变,从一般的、初级的思想转变为复杂而又崇高的理想:那就是翻译是不同民族之间的"文化交流"。

翻译首先是两种语言文字间的转换,将一种语言文字承载的内容意义不折不扣地在另一种语言文字中加以再现。但是翻译,尤其是文学翻译,"不单是文字翻译,而且是精神风貌,精神文明的一部分工作,是文化交流很重要的工作"②。而且"文学翻译的成品是艺术的再创造"③。

方重认为,"搞翻译,要有一个明确的目的——介绍世界上各国文化之精华,促进各民族之间的文化交流","我们不能为翻译而翻译"④。

二、关于翻译的标准和译者要求

方重认为,翻译必须忠实于原文,不仅在内容上,而且还要在形式上,不仅在语言文字上,而且在精神风貌上。为此,他提出,翻译必须以研究为基础,没有研究,就没有好的翻译;没有深入研究原文和原作者,就不会产生优秀的上乘的译文,也就谈不上所谓的忠实了。

方重认为,"文学翻译的成品是艺术的再创造,译作应对原作家和原作品负责到底。所以,译者除了具备一定的驾驭语言的能力外,还要提高自身的修养。一个好的诗人或小说家,他的修养一定不凡。要译好他的作品,就应当努力使自己具备诗人(或小说家)所具有的理想、感情、意境"⑤。

优秀的译本出自优秀的译者,而要成为一名优秀的译者,必须具备高超的语言驾驭能力和良好的文化修养。在译者素养这个问题上,方重的观点与许许多多翻译家的观点是一致的。

---

① 方重:《翻译漫忆》,载《当代文学翻译百家谈》,北京大学出版社,1989,第74页。
② 同上书,第78页。
③ 方重:《翻译应以研究为基础》,《译林》1983年第4期。
④ 同上。
⑤ 同上。

三、关于诗歌的翻译

在诗歌翻译的问题上,一直以来,存在着两种观点:一个是"诗歌不可译";一个是"诗歌可译,但不容易"。方重先生持的是第二种观点,我们这本书里论及的翻译家汤永宽先生和屠岸先生等也都持相同的观点。汤永宽认为,"译诗难。各民族的诗歌,从形式到内容,都因其民族的独特传统和语言结构而具有强烈的民族特色。译诗难,难在移植原诗的内容与形式的两全其美。译者往往顾此失彼,二者鲜能得兼"①。

方重认为,"译诗不但是文字方面的问题,而且思想感情怎么样,同诗人本身可以结合起来。译诗,尤其是译第一流作家的诗,不管是外译中,还是中译外,诗人本身品性、人格美和他的文字美是联系在一起的"②。

"诗人 poet 就是 maker(创造者)。……他自己一生就是要做一个诗人,他就写诗,因为他要表现他是一个诗人。他要创造一个诗人意境的世界。这个问题同翻译者是有关系的。……诗人,他认为是创造世界。那么,翻译创造世界的作品的翻译者应该怎么看这个诗人?我想这比任何文字方面一个个声韵用的字眼恐怕更要紧。当然,这些东西也很重要,翻译诗人的文字不能说不重要,并且,诗的文字是很精湛的文字,真正好诗的文字差一个字不行,改一个字也不行,声音差一点也不行。诗人要创造一个新世界,他怎么能马马虎虎呢?所以,我们翻译也是负了很大责任的。"③

方重认为,一个出色的诗歌翻译者,"应该向诗人学习,要虚心领会他的理想、品格、风貌、情操。这也就是说,要真正译出一篇诗来,不能不懂得诗人的心灵修养。……一位伟大的诗人就是一位伟大的'诗国'的创造者。凡是世人所推崇的这种'创造者',无不经受过精神上和生活上的大磨炼,并具有不朽的表达才能。他所看到的天地是广阔无垠的。他为人类开拓了丰富多彩的文艺园地,能做我们进入精神境界的引路人"④。

第四节
译作评析

在一次"纪念方重先生座谈会"上,查明建曾表示,译者的境界分为三种:文字翻译、文学翻译和心灵翻译。方重的翻译,既是达至化境的文学翻译,也是与作者惺惺相惜的

---

① 王寿兰:《当代文学翻译百家谈》,北京大学出版社,1989,第257-258页。
② 方重:《翻译漫忆》,载《当代文学翻译百家谈》,北京大学出版社,1989,第78页。
③ 同上。
④ 方重:《陶诗英译的实践与心得》,载《诗词翻译的艺术》,中国对外翻译出版公司,1987。

心灵翻译。在他看来,方重的陶诗译文真正抓住了原作之灵魂,译得境界全出。译者行至此,原因有二:其一,40年精益求精,不断修改,以求臻于完美;其二,方重乃研究型翻译家,凡其所译,必从花大力气研究开始。因此,方重的译本,既是文学性强、与原著了无隔阂的文学译本,也是学术研究译本。作为翻译家,他真正做到了"贴着人物译"。①

为了译好陶诗,方重四处寻求中国文学研究者的帮助,后经人引荐,找到了何寅。在那个特殊的年代,一书难求,接过何寅递来的鲁迅的《魏晋风度及文章与药及酒之关系》,老先生喜出望外,自此二人交情渐笃。一日,何寅接到方重打来的电话,要求他朗诵陶诗给自己听。何寅一时摸不着头脑,不知其用意何在。方重解释道,朗诵能助其翻译,他听着听着,英文的句子就会一串串地冒出来。②

下面我们来赏析《陶渊明诗文选译》中一首诗的翻译。

原文:

五月旦作和戴主簿

虚舟纵逸棹,回复遂无穷。
发岁始俯仰,星纪奄将中。
南窗罕悴物,北林荣且丰。
神萍写时雨,晨色奏景风。
既来孰不去?人理固有终。
居常待其尽,曲肱岂伤冲。
迁化或夷险,肆志无窊隆。
即事如已高,何必升华嵩。

译文:

On the First Day of the Fifth Month

The barge of Time loosens its dancing oars,
Aimlessly rocking forever on the floods.
It seems only yesterday since the year began,
Already the stars are heading for the mid-season.
By the southern window I see no bare branches,
And the northern grove triumphs in waves of green.
The season's rain paints the magic face of waters;
The morning hues, an overture to a balmy day.

---

① 参见《文汇报》2021年3月18日。
② 同上。

As one comes into the world,

So must he go!

Human destiny prescribes its own close.

Pillowed on the bended arm let us keep in tune;

Plainly we live, ready for our final rest.

However fluctuating be the course of nature,

The free-hearted would drive on steadily.

If life could be pursued

On its proper heights,

Why bother to climb

The sacred mountains?

这首诗不易理解,因此也很难翻译,因为陶渊明在这首诗中运用了多个历史文化词语,比如"虚舟""星纪""神萍""曲肱""冲""窊隆""华嵩"等等。如果对这些文化词语不进行细致的研究,那么就不会翻译出原诗有关"人生观"的深远意境。此其一;其二,翻译的时候,如果不从整体上把握好诗歌的意义与意境,只是按照原诗的字面意义进行翻译,那么,即使翻译了,其译文必定佶屈聱牙,不堪卒读。

方重先生在翻译这首诗的时候,主要是运用了"意译"的手法,化古为今,化繁为简,化难为易。比如上述几个词语的翻译,方重先生是这样处理的:

"虚舟":"时光之舟"之意,the barge of Time;

"星纪":the stars;

"神萍":"雨师"之意,the magic face of waters;

"曲肱":"曲肱而枕之"的意思,pillowed on the bended arm;

"冲":"虚""淡泊"的意思,keep in tune;

"窊隆":"起伏,高下"的意思,意译为 steadily;

"华嵩":指华山与嵩山,传说中神仙居住的地方,意译为 the sacred mountains。

另外,翻译时对诗歌的标题也做了简化处理,译为"五月初一"。"和戴主簿"这个部分就省略不译了。因为,要是一个字、一个字地译出来,这个标题就显得冗长,而且也不符合英语读者的阅读习惯。

应该说,方重先生这首诗翻译得非常好,读者只要多读两遍,就会体会到方重先生的"心灵翻译"了,也自然会明白诗歌翻译绝不是字面的对等移译。当然,美中不足的是原诗的韵律没有得到充分的再现,这也从一个侧面说明为什么诗歌难以翻译的主要原因:顾此失彼,得意忘"韵"。这也是汤永宽先生为什么要说"两全其美的译诗……是文学翻译家妙手偶得的奇迹"的个中原因。

第八章 姜椿芳：译坛巨子，译界领袖

姜椿芳(1912—1987)，江苏常州人。别名椒山，笔名有林陵、什之、厚非、江水、叔懋、侯飞筠、蠢仿、绿波、常江、少农、江鸥、贺青等20多个。他是革命的文化战士；《中国大百科全书》的首倡者之一和第一任总编辑；华东革命大学附属上海俄文学校（上海外国语大学前身）首任校长；新中国文化教育、编辑出版事业、外语教育事业奠基者之一；我国当代著名翻译家。他的翻译（200多万字）以及翻译思想在我国翻译界有口皆碑，值得深入研究。

第一节
生平介绍

1912年7月28日,姜椿芳出生在江苏常州武进县西横林(今常州市钟楼区西林),父亲姜岳安是个小店员,母亲张长生,无业。一家三口凭姜岳安的微薄收入维持生活。

1919年,父母把他送进私塾念书。1921年春,姜椿芳转入另一所私塾,开始读《大学》《中庸》《孟子》《幼学丛林》等书籍。1924年入东吴大学附属第十二小学(1927年改名为恺乐小学)学习,这是一所基督教教会学校,在这里他学到了一定的基础英语。

1928年,姜椿芳的大伯从哈尔滨回到常州,说哈尔滨生计好,姜岳安可以找到工作,姜椿芳也可以在哈尔滨学俄文。然后他们举家北上来到哈尔滨。到达哈尔滨后,姜椿芳的父亲并没有找到工作,而是去了松花江下游富锦县(今富锦市)一家工厂管理仓库。母亲和姜椿芳在哈尔滨道外北大道街一个大杂院内住了下来。后来姜椿芳以优异的成绩考入了省第三中学。为了能在中东铁路找到一份工作,在课余时间,母亲请了一位白俄侨民(格拉祖诺夫)教姜椿芳俄语,这位俄语教师不懂汉语,只能用生硬的英语来解释俄语,由于姜椿芳之前在常州的教会小学曾学过一些简单的英语,所以,他的俄语学习进步很快。1930年初,经几位朋友介绍,姜椿芳进了"英吉利亚细亚通讯社",担任俄文翻译和编辑。英吉利亚细亚通讯是专门发送哈尔滨当地新闻的,姜椿芳在通讯社的工作就是每天下午三点一拿到《俄文晚报》立刻浏览,找出适合中国读者的消息,并赶在傍晚七点截稿前,翻译出新闻稿,然后经过编辑审阅修改、刻蜡版、油印,至晚上九点分别送到各大报馆。当时的姜椿芳俄文水平并不高,要在四小时内译出新闻稿,只能靠翻译字典和查资料来"硬译"。为保住这份工作,姜椿芳见缝插针地阅读俄文报刊、背诵俄文字典、听俄语广播,找机会与俄国侨民对话、翻阅资料了解新闻背景……高强度的翻译工作使姜椿芳的俄语水平明显提高了,为他日后成为翻译家打下了坚实的基础。

1931年,姜椿芳加入中国共产主义青年团。次年转入中国共产党。后任共青团哈尔滨市委、满洲省委宣传部部长,哈尔滨英吉利亚细亚通讯社俄文翻译。1936年到上海后,任中共上海局文委文化总支部书记,《时代》周刊主编。1937年年底,姜椿芳为夏衍主编的《译报》做俄文报纸的翻译工作。1938年,姜椿芳担任中共上海地下组织戏剧支部书记,后又任文化总支部书记,负责文学、戏剧、新文字三个支部,是上海革命文化运动的秘密领导者之一。在这个时期,组织分配给姜椿芳的工作是搞戏剧运动,他和戏剧界知名人士如梅兰芳、周信芳等保持着密切的联系。他翻译了苏联歌曲《祖国进行曲》、斯坦尼斯拉夫斯基的《演员自我修养》《我的艺术生活》、果戈理的《赌棍》、屠格涅夫的《贵族之家》等等，成为专门的戏剧翻译家。

1941年上海沦陷区几乎所有进步报刊均被封杀，根据党的指示，29岁的姜椿芳在上海开始创办时代出版社，先是以苏联人的名义创办中文版《时代》周刊，姜椿芳任主编。《时代》是当时整个沦陷区唯一能够公开出版的反映我党观点的中文刊物，是我党宣传工作突破封锁的一大成就。《时代》周刊不仅使上海人民了解到了苏德战争的真实情况，而且它对解放区和大后方也产生了深远影响，从而增加了人们对反法西斯战争包括抗日战争胜利的信心。与此同时，姜椿芳与数十位从事俄文翻译的同志一起，翻译出版了《苏联文艺》月刊、《苏联医学》等刊物。这批翻译人才人数虽然不多，但译出了苏联卫国战争时期的许多文学作品，以及俄罗斯古典文学、政治、经济等著作，锻炼培养了一批年轻的翻译人才，如戈宝权、陈冰夷、草婴、包文棣、叶水夫等，这批翻译力量成为新中国成立后俄罗斯苏联文学翻译界的中坚力量。

1945年姜椿芳任时代出版社社长。

上海解放后，姜椿芳先后任军管会文管会剧艺室主任、市文化局对外联络处处长。根据中共中央华东局指示，创办上海俄文学校，任校长、党委书记，发现、扶植、培养了一大批栋梁之材。曾领导并参与《马恩全集》《列宁全集》《斯大林全集》《毛泽东选集》和中央文件俄文版的翻译与编辑工作（他是中共中央指定的"五人俄文定稿小组成员"）。

1968年，姜椿芳不幸被"四人帮"以莫须有的罪名投入了秦城监狱。年过半百的他单囚一室。他苦苦思索，为什么会产生"文化大革命"？最终得出的结论是"愚昧"：愚昧乃乱之源，迷信之因。两百年前法国的狄德罗开创的百科全书，揭开了欧洲现代文明的序幕，把人们从封建宗教桎梏中解放了出来，使他们脱离了愚昧。从这个时候开始，他就在狱中独自一人默默地构思着编纂中国大百科全书的计划和方案。

1975年，在周恩来、邓小平的关怀下，一大批老干部被解放，姜椿芳也被释放出狱。此时，姜椿芳已过了花甲之年。回家后，编译局的领导来看望他，姜椿芳向他们讲述了狱中的设想，他说："编译局已经译出了《马恩全集》《列宁全集》《斯大林全集》，是否可以用现有的编译力量，配备一些有专业知识的编辑，编辑一部大型工具书——《中国大百科全书》，填补我们国家这个空白。"

1978年，姜椿芳出任《中国大百科全书》总编委员会副主任、大百科全书出版社总编辑、顾问，倡导编译《简明大不列颠百科全书》，被聘为《中国农业百科全书》总编委会顾问等。

姜椿芳曾先后担任全国政协第五、六届常委，文化组组长；中共中央马列著作编译局顾问；中国翻译工作者协会第一、二届理事长。此外，他还兼任中国文联全国委员会委员、中国外国文学学会名誉理事、中国苏联文学研究会名誉会长、中国俄语教学研究会顾问、中国戏曲学会顾问、中国昆剧研究会副会长；中国梅兰芳艺术研究会副会长、中国周信芳艺术研究会副会长、中国地名委员会副主任、中华诗词学会常务副会长、宋庆龄基金理事、全国术语标准化委员会顾问、中国联合国协会理事；等等。

1987年12月17日，姜椿芳因病在北京逝世。他的"衣冠冢"落在他的家乡——常州栖凤山。

第二节
翻译活动与实践（作品）

姜椿芳的翻译活动始于1930年，其时他在光华通讯社（后来在"英吉利亚细亚通讯社"）担任俄文翻译和编辑，主要工作是将俄文晚报上的重要新闻翻译成中文。这时的翻译活动主要是为了生计。真正意义上的翻译是从1939年开始的。他的翻译主要涉及新闻、戏剧、电影、小说、诗歌、歌词、时政、科普文、文艺杂论等等（翻译涉及面很宽，姜椿芳自己说他是"杂译家"）。主要翻译作品有：《列宁书信》《斯大林论中国革命》《斯大林卫国战争时期言论集》等等。其他作品有：

伊林：《人怎样变成巨人》（科普小说），1939年；

卡普勒：《列宁在十月》（电影剧本），1939年；

韦尔霍格拉斯基：《罪恶的都市》（特写），1941年；

斯坦尼斯拉夫斯基：《演员自我修养》（上册，创作经验），1941年；

屠格涅夫：《贵族之家》（剧本），1941年（以及散文诗《麻雀》《两个富人》《门槛》《我的诗》）

肖洛霍夫：《他们为祖国而战》（小说），1943年；

葛洛斯曼：《人民不死》（中篇小说）1945年；

柯尔纳楚克：《战线》（剧本），1946年；

米哈柯夫等：《苏联卫国战争诗选》（与他人合译），1946年；

高尔基：《小市民》（剧本），1946年；

高尔基：《索莫夫及其他》（剧本），1946年；

《俄罗斯人民的英勇史迹》（报告文学集），1946年；

吉洪诺夫：《列宁格勒的故事》（短篇小说集），1946年；

杜勃罗留波夫：《黑暗王国的一线光明》，1946年；

普希金:《鲍利斯·戈都诺夫》(剧本),1946 年;

西蒙诺夫:《俄罗斯问题》(剧本),1947 年;

雅鲁纳尔等:《海滨渔妇》(独幕剧集),1947 年;

果戈理:《赌棍》(独幕剧集),1948 年;

奥斯特洛夫斯基:《智者千虑,必有一失》(剧本),1949 年;

伊里英可夫:《花园》(剧本),1950 年;

阿·托尔斯泰:《伊凡·苏达廖夫的故事》(中篇小说),1950 年;

列昂诺夫:《侵略》(剧本),1950 年;

杰米尔昌等:《为了生命》(短篇小说),1958 年;

《高尔基剧作集》(第 2 卷)(与他人合译),1959 年;

高尔基:《敌人》(剧本),1960 年。

此外,还有诗歌翻译 68 首;文艺杂论翻译 50 多万字,如:《论斯坦尼斯拉夫斯基》《斯坦尼斯拉夫斯基的理想和电影》《我的艺术生活》《高尔基与莫斯科艺术剧院》《契科夫与〈海鸥〉》《莫斯科艺术剧院在柏林》《奥斯特洛夫斯基》《奥斯特洛夫斯基与俄罗斯文化》《论民间文学》等等。

第三节
翻译思想

姜椿芳不仅是一名著名的翻译家,他还是一个培养翻译人才的外语教育领域的专家。所以,他的翻译思想既有高度、厚度,又有深度和广度,融合了他的翻译的历史观、翻译的现实观、翻译的世界观、翻译的革命观以及翻译的文化观。他的翻译思想主要见于他的《关于翻译问题的发言提纲》《当代文学翻译百家谈·序》《我是"杂译家"》《翻译工作要有一个新局面》等文章中。

一、关于翻译的目的与重要性

姜椿芳认为,"翻译工作对任何一个国家、民族来说,都是必要的"。

"任何一个国家和民族,为了生存,为了发展,没有不利用外语,不借助翻译来做一些必要工作的。

"各国人民的生活,每日每时都离不开翻译工作。我们朝夕读的报纸、听的广播、看的电视,如果我们不翻译外国的,外国不翻译我们的,是不可能那么丰富多彩,从而使读者、听众、观众及时了解世界各国情况的。

"总之,世界各国都要互相了解、沟通、往来、交流、协助、合作,才能扩大眼界,提高自己,丰富自己,发展各种事业,这些事情都要通过翻译来做。借鉴别人的做法,易于提高自己的水平。要充实自己的精神文明,必须参考他人的精神文明。提高自己的科学文化水平,必须引进别人的科学文化成就。故步自封,闭关自守,只能使自己落后,甚至挨打受欺。"①

姜椿芳进一步认为,"翻译工作是精神文明的主要项目之一","可以说,世界文学也是翻译文学,世界文化也就是翻译文化,世界文明也就是翻译文明"②。同时,姜椿芳也清楚地指出,翻译不仅是一门艺术,也是一门科学。尽管"人们都知道翻译工作的重要,但要做好翻译工作,却不是容易的事情。翻译有粗糙文雅之分,有歪曲正确之别,有浅薄精深之差,有干涩无味与细致传神之异。怎样把翻译工作做好是一种必须长期学习、娴熟掌握的艺术,是一门必须深入研究、不断提高的科学"③。

二、关于翻译的标准

严复提出的翻译必须"信、达、雅"的要求,一直被奉为翻译的圭臬。然而姜椿芳并不这么笼而统之地赞成。他认为翻译守信是必需的,词要达意也是必须追求的。但至于"雅"或"不雅",这要看具体语境。不同种类的翻译要求也是不一样的。从文学翻译角度看,译者既要忠实于原文的内容,又要尽现原文的神韵和形式美④。他认为,要达到这个高度,译者必须"直译"⑤。他认为鲁迅的"宁信不雅"是翻译必须走的正路,即所谓"正译"。

"鲁迅提出'宁信不雅',提倡'硬'译,以抵制'软译'。鲁迅的译笔何尝'生硬',不过是对软来个硬的,目的是提倡正译。

"数十年来,鲁迅的译风成为中国翻译界的主要风格,不软不硬,不增不减,竭力做到既译得正确,又传达出原作的精神风貌,为正译闯出一条路来。

"正译是一条奋斗的道路,作为艺术,当然不会只有一条路,于是又出现二条、三条等许多条路来,无非是殊途同归,归到正路上来,达到正译的目的。"⑥

---

① 姜椿芳:《翻译工作要有一个新局面》,《翻译通讯》1983年第1期。
② 同上。
③ 姜椿芳:《关于翻译问题的发言提纲》,《民族译坛》1987年第3期。
④ "既要忠于原文,一丝不苟,又要忠于读者,译文通畅易懂,保持原著的风格,文学作品还要传达原著的神韵。"参见姜椿芳:《关于翻译问题的发言提纲》,《民族译坛》1987年第3期。
⑤ 茅盾先生也认为,一切美好的文学翻译都是直译的结果。
⑥ 姜椿芳:《当代文学翻译百家谈·序》,载《当代文学翻译百家谈》,北京大学出版社,1989,第2页。

三、关于译者

一部优秀的外国文学作品经过翻译要变成一部同样优秀的中文文学作品是不容易的事情,这主要取决于翻译者的水平和态度。历史上的彦琮提出优秀的、严谨的翻译者必须有八个"备"。姜椿芳认为一个合格的或优秀的翻译人员"外文水平要提高,不仅能读懂外国作品,能提笔译外国作品,还要能深刻领会外国作品,娴熟外国作品中的优秀语言和表达方法,而且同样重要的是要能够掌握自己本国的语言文字,能有相当运用自如的水平;最后还要有思想上艺术上的较高的水平。本身水平不够,怎样能把外国有水平的作品翻译好?"①

他又说:"翻译工作者单是掌握外语还不够,必须通晓各种知识,社会对翻译工作者的要求随着时代的前进愈来愈高。"②

另一个问题是关于口译人员的要求。他在《关于口译问题》(演讲稿)中鲜明地指出,一位合格的或优秀的口译人员必须具备以下九个条件:

1. 必须通晓两种语言。在这里是指中文和俄文,这是基本条件。通晓和掌握中文是非常重要的。如果一个中国人只通晓外语,最多等于外国人,仍不能作翻译。

2. 要有一定的知识。社会科学、自然科学、历史、文学,各种知识愈广泛愈好,至少也要有一定的常识。

3. 要有政治修养。政治水平低是不能作好口译的,因为口译是一个政治任务。

4. 要忘掉自己。翻译是为说话人和听话人服务的。说话的人怎样说,就给他怎样译。不可打折扣,也不可随便把自己的意思加进去。开始做口译工作的人,要努力养成撇开自己专门为别人服务的习惯。如果没有这种习惯,往往就会只顾自己与人谈话,一问一答,忘记了自己是翻译,忘记了旁边还有听不懂的人在等待着你翻译。

5. 要听力好、记忆力好。讲话的人不同,口音、腔调也往往不同,必须有很好的听力,才能辨别清楚。同时,如果没有好的记忆力,非但不能把听来的话记在心里,再按照讲话人原来讲的层次井井有序地翻译出来,而且还会把要点都忘记了。就是说作口译要灵敏机警,听人耳朵,在脑子里立即加工制造,变成另一种文字,从口中输出。当然,这种听力和记忆力是可以培养而逐渐提高的。

6. 要口齿清楚。无论本国语和外语,都要发音清楚,明白易懂。要丢掉自己的方言土语,但又要懂得各种方言土语。因为你讲方言土语,可能很多人听不懂。另一方面,讲话的人可能有各种不同地方的人,如果你听不懂,就无法翻译。一般说,我们应该学会普

---

① 姜椿芳:《当代文学翻译百家谈·序》,载《当代文学翻译百家谈》,北京大学出版社,1989,第4页。
② 姜椿芳:《翻译工作要有一个新局面》,《翻译通讯》1983年第1期。

通话,讲话时要尽量去掉自己的乡音。

7. 特种训练。口译能力是长期训练出来的,并不是俄语说得好就译得好。平时可以由几个人结成小组,彼此练习。由一个人讲,一个人翻译,其余的人纠正。最初用比较熟悉和比较容易的材料,慢慢地改用生疏的和复杂的。在听话时要学会记录,把讲话的要点记下来,这可以帮助记忆,而且是避免错误的最可靠的办法。这些还只是普通的基本的训练。有一种叫做(作)"箱子里"的翻译,要有特殊训练。在国际性的会议场中,翻译坐在播音室("箱子")里,挂着耳机,听演讲者说话,通过玻璃窗看演讲者的表情,自己则一面听一面翻译,通过播音器,送到听众的耳机中。进行这种翻译的训练,即一面听一面译,起初只能译十分之一二。但是有很多人训练一周之后便能达到十分之五六。固然这种讲话大都有底稿,可以预先译好朗读。但也往往没有底稿而要当场随听随译,所以这种训练还是很必要的。此外如听广播、看电影、与外国同志多接近等等,也可作为训练。

8. 要冷静沉着。初作口译,最大的毛病是慌张。尤其是一有错误,便手足无措。然而越着急,越译不出来。所以,口译者应该培养冷静沉着的态度。翻译错了,应当从容改正,不要慌张。

9. 仪态要端庄。作笔译无所谓仪态问题,然而作口译,仪态问题却特别重要。尤其是在隆重的会议上,态度更要端庄、严肃,不能轻浮,但也不能过于呆板。登台口译时,台下成百成千的人在倾听着,注视着,举止特别要注意。①

此外,姜椿芳还从译界领袖的角度发出了对译者的关怀。他说,"从事翻译工作的……在有些地方和有些部门还不被重视,有些领导不太了解翻译工作者的艰苦。在工资、待遇、评定职称等方面还遇到一些不合理的对待"②。

为此,他呼吁:"外语和翻译工作,是一项重要的工作,是不可或缺的工作。这种工作应当受到重视。做这种工作的人,也应该受到重视。社会上有少数人轻视外语和翻译工作,有些人不尊重翻译工作者。一方面,我们要指出,这是不对的;另一方面,我们从事外语教学、外语翻译工作的人,自己首先应该重视和热爱自己的工作,全心全意把自己的工作做好。同时也应该向人们宣传翻译工作的重要性,引起人们对翻译工作者的重视。自己不重视自己的工作,自己不做好自己的工作,自己又不宣传这一工作的重要性,别人是不会尊重你的。"③

---

① 姜椿芳:《略谈口译问题》,《俄文教学》1953 年第 8 期。
② 姜椿芳:《关于翻译问题的发言提纲》,《民族译坛》1987 年第 3 期。
③ 姜椿芳:《翻译工作要有一个新局面》,《翻译通讯》1983 年第 1 期。

四、关于建构中国特色的翻译理论

姜椿芳认为，翻译不是单纯的技巧问题，也不仅是一个艺术领域，而是一门科学——翻译学。翻译学不是语言学的一个分支，语言学包括不了翻译学，翻译学应该是一门独立的科学，一门介于语言学、文艺学、社会学、心理学、信息论、计算机科学等学科之间的综合性科学。

他认为，我国翻译事业历史悠久，前人为我们留下了丰富的遗产，建立中国现代翻译理论体系应从传统译论和外国译论中吸取营养，传统译论并非一无是处，外国译论也非尽善尽美，中国现代翻译理论体系应该是继承与借鉴基础上的创新与发展。同时，翻译理论体系不应该是封闭的，而应该成为兼容并蓄不断自我充实和更新的开放的知识体系。①

他的这些观点无疑为构建中国翻译学起到了鼓与呼的作用，为后来的学者作进一步深入的研究，创建中国翻译学的理论框架打下了坚实的基础。（参见第十一章）

第四节
译作评析

姜椿芳认为文学翻译"既要忠于原文，一丝不苟，又要忠于读者，译文通畅易懂，保持原著的风格，文学作品还要传达原著的神韵"②。

在谈到诗歌翻译时，姜椿芳说："我对于译诗，作了一种尝试，学习瞿秋白译普希金《茨冈》长诗的方法，原诗有几个音节，就译几个汉字，原诗那句有韵，中文也按照它的格律排韵脚。这种译法很费时间，有时凑字数，凑韵脚，句子显得生硬，但我总想对中国的新诗寻找一些格律，供人们参考。生硬是不可避免的，但要不断下工（功）夫。这种方法译出的诗，配曲歌唱，却很方便，往往可以合拍合韵。"③

在谈到戏剧翻译时，姜椿芳认为，"译剧本，主要是注意怎样竭力使对话能上口，便于演员在舞台上运用，同时又要符合原文，不添油添酱，不偷工减料。这也和译其他作品一样，例如小说和论文，必须遵循鲁迅的翻译原则，宁信不雅，宁硬不软，不过剧本台词要尽

---

① 姜椿芳：《关于翻译问题的发言提纲》，《民族译坛》1987年第3期。
② 同上。
③ 姜椿芳：《我是"杂译家"》，载《当代文学翻译百家谈》，北京大学出版社，1989，第660页。

量加工"①。

下面我们来欣赏姜椿芳翻译的两首诗歌、一段戏剧和一首歌词。

(一) 诗歌二首

莫斯科人民武装起来②
亚先耶夫

莫斯科伸直了腰,

威风凛凛:

城市

手里拿起了武器,

为了伟大的公众的事业

人民浑身武装起来了。

乌克兰衬衫的领子,

老布

制帽的前庇

混成一片,

列成队形,

不相识的

变得亲近,像兄弟一样。

好似给你什么帮助,

当

一个人和你并肩齐走,

跟你亲切起来,

一同消磨时日!

几百种

最不同职业的人

放到肩上

把战争的重荷;

解决

军事的问题

---

① 姜椿芳:《我是"杂译家"》,载《当代文学翻译百家谈》,北京大学出版社,1989,第661页。
② 转引自《姜椿芳全集》第一卷第102－104页。

他们自告奋勇地愿意。

簿记员——

和学者并排,

和实验室的科学家肩并肩的

是机器师。

心合着心,

像团结的狂流

建筑场的

柜台上的

账房间的人们。

你看这些人的

眼睛吧:

他们顽强的思想

是厉的:

我们要用全部的压力,全部的重力

紧压

和重劾敌人。

这里无论谁

都不会吓得

躲到枕头底下

把自己的脸;

战斗虽不是随我们的意愿开始

却要由我们的光荣

把它结束!

命令在队伍上飞翔:

"中队,立正!

分队开步走!"

这是巨山

从原地移动,

这是

城市握起武器!

梅琳①

柯马洛夫

你今天给我指明，
那是深闺的窗棂，
她又将倚着窗门，
等候着她的爱人。
大家都问她一声：
你好，可爱的梅琳
你好，可爱的梅琳！……

在窗后突然产生
一支古箫的低音。
这声音刹时下沉，
然后又赞美爱情，
像谷底溪声铮铮
梅琳奏起的箫声，
啊，多美丽的箫声！……

姑娘吹给我们听，
怎样出走，她爱人
披着午夜的星星
跟着朱德的民军
世上有许多原因
哀伤哭泣像梅琳，
深爱坚信像梅琳……

你今天给我指明，
那是深闺的窗棂
我要来向她说明：
她已经不用久等

---

① 转引自《姜椿芳全集》第一卷第 124－125 页。

就将回来,她爱人,

就来,哀伤的梅琳,

看你,美丽的梅琳!……

(二) 戏剧

贵族之家①

屠格涅夫

第一场

〔舞台分两部:前部是花园,后部是住宅。后部又分左右两部:右部是一座华丽住宅的屋角,屋的正面,是一个开向花园的大窗,从窗子里可以看出这是一间客厅,窗口放着钢琴。屋的侧面,是两扇玻璃门,向左部开着。左部,毗连房屋的,是一个很大的露台,露台上放着桌椅。露台的后面,在背景上,可以看出一部分是毗连大房屋的厢房,两个窗户也向花园开着,其中最左的一个是丽莎房间的。再左一些,是木栅,栅外是田野。露台四周长着几棵树,主要是丁香花树。舞台前部的右面树荫下面是一张长椅,左面是桌椅。〕

〔春天,夕阳西下,渐渐向晚的时候,有蔷薇色的小云朵高高地浮在清澄的天空。在这所华丽住宅的开着的窗口,坐着玛丽亚和玛尔法。玛尔法正在织结着一条大的绒线披肩。幕开时,好一会子,台上寂静无声。〕

玛丽亚　(叹一声气)

玛尔法　你这是叹什么气,我的妈呀。什么事情?

玛丽亚　没有什么。看,多么可爱的云彩!

玛尔法　那么你是替云彩伤心,还是怎的?(哑场)盖德奥诺夫斯基为什么没有来呢? 若是他来了,他准会跟你一同叹气,要不然,他也会跟你胡扯一阵。

玛丽亚　你提起他来,怎么老是这样刻薄呀! 盖德奥诺夫斯基实在是一个很可敬的人呢。

玛尔法　可敬? 看上去,他倒是一个很谦虚的人。他的头发全都白了,可是他一开口,不是说谎就是说人家坏话。哼,他还算是参议官呢! 再说,还是个牧师儿子呢!

玛丽亚　姑姑,谁没有错儿呢? 可是,无论您怎么说,他总是一个和气的人呀。

玛尔法　就数他会老是舔你的手。(向窗外张望一眼)巧得很,说到他,他就到。看;他大步儿走来了,你的那位和气人儿。那么个瘦长子可真像鹭鸶!

玛丽亚　(迅速地理了理自己的卷发,照一下子手镜)

---

① 转引自《姜椿芳全集》第一卷第 22—24 页。

玛尔法　（看到这动作）我的妈呀,那儿有一根白头发,那可不行呀,你得管教管教你那小丫头,她怎么没有给你拔去这根白发呢?

玛丽亚　（愠怒地）姑姑,您总是玛尔法……

小厮　（跑上）谢尔格伊·彼得洛维赤·盖德奥诺夫斯基到。（下）

盖德奥诺夫斯基　（经露台走进客厅。鞠躬）最和善的玛丽亚,最敬爱的玛尔法。（缓缓地脱下手套,拿玛丽亚的手吻了两次,然后不慌不忙地坐下来,带着微笑,搓着两手的指尖）丽莎可好?……

玛丽亚　好。她在花园里。

盖德奥诺夫斯基　莱诺赤卡呢?

玛丽亚　莱诺赤卡也在花园里。有什么新闻没有?

盖德奥诺夫斯基　太太,怎么会没有呢,怎么会没有呢,唔……真有新闻呢,并且是骇人听闻的新闻:拉夫列次基来了。

玛尔法　拉夫列次基?……得了吧,我的爹呀,您可别造谣啊!

盖德奥诺夫斯基　一点也不,姑太太,我是亲眼看见他的……

玛尔法　可是这还不能算是证据。

盖德奥诺夫斯基　（似乎没有听见,继续说）他长得更坚实了,肩膀也更阔了,满脸红光……

玛尔法　更坚实?……他怎么会更坚实起来……

盖德奥诺夫斯基　可不是。假使别的人处在他的地位,那就连露脸都没有心思露脸了。

玛尔法　那可为什么……这算什么废话!一个人回到他的家乡来,那有什么关系,您可要他藏到什么地方去?……并且他本来没有什么不对的……

盖德奥诺夫斯基　姑太太,我敢放肆在您面前说,假使妻子不正经,在外面乱七八糟的,那总是做丈夫的不对,该受责备。

玛尔法　我的爹呀,你所以这么说,不过是因为你自己还没有讨过老婆。

〔哑场。〕

盖德奥诺夫斯基　我可以不可以问问,这条小巧玲珑的披肩是织给谁的?……

玛尔法　是织给那从来不说别人坏话,不使诡计,不造谣言的人,假使世上有这样人的话。我知道,拉夫列次基是一个好人,他的不对,只是他太放纵他那老婆了。并且他是恋爱结婚,这种恋爱结婚,永久不会有什么好结果的(站起来)现在,我的爹呀,随便您拿什么人来磨牙吧,就是拿我,也成……我要走了,我不来打搅你们。（下）

玛丽亚　她总是这样,她总是这样……

盖德奥诺夫斯基 她年纪这么大了,有什么办法呢?……

玛丽亚 （把手伸到盖德奥诺夫斯基跟前去,他把嘴唇接上去,她把椅子移得和他更近些,低声问道）那么,您看见他了吗?他真很不错,身体好,快乐吗?……

盖德奥诺夫斯基 （细声地）很快乐……很不错……

玛丽亚 您可听说,他的妻子现在在什么地方?

盖德奥诺夫斯基 最近还在巴黎,现在,听说,她又搬到意大利去了。

玛丽亚 拉夫列次基的境遇可真难堪。我不知道,他是怎么承受的。自然,不幸,谁都有,可是他的事情,简直闹得全欧洲都知道了。

盖德奥诺夫斯基 （叹了一口气）可不是,太太;正是,太太。听说,那女人还跟艺术家们,钢琴家们交朋友呢。照时髦话说,她是和狮子,猛兽交朋友。她一点儿羞耻心都没有了……

玛丽亚 真是很可怜,很可怜。拉夫列次基是我的亲戚。您是知道的,他是我们一个远房的表弟。

盖德奥诺夫斯基 当然知道的,太太;当然知道;太太。您家的事情,我怎么会不知道呢?知道的,太太!

玛丽亚 他的父亲是娶的一个自己家里的婢女,您这知道吗?……

盖德奥诺夫斯基 当然,太太,听见说过的。

玛丽亚 他的父亲一死之后,那时他二十三岁,他便到莫斯科去,穿上学生装,他说:"我要读书,因为我什么也不懂得。"

盖德奥诺夫斯基 是一个求知欲很高的青年。

玛丽亚 他在莫斯科读书,没有读得很久,他便在戏院里认识一位退职将军科罗宾的女儿,一见生情地爱上了她,没有深加考虑,便和那姑娘结婚了。

盖德奥诺夫 这是命运,太太。

（三）歌曲

这首《祖国进行曲》,脍炙人口,广为传唱。

祖国进行曲①

列别杰夫·库马契

我们祖国多么辽阔广大,

它有无数田野和森林。

---

① 《祖国进行曲》是一九三六年苏联上映的音乐故事片《大马戏团》中的一首插曲。作曲家为创作这首歌曲,先后写有三十六稿,共用了半年时间。伊·杜纳耶夫斯基谱曲。歌曲的音形象鲜明,表现出苏联人民对自己祖国的自豪感。为表彰歌曲词曲作者的艺术成就,一九三六年十二月三十一日,苏共中央特授予杜纳耶夫斯基和列别杰夫·库马契二人劳动红旗勋章。——译者注

我们没有见过别的国家,
可以这样自由呼吸。
我们没有见过别的国家,
可以这样自由呼吸。

打从莫斯科走到遥远的边地,
打从南俄走到北冰洋。
人们可以自由走来走去,
就是自己祖国的主人。
各处生活都很宽广自由,
像那伏尔加直泻奔流。
这儿青年都有远大前程,
这儿老人到处受尊敬。

我们田野你再不能辨认,
我们城市你再记不清。
我们骄傲的称呼是同志,
它比一切尊称都光荣;
有这称呼各处都是家庭,
不分人种黑白棕黄红。
这个称呼无论谁都熟悉,
凭着它就彼此更亲密。

春风荡漾在广大的地面,
生活一天一天更快活。
世上再也没有别的人民,
更比我们能够欢笑;
如果敌人要来毁灭我们,
我们就要起来抵抗,
我们爱护祖国有如情人
我们孝顺祖国像母亲。

第九章 屠岸：诗人翻译家

屠岸(1923—2017)，江苏常州人，诗人、翻译家、文艺评论家、出版家。曾任人民文学出版社总编辑，中国戏剧家协会《戏剧报》常务编委兼编辑部主任，中国诗歌学会副会长，《当代诗坛》汉英双语诗学季刊主编。主要著作有：《萱荫阁诗抄》《屠岸十四行诗》《倾听人类灵魂的声音》等等；主要译作有：《鼓声》（惠特曼诗集）、《莎士比亚十四行诗集》《约翰王》（莎士比亚历史剧）、《济慈诗选》《英国历代诗歌选》《英美著名儿童诗一百首》等等。《济慈诗选》译本荣获第二届鲁迅文学奖翻译奖(2001年)。

屠岸专事译诗，他的诗歌翻译及其翻译思想在我国翻译界"鹤立鸡群"，值得后人学习与研究。

第一节
生平介绍

屠岸,本名蒋璧厚,1923 年出生在江苏常州官保巷外公家。后回父亲家,住常州庙西巷三十六号。父亲蒋骥曾公费留学日本,学土木工程专业。回国后先后在东北、湖南、北京、上海等地工作。他的母亲屠时,是个了不起的女子,擅长诗、书、画和音乐。从常州女子师范毕业后,她在常州、宜兴等地教书。后来又到湖南、北京、上海等地教书。屠岸读四五年级时,他母亲每天晚上都要教他读《古文观止》等书籍,要求甚严。屠岸自己说:"我觉得我的一生,特别是我对文学艺术的爱好,主要是母亲的影响。"①

1936 年,屠岸考入江苏省立上海中学,1937 年年底举家逃难,1938 年返回上海,继续在上海中学学习,1939 年转学到江苏省立常州中学。1942 年考入上海交通大学,学铁道管理。1945 年赴苏北解放区,1946 年加入中国共产党。上海解放后,参加上海市军管会文艺处工作;1950 年调华东军政委员会文化部工作,任副科长、科长等职。1951 年赴北京工作,任《剧本》月刊编辑;1956 年任《戏剧报》常务编委;1958 年被下放到河北农村进行劳动教育;1969 年下放到文化部的"五七干校"。1973 年从干校返京,任人民文学出版社党委委员。1979 年任人民文学出版社副总编辑。1983 年任人民文学出版社党委书记、总编辑。1987 年 11 月,从人民文学出版社离休。1996 年,当选为中国诗歌学会副会长;2004 年,被中国翻译家协会列入文学艺术资深翻译家名单;2008 年,国务院公布第二批国家级非物质文化遗产名录,"常州吟诵"名列其中,屠岸是代表性传承人之一(其他两位是赵元任和周有光)。2017 年,屠岸在北京去世,他的"衣冠冢"落在家乡常州的栖凤山。

第二节
翻译活动与实践(作品)

屠岸的翻译活动与实践始于学生时代,主要是笔译。第一首公开发表的译作是埃德加·艾伦·坡的一首诗歌,叫《安娜贝莉》(亦作"安娜贝丽")。这首译诗刊登在 1941 年

---

① 何启治、李晋西:《生正逢时:屠岸自述》,生活·读书·新知三联书店,2010,第 12 页。

上海《中美日报》的副刊《集纳》上。屠岸翻译过英国的莎士比亚、雪莱、罗伯特·斯蒂文森、威廉·莫里斯，美国的惠特曼、埃德加·艾伦·坡，印度的泰戈尔，俄国的普希金、尼基丁、马雅可夫斯基、涅克拉索夫，奥地利的里尔克，法国的波德莱尔，爱尔兰的斯蒂芬斯，苏格兰的彭斯等作者的作品。主要译作如下：

《鼓声》（惠特曼诗集）

《莎士比亚十四行诗集》

《约翰王》（莎士比亚历史剧）

《济慈诗选》

《英国历代诗歌选》

《英美著名儿童诗一百首》

《一个孩子的诗园》（罗伯特·斯蒂文森，与方谷绣合译）

《许多都城震动了》（涅克拉索夫）

《大臣夫人》（努西奇）

《我们的进军》（马雅可夫斯基）

屠岸唯一的汉译英作品是师陀的小说《贺文龙的手稿》，发表在1949年6月18日出版的英文期刊《密勒氏评论报》上。

第三节
翻译思想

（一）关于翻译的目的与作用

季羡林认为："不同的国家或民族之间，如果有往来，有交流的需要，就会有翻译。否则，思想就无法沟通，文化就难以交流，人类社会也就难以前进。"他强调说："翻译之为用大矣哉！"①

而任何翻译都是有目的的行为。

翻译"目的论"（skopostheorie）的创始人汉斯·弗米尔（Hans J. Vermeer，亦译威密尔）认为翻译是以原文为基础的有目的和有结果的行为，这个行为必须经过协商才能完成。译者应该根据不同的翻译目的采用相应的翻译策略，他有权根据翻译目的决定原文的哪些内容可以保留，哪些需要调整或修改。换句话说，译文受翻译之目的的影响与

---

① 季羡林、许钧：《翻译之为用大矣哉》，《译林》1998年第79期。

控制。

翻译的目的"可以是语言的沟通,信息的交换,文化的交流,知识的更新,思想的传播;任何翻译都不可避免地打上时代的烙印;有的为政治服务,有的为艺术欣赏,有的为社会发展,有的为某种功利……"①对屠岸来说,翻译的目的不仅是为了政治,为了革命,更是为了文化的交流,为了人的思想之进化,情感之升华,心灵之美化,总之,是为了"真善美"。这种翻译目的从他的翻译行为和他所选择的译作中可见一斑。

屠岸的第一次翻译发生在1940年,翻译的是美国诗人艾伦·坡的《安娜贝丽》。这首诗是美国抒情诗中的佳作,被认为达到了"唯美主义"的巅峰。作为一个年轻人,读了这首诗是会被其中所描写的景象和抒发的情感所摄魂而产生翻译的冲动。这恐怕就是年轻的屠岸要提笔翻译的原因。

屠岸第一次发表的译作是苏格兰诗人斯蒂文森(R. L. Stevenson)的《安魂诗》。这首诗朴实优美,乐观而潇洒,具有很强的音乐节奏美感,它传遍了世界:

> Under the wide and starry sky,
> Dig the grave and let me lie.
> Glad did I live and gladly die,
> And I laid me down with a will.
> This be the verse you grave for me:
> Here he lies where he longed to be;
> Home is the sailor, home from sea,
> And the hunter home from the hill.

> 在广漠的星空下方,
> 挖个坟墓将我埋葬;
> 我活得痛快死得舒畅,
> 心甘情愿地平躺;
> 为我刻下这样的诗行,
> 这里是他期盼长眠的地;
> 水手从海上返航,
> 猎人下山回到家乡。

1946年,屠岸翻译了罗伯特·彭斯(R. Burns)的《我的心啊在高原》。这是一首情感、气势和文采都很好的诗作,乐观向上,译者正值青春少年,也表达了译者浓浓的乡愁。

---

① 戎林海:《翻译问题探微》,东南大学出版社,2010,第134页。

1948年,屠岸翻译并自费出版美国诗人惠特曼的诗集《鼓声》,"惠特曼是林肯总统和北方联邦政府的支持者,这部译诗集中有不少诗篇歌颂南北战争中北方的战士,歌颂林肯。而我的这部处女译著出版时正值中国人民解放战争进行决战阶段,我借它的出版作为象征:支持以延安为代表的北方革命力量,预示这场战争将导致全中国的解放"①。很显然,他翻译的目的是革命,他"是用隐晦的方式来表明自己的政治态度"②。

1946—1947年,屠岸在《野火》上发表他译的苏联诗人马雅可夫斯基的《我们的进军》和英国诗人威廉·莫里斯的《那日子要来了》,以及俄国诗人涅克拉索夫的诗《许多都城震动了》,"是我又一次(也是最后一次)用译诗'配合'政治"③。

1950年出版的《莎士比亚十四行诗集》是为了文化之交流,为了爱,为了诗人的情怀。

1997年出版的《济慈诗选》则是译者为了心灵的沟通、灵魂的拥抱,情感和价值观的同振共鸣,为了真,为了美,为了济慈的"beauty is truth, truth beauty"(美就是真,真就是美)。一句话,为了屠岸自己"对缪斯的祀奉,没有任何政治暗示"④。

(二) 关于翻译的标准

就翻译标准而言,屠岸始终认为严复当年提出的"信、达、雅"三原则是文学翻译必须自觉遵守与弘扬的。他说:"我对严复的'信、达、雅'三原则,始终信奉。这三者中,我认为'信'是中心,是主导,也是关键。正如人生三标准'真、善、美','真'是根本,'真'的内涵是善,外延是'美'。没有真,也就不存在善、美。信好比真,达、雅是信的两个侧面。没有信,就谈不上达、雅。不达,就不能说信了。对读者负责必须与对作者负责统一起来。对雅,我理解是对原作艺术风貌的忠实传达。所谓'不忠之美',我认为不符合翻译的雅,而是译者创作之美。"⑤

"美就是真,真就是美"。屠岸认为文学翻译最重要的是忠实,即"信"。不忠实的翻译不能谓之为翻译。屠岸的翻译主要是诗歌翻译。在忠实和美的方面,他要求自己"既要传达原作的风格美、文体美,也要传达原作的形式美、音韵美"⑥。

不忠实的翻译一向评价不高,甚至令人讨厌。早在1946年,他看了郭沫若的《沫若译诗集》,发现有些地方译得不准确,有的地方译得不正确,他"专门写了一封信,指出郭译有错"⑦。

---

① 许钧:《文学翻译的理论与实践——翻译对话录》,译林出版社,2001,第61页。
② 何启治、李晋西:《生正逢时:屠岸自述》,生活·读书·新知三联书店,2010,第14页。
③ 同①。
④ 许钧:《文学翻译的理论与实践——翻译对话录》,译林出版社,2001,第62页。
⑤ 同上书,第64页。
⑥ 同④,第65页。
⑦ 何启治、李晋西:《生正逢时:屠岸自述》,生活·读书·新知三联书店,2010,第71页。

他在1947年年底到1948年1月间发表在《大公报》副刊《星期文艺》上的三篇《译诗杂谈》中,针对一些错译,还批过一些名家,"包括李唯建、胡适、郭沫若、朱湘、袁水拍、高寒(楚图南)等",而对李岳南的批评,则是"一点不留情面"①。

很显然,屠岸对"不忠实"的译文可以说是到了"嫉恶如仇"的地步。这是因为他坚信翻译必须为原作者负责,为读者负责。

(三) 关于翻译的策略与方法

任何翻译都离不开策略与方法的选择。策略是"战略",是宏观的,它统领全局;而方法则属于"战术",是微观的,它解决具体问题。一个高明而优秀的译者对翻译"战略战术"的把握与应用应当是烂熟于心的,是自觉的,综合的,也是灵活的。

屠岸曾在《中华读书报》发表过一篇题为《"归化"和"洋化"的统一》的文章,文章讨论了翻译中非常重要的一个问题,那就是"归化"与"洋化"(即异化)问题。在他看来,归化与异化是辩证的关系,两者必须统一。译者在翻译过程中必须把握好一个度。屠岸认为"'洋化'与'信'联系较多,'归化'与'达'、'雅'联系较多,但三者也不能分割。对读者朋友来说,'归化'过度,是对甜美的蒙蔽,'洋化'过度,是对甜美的放弃。以作者朋友来说,'归化'过度是对他们的唐突,'洋化'过度是对他们的谄媚"②。

那么这个"度"刻在哪里? 如何才能不"过度"? 屠岸认为要画出一条清晰的界线不容易,但对"度"的把握有两条原则可循:(1) "不要使读者产生民族传统文化错乱的感觉";(2) "不要使读者如堕五里雾中"③。比如将 Like widowed wombs after their lords' decease 译为"像丈夫死后的寡妇的子宫"就不妥当,中国人不大在文学作品里用"子宫"这个词语,所以将 womb 译为"子宫"就会使读者产生突兀的感觉。屠岸觉得这里就要"归化"一下,译为"像死了丈夫的寡妇,大腹便便"④。"度"的把握与具体应用只有由译者自己通过不断的反复的翻译实践才能悟出来,不同的译者对同一个"归化"或"异化"的客体可能会采取不同的策略或处理方式,这也是正常的。此外,屠岸认为"归化""异化"问题还涉及读者的认知能力问题,也涉及文化的开放和"吐故纳新"问题。⑤

就具体翻译方法而言,屠岸认为,该直译的必须直译,该意译的当然要意译。此外,根据原文语境和目的语表达需要,译者还要灵活机动而不拘泥,不能"硬译""死译",要"活译"。比如:

---

① 何启治、李晋西:《生正逢时:屠岸自述》,生活·读书·新知三联书店,2010,第72页。
② 许钧:《文学翻译的理论与实践——翻译对话录》,译林出版社,2001,第71页。
③ 同上书,第73页。
④ 同②,第71-72页。
⑤ 同②。

"拜伦的一首诗,以第一行的前半作题目,即是 She Walks In Beauty。怎么译呢?她行走在美中?有这样的说法吗?英文 beauty 是抽象名词,但英文可以说 in beauty,中文却不能说'在美中'。中文'在美中'变成不顺,生硬,莫名其妙。

"于是查良铮译为'她行走在美的华彩中',杨德豫译为'她走在美的光影里'。

"查、杨译得都好。二位的译法相同,都把抽象的'美'化为具体的'美的华彩'和'美的光影',都不失为好译法。

"我译这首诗,要跳出他们二位译法的老圈子。我将'她'和'美'的关系变一下,'她'原被'美'包裹着,我使'她'变为主动。我的译文是:'她走着,洒一路娇美。'

"……'洒'字,体现出她的优雅、潇洒,不仅表现她的形貌,也体现她的性情、人格。这译法跳出了前人译法的窠臼,实现了自己的创造性。这译法不拘泥于原文的字法和句法,是一种活译,但仍然坚守了'信'的原则。"[①]

(四)关于翻译作品的选择

罗森纳·沃伦(R. Warren)1989 年在其编著的《翻译的艺术》一书中指出,翻译"是一种认知模式和生存模式。把文学作品从一种语言移植到另一种语言,就好像把植物或动物从一个地方迁移到另一个地方,它们必须像个人或民族的'适应'和成长那样,只有适应新环境而有所改变才能生存下来"[②]。这个观点是翻译生态学的基础,主要涉及两个概念,一个是"选择",另一个是"适应"。任何译者,欲使翻译作品获得很强的生命力,得到读者的普遍接受和喜爱,"选择"要翻译的作品是非常重要的一步。不能"捞到篮里就是鱼",不问青红皂白,什么都译。

屠岸选择作品进行翻译有他自己的标准:"一是在文学史上(或在现代、当代舆论上)有定评的第一流诗歌作品;二是同时又是我自己特别喜爱的,能打动我心灵的作品。"[③]总体来说,就是"择善而译""择爱而译"。

"择善而译",是为了实现翻译的目的,是为了使译作更好地适应目的语环境,从而获得长久的生命力,获得广泛的接受和传播。"择爱而译",是为了确保译作的质量,你译者自己都不喜欢,还要硬着头皮去翻译,那样翻译出来的作品可能是"装腔作势",可能是"应景之作",其接受面有限,生命力不强。没有爱就没有激情,就没有动力,原作者和译者就不可能进行真正意义上的情感的交流和心灵的沟通。

此外,屠岸认为译者不一定非要选与自己风格近似的原作来翻译,虽然这样做可能会更容易成功。他曾经将翻译比之于绘画的临摹和音乐的演奏。"同一原作经过不同的

---

① 何启治、李晋西:《生正逢时:屠岸自述》,生活·读书·新知三联书店,2010,第 244 页。
② Warren R, *The Art of Translation*: *Voices from the Field* (Shenyang: Northeastern University Press, 1989), P. 6.
③ 许钧:《文学翻译的理论与实践——翻译对话录》,译林出版社,2001,第 74 页。

译者之手出来,必然产生不尽相同的效果,正像同一乐曲由不同的演奏家演出,必然带有不同的特色和风采。那么反过来,同一个演奏家可以演奏不同作曲家的多种乐曲,同一个演员可以表演不同剧作家剧作中的许多角色,只要这个演奏家或演员能深切体验原作(乐曲和剧本)的精神实质,把它化为自己的血肉,那么他们的演出就会成功。……翻译的道理与此相通。"①

(五) 关于译者

屠岸认为,翻译工作者是"文化上的普罗米修斯,他把外国的真、善、美之火拿来输送给本国的广大读者。这是一项崇高的事业"②。他认为一名优秀的译者必须具备多种素养与品质。在"爱"和"使命感"之外,译者的双语修养必须要一流:外语要精通,母语要提高修养,要熟练掌握和运用,要能用母语进行写作。在原语和译语上都必须下苦功夫。这是一个方面。第二个方面的问题是知识面。优秀的或曰称职的译者必须"学富五车",必须博大精深,必须是"家"(王佐良认为必须是"杂家")。③ 第三个问题是翻译态度问题。他始终认为,一个有使命感的译者,一个对原作者和读者负责的译者,他必须对自己的翻译行为进行规范;要对翻译对象做深入的研究,不仅要研究作品本身,还要了解和研究作者的生平、创作经历与环境等等;要不放过任何一个模糊点,要杜绝望文生义和不求甚解;要不为名利而译,要杜绝"抄袭"和"剽窃",要"甘于清贫"。

此外,对从事诗歌翻译的译者,屠岸认为必须具有济慈所说的 negative capability(屠岸认为这个术语应该译为"客体感受力"),"就是抛弃自己原来的思维定势,与要表现的对象拥抱,成为一种无我之境,灵魂与歌颂对象融为一体"④。

(六) 关于"翻译是遗憾的艺术"

翻译难,翻译苦。这是许多有成就的翻译家的共识。屠岸对这一点也非常清楚。他对翻译错误(主要指粗制滥造、不仔细、马虎、望文生义而造成的误译)可以说是"是可忍,孰不可忍"。但他也承认,由于语言与文化的巨大差异,有些东西是不好翻译的,在译入语中很难找到其对应语,尤其是一些有多重含义、不能用逻辑予以解释的地方。他认为,这个时候,只能由译者根据自己的能力,"勉强译出"。但是,从翻译科学和艺术的角度看,这都是"遗憾"。屠岸的"翻译是遗憾的艺术"的看法也正是基于这样的认识。由此,他坚持认为,翻译需要批评,需要讨论式的批评、建议式的批评,"翻译工作的进步,要靠

---

① 许钧:《文学翻译的理论与实践——翻译对话录》,译林出版社,2001,第66页。
② 同上书,第77页。
③ 同①,第75页。
④ 何启治、李晋西:《生正逢时:屠岸自述》,生活·读书·新知三联书店,2010,第242页。

正确的批评"①。只有批评才能使译者更加清醒,译作更加完善、更加"信达雅"。屠岸从自己的丰富的翻译实践中悟出,翻译需要重译,重译是使"翻译是遗憾的艺术"不再遗憾的灵丹妙药。所以伟大的文学家、翻译家鲁迅也提倡翻译"非有复译不可"。

屠岸的翻译行为经历了自觉和不自觉,或曰爱好和使命感,或曰"为了政治""为了艺术"两个阶段。他的翻译有自己的特色,有自己的风格,有自己的华彩。他的翻译实践始终是在其翻译认识不断深化,翻译理论不断完善的前提下进行的。他坚持认为翻译必须"真善美",这是被奉为翻译圭臬的"信、达、雅"的另一种阐释,具有很高的审美意义。他对翻译策略"归化异化"有着辩证的理解与阐释,具有跨文化交流的视阈和境界。

屠岸的翻译观属于语言学派,但又属于文化学派。他的翻译思想与中国传统翻译思想一脉相承,且又有所创新与发展。他的翻译思想不受任何学派、任何人的观点所禁锢,他善于独立思考,坚持追求一个"真"字,一个"美"字。所以,他的翻译思想值得梳理与挖掘。毫不夸张地说,他的翻译观及其翻译作品在中国翻译历史的鸿篇巨制中占据着一个重要的篇章。

第四节
译作赏析

屠岸的翻译作品,尤其是济慈的诗歌翻译,获得了巨大的成功,得到了广泛的认可与赞誉。著名诗人兼翻译家卞之琳在《译诗艺术的成年》一文中说,"中国的诗歌翻译已经进入成年,以三个译者为标志:一个是屠岸,一个是杨德豫,一个是飞白"②。这是多么高的评价。周有光2001年在给屠岸的信中说:"看了您的译诗……钦佩得五体投地!"③这也从一个侧面说明《济慈诗选》为什么能够获得第二届鲁迅文学奖翻译奖的原因所在。

下面我们来看两首诗歌的翻译。

(一)《孩子夜里的幻想》(罗伯特·斯蒂文森)

妈妈灭了灯,黑夜来临,
整夜整夜,一直到天亮,
我老是看见人们在行军,
看得分明,像白天一样。

---

① 何启治、李晋西:《生正逢时:屠岸自述》,生活·读书·新知三联书店,2010,第245页。
② 同上书,第250页。
③ 同①,第293页。

武装的军队,帝皇将相,
　　全都在行进,威武堂皇,
　　手拿各种各样的东西,
　　白天你从没有见过这景象。

　　即使是大马戏团在草坪
　　也从没演得这么漂亮;
　　我见到各种野兽各种人,
　　全都结队行军向前方。

　　开始的时候,慢慢移动,
　　到后来,他们越走越匆忙,
　　我一步不离,紧挨着他们,
　　终于我们全进入了睡乡。

　　　　(转引自《一个孩子的诗园》,重庆出版社,2014,第12页)

　　笔者手头虽然没有这首儿童诗的原文,不能对照分析,但单从中文译文来看,我觉得译得非常自然妥帖,忠实且传神。译文再现了儿童入睡时脑海里呈现出的梦幻般的图像,一幅又一幅。诗歌翻译重要的是音韵的再现,意象的再现。屠岸翻译的这首诗歌,押韵押的是二四行的韵,读起来流畅自然,音乐感强。

　　(二) The Human Seasons (John Keats)

　　　　Four seasons fill the measure of the year;
　　　　There are four seasons in the mind of man:
　　　　He has lusty spring, when fancy clear
　　　　Takes in all beauty with an easy span

　　　　He has his summer, when luxuriously
　　　　Spring's honeyed cud of youthful thought he loves
　　　　To ruminate, and by such dreaming nigh
　　　　His nearest unto heaven: quiet coves

　　　　His soul has in its autumn, when his wings
　　　　He furleth close, contented so to look
　　　　On mists in idleness—to let fair things
　　　　Pass by unheeded as a threshold brook;

He has his winter, too, of pale misfeature,
Or else he would forego his mortal nature.

《人的季节》[①]

约翰·济慈

一年之中,有四季来而往复;
人的心灵中,也有春夏秋冬:
他有蓬勃的春天,让天真的幻想
把天下美好的事物全抓到手中;

到了夏天,他喜欢对那初春
年华的甜蜜思维仔细地追念,
沉湎在其中,这种梦使他紧紧
靠近了天国:他的灵魂在秋天

有宁静的小湾,这时候他把翅膀
收拢了起来;他十分满足、自在,
醉眼蒙眬,尽让美丽的景象
像门前小河般流过,不去理睬。

他也有冬天,苍白,变了面形;
不然,他就超越了人的本性。

  这首诗是济慈的一首十四行诗歌。十四行诗是由意大利诗人彼特拉克首创,其形式整齐,音韵优美,以歌颂爱情,表现人文主义思想为主要内容。他的诗是按四、四、三、三(行)排列,即四段,前两段每段四行,后两段每段三行。人们称这种十四行诗体为彼特拉克诗体。英国莎士比亚的诗作(十四行诗歌),改变了彼特拉克的格式,由三段四行和一副对句组成,即按四、四、四、二(行)编排,每行诗句有五个音步,十个音节(通常一个音步包含两个音节)。其押韵方式是 ABAB CDCD EFEF GG。
  屠岸自己曾创作过不少十四行诗歌(参见《屠岸十四行诗》),他对十四行诗歌了如指掌。在翻译时,他使用的办法是"以顿代步"。因此,他翻译的十四行诗歌都能再现原作的形式美和音韵美,这也从一个侧面说明为什么有学者坚持认为"译诗最理想的译者是诗人"的原因。

[①] 屠岸:《济慈诗选》,外语教学与研究出版社,2016,第 179 页。

第十章 汤永宽：出版家和翻译家

汤永宽（1925—2007），江苏常州人，中共党员，中国作家协会会员。1949年毕业于复旦大学外国语言文学系。退休前担任上海译文出版社副总编辑、编审，《外国文艺》双月刊主编。他是我国著名英美文学翻译家，代表译作有卡夫卡的小说《城堡》（从英文转译）、T. S. 艾略特的诗作《情歌·荒原·四重奏》、卡波特的中篇小说《在蒂法尼进早餐》、海明威的小说《永别了，武器》等。2002年中国翻译家协会授予他"资深翻译家"称号。

第一节
生平介绍

1925年8月,汤永宽(别名沈凝、夏至)出生在江苏常州武进芙蓉湖汤家村(家庭及弱冠时期的教育情况不详)[①]。

1949年毕业于复旦大学外国语言文学系。后在华东军政委员会工作,任委员会下设的文化部研究室干部,华东行政委员会文化局秘书处秘书等职。不久组织上派他到上海新文艺出版社、上海文艺出版社及人民文学出版社上海分社工作,担任编辑、组长、编辑室主任等职务;后又任上海人民出版社编译室翻译、编辑,上海译文出版社副总编辑、党组成员,编审,《外国文艺》(双月刊)主编。汤永宽是中国作家协会会员,曾任上海市作家协会第五、六届理事及外国文学委员会主任,上海翻译家协会理事,全国美国文学研究会副会长、秘书长等等。

1956年,汤永宽开始发表作品。

1978年,任《外国文艺》杂志首任主编。文艺界和翻译界对《外国文艺》印象深刻,不少人(诗人、小说家、翻译家)从中受益,其中包括王蒙、梅绍武、任溶溶等等。他任《外国文艺》主编时,独具慧眼,引进了大量各种流派的外国文学,冲破了当时文艺界的禁区,为中国读者打开了一扇重要的窗户,为中国读者介绍大量西方现当代文学思潮和流派,尤其难能可贵的是《外国文艺》深度介入了拉美文学的介绍和评论。一些知名的作家表示,新世纪中国文学的繁荣与这本杂志的前瞻性和开放意识分不开。

1998年,他参与翻译的《海明威短篇小说集》获全国外国文学图书一等奖。

2001年,他参与翻译的《海明威文集》(多卷本,合译)获全国外国文学图书二等奖。

2002年中国翻译家协会授予他"资深翻译家"称号。

2007年7月1日,汤永宽因病去世,享年82岁。

第二节
翻译实践与活动(作品)

汤永宽的翻译实践与活动始于1956年。翻译的主要作品有:

---

① 本书作者曾联系汤永宽先生的儿子汤定,请他能提供这方面的信息,但汤定先生表示,这方面的情况他也不是很清楚,特此说明。

诗剧《钦契》(雪莱著);

散文诗《游思集》《采果集》(泰戈尔著);

长诗集《情歌·荒原·四重奏》(T.S.艾略特长诗);长篇小说《城堡》(卡夫卡著);

中篇小说《在蒂法尼进早餐》(卡波蒂著);

《存在主义是一种人道主义》(萨特著,合译);

《卡夫卡传》(布罗德著);

长篇小说《永别了,武器》(海明威著);

《一个不固定的圣节》(海明威回忆录)等。

第三节
翻译思想

汤永宽的翻译思想集中体现在他的《艺术的再创造:文学翻译》[①]一文中。

汤永宽认为"文学翻译是一种艺术的再创造,它绝不是以另一种语言文字对原作的语言文字做对应的释义的一种简单劳动"。这种观点与许多翻译家和理论家的观点是一致的。首先,翻译是一种"再创造"(再现),也就是英文里的 reproduction(再生产、再现、再创造);其次,翻译是动态的灵活的,不是死板的、僵硬的文字对文字的"释义";再次,文学翻译是"艺术的",译者必须"画虎如虎""画猫似猫",决不能"画虎不成反类犬"。要艺术地再现原作的风采与精神,"首先必须忠实于原作,忠实于原作的内涵和意境,艺术风格和特色"。汤永宽认为"文学是语言的艺术。因此,文学翻译也必须形诸于艺术的语言。文学翻译家的再创造,就在于反复斟酌、推敲于两种语言文字之间,艺术地再现原作。还绚烂以绚烂,还质朴以质朴,还诗歌以诗歌……"[②]

要达到这个目标,译者的修养非常重要。

汤永宽认为,优秀的文学翻译者必须具有"两种语言的谙熟和运用自如的程度",必须拥有很高的"对中外文学的素养和造诣"。质言之,一个合格的或优秀的文学翻译者必须有过硬的外语和母语的基本功,舍此,谈何翻译?

诗歌翻译是文学翻译中的一个重要领域。对于诗歌翻译,汤永宽有自己独到的见解。首先,他认为诗歌是可以翻译的,但同时又是非常困难的。他说:"译诗难。各民族的诗歌,从形式到内容,都因其民族的独特传统和语言结构而具有强烈的民族特色。译

---

① 王寿兰:《当代文学翻译百家谈》,北京大学出版社,1989,第 257 页。
② 同上。

诗难,难在移植原诗的内容与形式的两全其美。译者往往顾此失彼,二者鲜能得兼。"①

译诗难,还难在音韵格律的再现上。屠岸先生认为,解决这个问题的比较好的办法是"以顿代步"②,而且他的尝试得到了很好的读者反馈,也得到了卞之琳先生的肯定。但是,在汤永宽看来,"在译诗中以'顿'(pause)代'步'(foot),或添字凑韵以就原诗韵式,局促矫作,有伤诗句的自然浑成,未必足取"。这是因为"中国读者并不习惯按照顿数吟诵诗歌,译者苦心经营,往往不免削足适履,而读者无意,匆匆略过,无异成为一种无助于表现原诗韵律与形式之美的徒劳"。

因此,他主张在诗歌翻译中,译者必须"致力于传神,追蹑原诗的内涵,以准确、生动的语言译出原诗的意象、意境"。

第四节
译作评析

优秀的译本出自优秀的译者,优秀的译者必须"中外兼修",必须具有极高的"对中外文学的素养和造诣"。

著名翻译家戴骢先生曾评价说,汤永宽先生在英美文学翻译方面做出了独有的贡献,他的英文语感非常好,而且中文功底也很出色。有的人也许中文不错,但英文语感方面不如他。

不仅如此,汤永宽先生的学识广博,这也是令人惊羡不已的。这一点可以从他翻译的T. S. 艾略特的《荒原》译本的注释中窥见一斑。

下面我们来赏析几则汤永宽先生的译文片段。

(一) T. S. 艾略特《荒原》译本片段

《荒原》(*The Waste Land*)在西方曾经具有划时代的意义和影响。在我们国家,先后有多种译本出版,如赵萝蕤的译本、查良铮的译本、裘小龙的译本、汤永宽的译本等等。有研究发现,现存的不同译本各有千秋,译文质量都比较高(当然也都存在一些理解与表达方面的问题),其中,汤永宽的译本则有他独特的优势和特色,一是译文质量上乘,二是译文的注释颇有特点。

例一: Unreal city,/Under the brown fog of a winter dawn, A crowd flowed over London

---

① 王寿兰:《当代文学翻译百家谈》,北京大学出版社,1989,第257页。
② 参见本书第九章"以顿代步"译诗,是孙大雨先生的首创,卞之琳先生也运用过,而且也比较赞成。应该说,这种探索是有益的。否则,外国的诗歌再优秀,恐怕也进不了中国普通读者的阅读视野了。

Bridge, so many,/I had not thought death had undone so many. (原诗第 80—84 行)

译文：虚幻的城市，/在冬天早晨棕色浓雾下，/人群流过伦敦桥，那么多人，/我没有想到死神竟报销了那么多人。

例二：He, the young man carbuncular, arrives,/A small house agent's clerk, with one bold stare,/One of the low on whom assurance sits/As a silk hat on a Bradford millionaire. (原诗第 231—234 行)

译文：他，满脸粉刺的年轻人来了，/小房地产经纪人的办事员，一幅大胆盯视的目光，/那份自信搁在一个低微的人身上/活像一个布雷德福的百万富翁戴了顶大礼帽。

（二）艾略特《荒原》译本注释

翻译文本加注释是译者行为之一，目的是帮助读者更好地理解译文内容，了解外国文化的传统与渊源，充分体现了译者对读者的关怀，也体现了译者对原作者的尊重与负责任的态度。注释分为三种，一是脚注，一是尾注，一是文内注。形式不同，但目的却是一样的。对诗歌翻译而言，文内注显然是不合适的。

汤永宽先生在翻译 T.S.艾略特的《荒原》时，主要应用了脚注和尾注两种形式。例如《荒原》第五章中有这么一句：

Only a cock stood on the rooftree

Co co rico co co rico.

一只公鸡孤零零栖立在屋脊上

咯咯里咯 咯咯里咯。

汤永宽加的注释把 Co co rico（咯咯里咯）解释为"公鸡啼鸣示意鬼魂和恶魔的离去。与《哈姆雷特》第 1 幕第 1 场公鸡啼，先王鬼魂即匆匆离去同"。译者的注释让鸡鸣与鬼魂之间的关系得到了深化，增加了诗歌的神秘性和恐怖性，强化了鬼魂的象征意义。

再比如第三章末尾有这么一句：Burning burning burning burning（燃烧吧 燃烧吧 燃烧吧 燃烧吧），诗人在原注中只是指出这一句引自佛教的《火诫》，其重要性相当于耶稣的"登山宝训"。而汤永宽自己在注释中补充说道："艾略特在这条注释中提到的佛陀的《火诫》大意是佛陀告诫僧徒一切皆在'燃烧……眼睛……在燃烧；各种形状皆在燃烧，眼睛的意识在燃烧……'；其根源为情义之火，愤恨之火，迷恋之火。为生老病死，为哀愁苦恼绝望而燃烧。"①这种注释不仅让读者不知不觉中增长了知识，了解了典故、术语、故事等等的来龙去脉，而且也使读者对译者的知识面的宽广佩服得"五体投地"，同时又使他们认识到翻译工作的不易，优秀译本的来之不易，出色的翻译者的造就不易！

---

① 魏家海：《〈荒原〉汤永宽译本注释中的文化形象建构》，《解放军外国语学院学报》2019 年第 6 期。

第十一章 张柏然：译学理论家、词典编纂家和翻译家

张柏然(1943—2017)，江苏常州人。生前是南京大学外国语学院教授、博士生导师；曾担任中国翻译协会副会长，中国辞书学会副会长。张柏然教授是我国双语词典编纂与研究领域的专家，成绩斐然。先后编纂出版了多部双语词典，如《英语常用短语词典》(合编)、《英汉百科知识词典》《简明英语同反义词四用词典》《当代美国口语词典》《译林袖珍学生英汉双解词典》《英语外来语词典》《新时代英汉大词典》《大学英语学习词典》《最新初高中英语考试词汇一典通》《英汉词典(全新版)》《最新高级英语学习词典》等等；其中，《新时代英汉大词典》开创了国内运用语料库编纂大型双语词典的先河，该词典荣获江苏省人文社会科学奖一等奖，教育部人文社会科学成果二等奖，被列入"南京大学改革开放三十年以来最具学术影响力的优秀成果榜"。张柏然教授在翻译实践方面也是成就卓著，他翻译出版了《职业的选择》《人生的枷锁》《超载》《大白鲨》等等。尤其值得一提的是，张柏然在翻译学理论构建和翻译学人才培养方面更是硕果累累。他的翻译思想在现当代中国翻译界具有"航标"的作用。

第一节
生平介绍[①]

张柏然,1943年3月26日(农历)出生于江苏省苏州市(1943年前后,张柏然的祖父在苏州经商,其父母随祖父一起在苏州生活)。1945年抗战胜利后,全家从苏州回到老家武进鸣凰。1949年,张柏然进入当地一所小学读书;中学阶段,他在文科方面表现出了极高的禀赋,中文英文成绩优异。1961年7月毕业于常州市武进县鸣凰中学。同年9月以优异成绩考入南京大学外文系,专修英文,学制五年。

1966年毕业于南京大学,留校任教。1968年8月至1970年1月,由于"文化大革命"的原因,南京大学根据当时中央的文件精神将他安排到江苏省泰州红旗军垦农场劳动锻炼。1970年1月至1976年3月,被改分配到江苏省连云港陇东中学工作,后又到连云港市教育局等单位工作。

1976年3月,在其恩师陈嘉教授的要求下,被借调回南京大学外文系,协助陈嘉教授编纂国家辞书规划项目《英语常用短语词典》。该工作进行了两年多,编纂任务完成后,即1978年7月,张柏然正式调回南京大学外文系,任英语专业老师。

1985年,被选为中美合作富布赖特高级访问学者,赴美国印第安纳大学和哈佛大学,研究比较文学、词典学和美国文明史。1986年8月回国。1988年8月,受南京大学和商务印书馆委托,负责组建南京大学双语词典研究中心,承担南京大学文科重点科研项目、"八五""九五"专项研究项目《综合英汉大词典》的主编工作,共3000万字,于1996年年底完成。

此后,张柏然便一直致力于双语词典编纂、词典学和翻译学人才培养。

1993年10月,获国务院政府特殊津贴。

1998年1月,受南京大学和商务印书馆委托,正式启动《新时代英汉大词典》的编纂工程,历时六年,于2003年12月完成。

2008年4月,张柏然光荣退休。退休后,张柏然退而不休,笔耕不辍,出版和发表了许多高质量的编著、辞书和论文。

在担任中国翻译协会副会长、中国辞书学会副会长和江苏省翻译协会会长期间,张

[①] 在撰写张柏然生平介绍过程中,张柏然先生遗孀谈继红女士提供了不少帮助,在此特致谢忱。

柏然高屋建瓴,为推进中国的翻译事业、辞书编纂与出版事业以及翻译人才的培养恪尽职守,鞠躬尽瘁,做出了值得称道和铭记的贡献!

2011年,张柏然被中国翻译协会授予"资深翻译家"称号。

2017年5月26日,张柏然因病在南京辞世,享年74岁。

2018年9月,张柏然被中国辞书学会授予"辞书事业终身成就奖"。

第二节
翻译实践与活动(作品)

张柏然的翻译实践与活动始于1979年,其翻译的美国著名犹太小说家伯纳德·马拉默德(Bernard Malamud)的短篇小说《职业的选择》(*A Choice of Profession*)发表在《译林》1979年第一期(创刊号)上,结束于2011年,以译编出版克里斯廷·A. 林德伯格(Christine A. Lindberg)的 *The Oxford English-Chinese Dictionary*(《译文版牛津英汉双解词典》)为标志。

张柏然的翻译活动主要有两类:一是文学翻译;一是辞书翻译。主要译作有:

伯纳德·马拉默德(Bernard Malamud)的短篇小说《职业的选择》(*A Choice of Profession*);

彼得·本奇利(Peter Benchley)的长篇小说《鲨海涛声》(*Jaws*),后改名为《大白鲨》,与人合译;

阿瑟·黑利(Arthur Hailey)的长篇小说《超载》(*Overload*),与人合译;

约翰·契弗(John Cheever)的小说《金饭碗》(*The Pot of Gold*);

威廉·萨默塞特·毛姆(W. Somerset Maugham)的长篇小说《人生的枷锁》(*Of Human Bondage*),与人合译;

利昂·尤里斯(Leon Uris)的长篇小说《愤怒的群山》(*Angry Hills*),与人合译;

维多利亚·霍尔特(Victoria Holt)的小说《阿欣顿珍珠项链》(*The Spring of the Tiger*),与人合译;

罗伯特·凯利(Robert Kiely)的《现代派文学在中国》,与人合译;

里斯·戴维斯(Rhys Davies)的短篇小说《人的本性》(*Best Revenge*);

迈克尔·帕尔默(Michael Palmer)的长篇小说《血谜》(*The Fifth Vial*),与人合译;

约翰·契弗(John Cheever)的《绿阴山强盗——约翰·契弗短篇小说集》(*The House of Shady Hill: Selected Short Stories of John Cheever*),译编;

《柯林斯COBUILD高级英汉双解词典》，与人合译；

克里斯廷·A. 林德伯格（Christine A. Lindberg）的 *The Oxford English-Chinese Dictionary*（《译文版牛津英汉双解词典》），与人合译；

此外，还有他所编纂的词典中无数个例证的翻译。

第三节
翻译思想

张柏然的翻译思想集中体现在他1997年以来先后发表与出版的论文和著作中，如《对建立中国翻译学的一些思考》《当下翻译理论研究的两个向度》《翻译理论研究的新课题》《全球化语境下的翻译理论研究》《发展中国的译学研究》《中国需要创建自己的翻译学派》《建立中国特色翻译理论》《译学研究叩问录》《译学卮言》《字林微言：翻译学、词典学序跋暨学术演讲集》等等。迄今为止，系统、全面、深入研究张柏然翻译思想的成果结晶是浙江大学出版社2022年5月出版的《张柏然翻译思想研究》。

张柏然的"翻译思想已发展成为辩证而中庸、兼容并蓄的思想体系"。他的翻译思想"以中国特色翻译学思想为内核，以中西交融、传统与现代并重为特色，既强调翻译研究的人文性，也推崇翻译研究的科学性"[1]。

概括地讲，张柏然的翻译思想是"古今沟通，中西融通""坚持本来，吸收外来，面向未来"。这一翻译思想为建设与发展具有中国特色的中国翻译学道明了方向，明确了路径与方法，真可谓高屋建瓴，辩证而科学。

张柏然倡导"古今沟通"，认为中国翻译学建设有必要从传统译论中提炼出具有我们这个时代的精神高度的原创性译学原理，为此，他主张对中国传统译论进行梳理与现代转换。[2] "对一批具有世界意义的中国译学经典进行现代性的'还原释读'，从其文化精神的内核中，迸发出具有中国特色的译学理论。"[3]

张柏然主张"中西融通"，并将其视为构建中国特色翻译学的重要路径之一。所谓"中西融通"，就是"将我们民族的翻译理论资源输入现代语境，与我们现代视野中的西方译论，进行平等的对话与沟通，从中挑选出更符合翻译现象实际的理论范畴和命题，进行

---

[1] 胡开宝、辛红娟：《张柏然翻译思想研究·前言》，浙江大学出版社，2022，第1页。
[2] 胡开宝、辛红娟：《张柏然翻译思想研究》，浙江大学出版社，2022，第34页。
[3] 张柏然：《发展中国的译学研究》，《光明日报》2001年12月25日。

创造性的整合和建构,从而创造出有这个理论资源参与的翻译理论新形态"①。

许钧教授在《坚守与求索——张柏然教授的译学思考与人才培养》一文中指出:"坚持本来",这是一个根本,表明我们应对本土传统译论拥有充分自信,中国译学理论不应简单沦为西方译论的试验场;"吸收外来",这是一种博大开放的精神,说明在中西译论比较融通的过程中,我们可以借鉴西方译论话语,为中国译学问题寻找可能的解决路径;"面向未来",则是一种责任,反映出他推动我国译学理论研究正向发展的使命感。②

张柏然翻译思想另一个重要的组成部分是他对"译出"的看法。欲使中国文化走出去,"讲好中国故事",翻译者和翻译研究者必须加强对"译出"的研究,总结翻译与文化交流的规律。在谈到这个问题时,张柏然鲜明地指出:中国文学"走出去"有三大问题亟待解决。第一是探索新型中国文学英译模式,除了外语译入母语之外,还可以打造一支中西方学者合作的优秀汉译外队伍。第二是有针对性地进行中国文学英译选材,适当选择西方读者感兴趣的文学素材进行翻译,注意与世界的沟通和对接,而不过分消弭本土语言文化的固有特征。第三,理性处理"译入"和"译出"的矛盾。在中国文学英译尚无优势的情况下,宜先采取适当的翻译策略,让中国文学译本融入西方主流文化,逐渐让读者理解中国主要的思维方式和文化特征。在此基础上,方能谈论如何利用中国的文学和文化优势,影响西方的发展。③

张柏然翻译思想另一个重要的维度是他对数字化时代翻译及翻译研究具有前瞻性的思考。他认为,二十一世纪已经进入了数字化时代,数字化技术颠覆了人们以往的认知,对社会、文化、政治、经济以及普通百姓的日常生活都带来了前所未有的冲击和影响。在数字化技术语境下,翻译、翻译者、翻译受众、翻译工具、翻译形态等诸方面都改变了原有的模样(即传统的作者—译者—读者间的单一关系),新的翻译关系已现端倪。为此,张柏然指出,必须着力于(1)新型翻译关系的研究;(2)符际翻译研究;(3)翻译时空概念变化研究;(4)翻译受众审美"虚拟性"研究。④

张柏然的翻译思想为我国的翻译学建设做出了卓越贡献,其传承与创新思想具有辩证性、科学性,同时展示了引领性和前瞻性,对推动中国翻译学的建立与发展提供了原动力,也为当下和未来的中国翻译研究带来了不少有益的启示。

本书作者之一戎林海教授曾有幸当面向张柏然教授请教。⑤ 戎林海的切身感受是,

---

① 张柏然:《中国译论:直面"浴火重生"》,《中国外语》2008年第4期。
② 胡开宝、辛红娟:《张柏然翻译思想研究》,浙江大学出版社,2022,第15页。
③ 张柏然、辛红娟:《译学叩问录——对当下译论研究的新观察与新思考》,南京大学出版社,2016,第209页。
④ 胡开宝、辛红娟:《张柏然翻译思想研究》,浙江大学出版社,2022,第83页。
⑤ 张柏然教授曾被聘为常州工学院外国语学院兼职教授,曾多次来常州作学术报告。常州工学院外国语学院戎海教授等老师也先后三次参与张柏然教授主持的相关词典的编纂项目。

张柏然那颗爱国的拳拳之心始终闪烁着耀眼的光芒,闲谈闲聊中始终贯穿着他对翻译的关注(所谓三句话不离"翻译"),对建立中国特色翻译学的热情,对构建中国翻译界在国际翻译交流领域的话语权念念不忘。这也许是张柏然对中国特色翻译学建立孜孜不倦、鞠躬尽瘁的原因吧。

第四节
译作评析

张柏然的翻译实践由两个部分组成,一是文学作品的翻译,二是词典的翻译和词典中例证的翻译。下面我们先来赏析一下张柏然的文学作品的翻译。

(一)《人生的枷锁》片段

原文:

LXVII

Philip looked forward to his return to London with impatience. During the two months he spent at Blackstable Norah wrote to him frequently, long letters in a bold, large hand, in which with cheerful humour she described the little events of the daily round, the domestic troubles of her landlady, rich food for laughter, the comic vexations of her rehearsals—she was walking on in an important spectacle at one of the London theatres—and her odd adventures with the publishers of novelettes. Philip read a great deal, bathed, played tennis, and sailed. At the beginning of October he settled down in London to work for the Second Conjoint examination. He was eager to pass it, since that ended the drudgery of the curriculum; after it was done with the student became an out-patients' clerk, and was brought in contact with men and women as well as with text-books. Philip saw Norah every day.

Lawson had been spending the summer at Poole, and had a number of sketches to show of the harbour and of the beach. He had a couple of commissions for portraits and proposed to stay in London till the bad light drove him away. Hayward, in London too, intended to spend the winter abroad, but remained week after week from sheer inability to make up his mind to go. Hayward had run to fat during the last two or three years—it was five years since Philip first met him in Heidelberg—and he was prematurely bald.

He was very sensitive about it and wore his hair long to conceal the unsightly patch on the crown of his head. His only consolation was that his brow was now very noble. His blue eyes had lost their colour; they had a listless droop; and his mouth, losing the fulness of youth, was weak and pale. He still talked vaguely of the things he was going to do in the future, but with less conviction; and he was conscious that his friends no longer believed in him: when he had drank two or three glasses of whiskey he was inclined to be elegiac.

译文：

第六十七章

菲利普在布莱克斯泰勃呆（待）了两个月之后，急着要返回伦敦。在这两个月里，诺拉频频来信，信都写得很长，而且笔力浑厚遒劲。在信中，她用酣畅和幽默的笔调描述日常琐事、房东太太的家庭纠纷、妙趣横生的笑料、她在排练时遇上的带有喜剧性的烦恼——那时她正在伦敦一家戏院里一场重要的戏里扮演配角——以及她同小说出版商们打交道时的种种奇遇。菲利普博览群书，游泳，打网球，还去驾舟游览。十月初，他回到了伦敦，定下心来读书，准备迎接第二次统考。他急盼通过考试，因为考试及格意味着繁重的课程就此告一段落，此后，他就得上医院门诊部实习，同男男女女各色人以及教科书打交道。菲利普每天都去看望诺拉。

劳森一直在普尔避暑，他画的几张港湾和海滩的写生画参加了画展。他受托画两张肖像画，并打算在光线不便于他作画之前一直呆（待）在伦敦。此时，海沃德也在伦敦，意欲去国外过冬。但是，时间一周周地流逝过去，他却依然滞留伦敦，就是下不了动身的决心。在这两三年间，海沃德发福了——菲利普第一次在海德堡见到他距今已有五个年头了——还过早地秃了顶。他对此非常敏感，故意把头发留得老长老长的，以遮掩那不雅观的光秃秃的脑顶心。他唯一感到安慰的是，他的眉毛俊秀如前。他那双蓝眼睛却暗淡失神，眼皮委顿地低垂着，那张嘴全无年轻人的勃勃生气，显得凋萎、苍白。海沃德仍旧含混地谈论着他将来准备做的事情，但信心不足。他意识到朋友们再也不相信自己了，因此，三两杯威士忌下了肚，他便变得哀哀戚戚，黯然神伤。①

这两段译文取自《人生的枷锁》第六十七章（这部小说的翻译有三个人，张柏然翻译的是第六十五章至结束，前六十四章由张增健和倪俊翻译）。译文一气呵成，流畅自然；既忠实于原文，又不囿于原文的一词一句或词语的先后词序。读起来通畅晓然，地道传神。

---

① 毛姆：《人生的枷锁》，张柏然、张增健、倪俊译，上海译文出版社，2020，第 375 页。

从翻译的微观角度看,张柏然运用了多种翻译技巧和方法,以再现原文的直白和简洁性。比如:

Philip looked forward to his return to London with impatience. During the two months he spent at Blackstable Norah wrote to him frequently, long letters in a bold, large hand, in which with cheerful humour she described the little events of the daily round, the domestic troubles of her landlady, rich food for laughter, the comic vexations of her rehearsals—she was walking on in an important spectacle at one of the London theatres—and her odd adventures with the publishers of novelettes.

这段文字包含两个句子,第一个是简单句,第二个是复杂句,很长。译者处理时,巧妙地将第二句中的"呆(待)了两个月"挪到了前面,使译文更符合中国人叙述的习惯。英文 in a bold, large hand,字面意思是"用大手有力地写",张柏然翻译为"笔力浑厚遒劲",恰到好处,与原文非常吻合、贴切。在翻译过程中,张柏然还用了"增词法",如"笔调""打交道""扮演配角""定下心来"等等;此外还有"正说反译"法,如:He proposed to stay in London till the bad light drove him away. ["并打算在光线不便于他作画之前一直呆(待)在伦敦"]。另外,张柏然翻译时对一些词语本义和引申义的处理也非常到位。如 run to fat "发福",unsightly "不雅观",listless "委顿",elegiac "哀哀戚戚,黯然神伤"等。

有学者指出,英译汉译本质量的高低主要取决于译者的中文水平,这话一语中的。张柏然的中文水平极佳,这在很大程度上助了他一臂之力,使他在翻译时左右逢源,如鱼得水,使他的译文文字贴切、优美、地道、传神。

(二)辞书翻译(包括编纂的词典中例证的翻译)

辞书翻译由两个部分组成,一是词语的释义的翻译,另一个是每个词条或释义下的例证的翻译。由于词典的篇幅和容量问题,这类翻译必须"精确、简洁、地道"。

陆谷孙先生在《英汉大词典补编》"小序"中坦言:"……将长而又难的英文例句译成汉语时,知而未蹈,期而未至,言不尽意,词穷句塞的苦楚更是时有体会。"这充分说明词典文本语境中例证的翻译是不容易的。先看几个例证的翻译:

例一

In other words, eco-efficiency is a **win-win** concept: It yields environmental benefits by conserving energy and materials while simultaneously producing economic improvements.

原译:换言之,生态效率是个有利无弊的概念。它通过节约能源和资源产生生态效益,同时也改善了经济。

改译:换言之,生态效率是个双赢的概念。它通过节约能源和资源产生环境效益,同时也改善了经济。

例二

The city was ***baking*** in a heat wave.

原译:全城都在热浪里烘烤着。

改译:这座城市在热浪中煎熬着。

例三

The proper remedy was the ballot box and not the court.

原译:恰当的补救措施是民主原则,而不是诉诸法庭。

改译:要用民主方式解决,而不是诉诸法庭。

定译:要通过民主方式解决,而不是上法庭。

例四

Many of the papers bore his ***flamboyant*** signature.

原译:很多报纸印有他花哨的签名。

改译:很多文件上都有他花哨的签名。

定译:很多文件上都有他卖弄的签名。

词典例证翻译不同于一般文本的翻译。它必须紧扣词目词的意义,不能随意发挥。就词目词的意义来讲,它主要是"指称意义"或曰"概念意义",而词目词的释义一般都具有高度的概括性。在翻译例证时,由于词典文本的语境比较窄,译者必须尽量使用与释义接近的表达方式,但又不能亦步亦趋、一成不变。

例证翻译应当遵循"忠实、通顺、地道、传神"的八字方针。所谓"忠实",就是严格按照词目词的意义来译,不望文生义,不妄加引申,除非有行文表达等方面的需要,一般不轻易"转换";所谓"通顺",就是译文符合译入语的语法规范,不佶屈聱牙;所谓"地道",就是译文符合译入语的表达习惯,读起来自然、贴切、晓畅;所谓"传神",就是译文既紧扣词目词的释义,又不囿于释义,译者在表达方式上可以有一定的自由度,以便在传情达意上至臻完善,引人入胜。① 比如下面两个例句:

例一

Nothing is ***barred*** in the crime novel.

---

① 戎林海:《未厌斋文集》,上海译文出版社,2015,第182页。

原译：犯罪小说里没有什么是不予考虑的。

改译：犯罪小说中任何情节和描写都有可能。

定译：犯罪小说中百无禁忌。

例二

The city *fathers* were *promiscuous* with their honors.

原译 1：城市元老不分对象滥授荣誉。

原译 2：城市里的父亲们对于礼仪很随便。

改译：城市元老们不大在乎名誉。

定译：城市元老们为老不尊。

附录：译论拾萃[①]

一、论翻译中信、达、雅的信的幅度

赵元任

严又陵先生尝论凡从事翻译的必求信、达、雅三者俱备才算尽翻译的能事。不过说起雅的要求来，虽然多数时候是个长处，可是如果原文不雅，译文也应该雅吗？比方一个人告人骂他 You area damn fool，公堂的通事翻译成"你是一位很愚笨的人"，雅的程度固然是增加了，可是信的程度减低了，甚至还会影响到打官司的结果呐。至于达的要求，多半时候是个长处，比方一个病重或受伤的人说话说不清楚，一个当翻译的对医生翻译清楚了当然是应该的。可是一个小说家描写各种人物在辞令上的个性的不同，要是一个译者把人人的话都说的一样的流利通畅，那么达是达了，可是对于原意就"失信"了。

所以话又说回头，还是得拿信作为翻译中的基本条件。在讨论信的各种因素以前，现在先得考虑一下要翻译的单位是什么性质跟尺寸。翻译的对象可能是一部书，一首诗，一出戏的对话，或是一篇演说；翻译出来的东西可能是写下来的，或是说出来的。在尺寸上就可以小自一个字大至一部二十四史那么多。在考虑翻译的条件时候，有一件常须记住的要点就是语言跟文字虽然都是可以表达或描写人生的，可是同时也是人生的一部分，并不是人生以外的东西。凡是翻译一段文，它总有它的上下文，凡是翻译一句话，那句话总是在一个什么情况说出来的。

关于这个有好些语言跟非语言之间的边缘现象，比方嗓音的不同，语调的抑扬顿挫（不是说字的声调），脸上跟手上的姿势或动作，于翻译都是有关系的。有时候要使"听"者得同样的印象，一句话也许最好翻译成一种动作，例如"我哪儿知道啊？"翻成法文最好就把肩膀一耸，比用任何语调说 Je ne sais pas 几个字还要恰当。还有在日文在有些时候也不必用字。有一次我对一堂日本的听众讲演，在每一小段我停顿一下表示分段的意思，给我翻译的就把我每次小顿翻译成一个长长的缩气的"嘶—"，同时还以九十度鞠躬的姿势慢慢直起身子来。这个算不算语言？要不是的话那就是用非语言来翻译语言了。又有一阵子，联合国里有一个替苏联作口译的翻译员，他翻译的又信又达。因为他碰巧是个美国公民，结果好些人写信来骂他不爱国，甚至告他叛国的罪名。以他的立场，那当

[①] 因未获授权，姜椿芳、方重、汤永宽有关翻译的专门论述未能收进附录，特此说明。

然只是他的本行工作,他不干也会有别人一样干。可是不知道那次某苏联代表把一只鞋放在桌上来表示一句要紧的话,他的翻译是否也脱了他自己的鞋来放在桌上,那就没纪录可考了。

说到翻译中最小的单位,光是一个字或是一个词,要是没有上下文,那根本就没有一定的翻译。所以在词典里头每一个词总不止一个定义。从前瑞卡慈(I. A. Richards)在清华时候曾说过,你如果要知道一个词应该翻译成同一个词或是不同的词,只须看原来本国话的词典里是在同一个号码或是不同号码的定义。比方英文 make 在某号定义之下就相当于中文的"做",在另一号定义之下就相当于"使,令";又如 state 在某号定义之下就应该译成中文的"情形,状态",在某号定义之下就是中文的"国家"。哪个定义用得上就得看是在什么地方用的了。

一个字句的最确定的上下文就是实在有过某地方一回的见次。这种见次在交通信息论的术语里叫做"实类",所有过去现在跟将来可能再见的同型的例,总称就叫"型类"。① 比方一个"叟"字总说起来是个型类,可是在梁惠王叫孟子"叟"那一次的时候那就是个实类了。我因为觉到考据家都注重某字句在某一次见处的用法而语言学家就注重字句一般典型的性质,所以我常常形容这两门学问的不同就说考据学是实类的研究,语言学是型类的研究。那么翻译一段史料就是翻译一个实类,如果把那材料有关的上下文做过了充分的考据之后就应该得到一个定本的译文。不过这还只是限于解释原文的方面,因为用译文的,每人的背景不同,每人听或是读译文的情形不同,所以得到的印象还是会不同。那么要是求与原文所呈的印象一样,译文因情形不同反而要有不同的译法了。所以他们才有《圣经》新旧译本的争执。因为上一辈的人念惯了 Douay Rheims 的传统译本,里头的许多联想跟涵义在新译本里都不是那个味儿了。可是反过来说,新译本是根据很审慎的考据写的,现代的人读了所得的印象也许更接近最早原文的意味,因为这一辈的人压根儿就不是从小跟着旧译本长大的嘛。

上文只是就翻译中信的问题作笼统的讨论。现在把信的幅度再一一的分析一下。一种就是意义跟功用上的幅度。比方拿一句法文 Ne vous dérangez pas, je vous en pris! 照字义译成英文就是 Do not disturb yourself, I pray you! 可是按功用翻英文就说 Please don't bother! 因为在同样情形之下法国人那么说英美人就这么说。不过要是把任何原文跟译文的成素细看起来,就可以看出来所谓意义跟功用的不同还只是程度的问题。固然法文的 dérangez 不能翻成英文的 derange,因为那是比较词的来历,不是翻译,不过要是求意义相近一点也许也可以译作 disturb your-self。同样,I request you 跟 je

---

① "实类"是翻译英文的 token,"型类"是翻译英文的 type。参见王士元、陆孝栋编译的杭士基的《变换律语法理论》。其实"实类"的"类"字已经有点牵涉到 type 的嫌疑。现在为避免译文的繁复,暂从王译。

vous pris 意义较为接近，可是在功用上法文说 je vous pris 的时候英文多半是说 please。不过归根说起来一个字句在某场合的意义不就是在那场合的功用吗？要是的话，那么意义最合的翻译也是最用得上的翻译了。可是翻译中意这因素也不是全无意义的——这倒不是在这儿玩儿字的话。平常说按意义翻译是指某字的最常见的用法，并且在一般情形之下总是拿较早的用法认为本义。不过这当然还是有程度的问题，因为凡是用多了过后就是那个意思了。比方有好些话嫌太不雅而用别的说法来代替，先是只有避讳代替的功用，等用久了又让原义渗进去了，又变成不好听的话了。例如以前考场里如果有出去一会儿的必要，就得拿着一个牌子给监考人看着，牌子上写的是"出恭入敬"四个字，这多文雅！可是这避讳的话用用又渐渐染上了直接的意义了，甚至又产生结恭、恭桶等等新词出来了。

跟意义与功用的幅度很相近而不相同的是直译与意译①的幅度。直译是照字面一一翻译，意译是取最相近而译语中较通行的语句来翻译。比方英国的死胡同儿口上贴着 No thoroughfare 可以直译作"没有通路"，美国街上就贴着 Not A Through Street，直译是"不是一条通街"，或者文一点儿叫"非通衢"。可是意译成中国街上贴的字就是"此路不通"了。从一方面看起来所谓直译乃是一种细颗粒的翻译，意译是粗颗粒的翻译。如果光是翻译的颗粒细而结果功用不相当或语句不通顺，那么信的总分数就不能算高。

有一个很重要而译者常常忽略的幅度就是见次的频率。如果原文跟译文当中一个是常见的一个是罕见的字句，那么其他幅度虽译的准可是信的总分数就不能算高。固然在某国某时代一天到晚常说的东西在另一处或另一时代可能是不大提的，甚至不知道的。如果那件事是要讲的本题，那当然没有办法。例如讲美国所谓"世界系列"的棒球竞赛不难译成日文，可是译成中文，可能是可能，不过好些人就不懂说的什么，要是讲足球的事情中文在中国就比较听得惯。可是如果一个常见的词句只当作譬喻用而不是本题，那么与其用一个表面上好像译的很信而频率相差太远的译法，不如用一个见次频率相当的译法较为合适。比方一件事快成功了美国人常常说"到了 third base"，译成中文尽管可以用麻将来代替棒球就说"听张了"。按正式的名称，third base 是叫"第三垒"，可是很少中国人知道第三垒是什么东西。我在加州大学讲这问题的时候几百听众里头大概有几十个中国人。我问他们谁听见过"第三垒"这名词的请举手，结果没一个人举手。我的女儿如兰听见过也没举手，因为是那天下午我才告诉她的。

在继续分析其他幅度以前得先讨论一下两个语言之间借词的现象。平常一个语言甲借语言乙里的一个词就是取乙的某词改用甲的音系里可能的音当一个新词来用。例

---

① "意译"跟上文讲的意义不是一回事，因为"意译"这词已经很通行了不好改动。这里所谓"意"是整个儿词句的意。

如英文 inspiration 中文叫"烟士披里纯"①。借了外来词以后不但音会改变并且意义跟用法不一定跟原来的一样。比方法文 menu[məny]是整套的饭，借到英文里来念成['mejnju]或['menju]并且当菜单子讲了（原来法文也有这个讲法的）。又如中国话"豆腐"这个词日本话借用叫作/tōfu/（无论是仍写"豆腐"两个汉字或是用假名写成トウフ），这也是借词的例。

还有一种借法是不用外国话的音而把外国的复合词的各部分直译过来杜撰成为一种新词，这就成为所谓借译词，西文叫 calque（原来是跟着脚印儿走的意思），英文也叫 translation borrowing。例如 telephone 中国旧叫法是"德律风"，那是直接借词，可是德文叫 Fernsprecher，这里的 fern-翻译 tele-,-sprecher 粗略翻译-phone，所以就是借译词了。至于"电话"那就是整个儿另外翻译了。又如 television 在美国的中文报管它叫"传真"，这也是另外翻译的，可是在中国叫"电视"可以算是借译词（更准一点当然该叫"远视"，不过"远视"早有了别的用法了，所以不能用了）。现在新名词当中借译最多的就是一些外语的词头词尾成了一些惯用的译法，例如亲—pro-，反—anti-，—化-ize，-fy，—性-ness，-ity，—主义-ism 等等。借译的现象当然不限于复合词的各部分，也有整个儿的语句借译的。比方"高峰会议"中国本来没有这个话，是从 summit conference 译来的。有时候有些话听多说多了根本就忘了是外来的了，例如"换句话说……"或"换言之……"是从 in other words……来的，"我跟你赌什么……"是从 I bet you……来的，又如英美人一天到晚说 That goes without saying，可是他们很少人知道那是从法国话 ça va sans dire 来的。反过来呐，有时候以为是借译的外来语其实是本国人瞎诌的。很多人以为 Long time no see 是从中国话借译来的，其实中国话没有"长时不见"这话，只有"好久不见"，要是借译起来应该是 Good long not see 才对。

借译的时候最容易忽略的就是一种岔枝借译的现象，比方一个外国词有 A，B，C，D 等等讲法，其中的意义 A 应该译成本国语的甲。可是译者不另外用乙、丙、丁等等来对 B，C，D 等等，他不管三七二十一每次看见或听见那个词就一律用甲字来翻译。这种现象我给它加一个形容词叫 skewed（translation borrowing），中文就叫岔枝借译。现代的新名词，特别是报章上，这类岔枝借译的例子到处都是的。比方英文的 delicate. 的意义之一是"微妙"，可是另一个讲法是说局面危如累卵的意思。可是翻译新闻的人一查英汉字典 delicate 等于"微妙"，就把政局也变成"微妙"了。这么着习非成是，"微妙"这个词就添了一个新讲儿了。还有 liquidate 是把（快倒的）买卖给清算了的意思。后来用在因政治关系 liquidate 一个人，中文就跟着也可以把人给清算了。又有时候外语某词有 A，B 不

---

① 这个借词是梁任公介绍的。按粤语念起来是[incipeileiʃən]，比国音读的更近英文的声音一点，并且用粤音的声调的升降跟英文的轻重音尤其相近。

同的词品,译成中文只有词品甲可是后来又跟着也当词品乙用了。比方 ideal "理想"是名词,可是英文 idea 也可以当形容词,结果中文也跟着说"最理想"了。还有 stress 当"重要"、"强调"讲是个名词,当"注重"、"着重"讲是个及物动词,可是现代的中国人动不动就强调这个,强调那个,硬把名词用作动词了。又如 publish 当不及物动词可以译作动宾结构的"出版",可是 publish a book 现在就常看见(甚至听见)"出版一部书"了。不过还没看见过把 type a letter 译成"打字一封信"呐吧?①

什么样的岔枝翻译可以成立,什么样的不可以成立,那是程度的问题,虽然习非可以成是,可是也得习久了才成。比方 authority 译成"权威"本来是在政治上有权有威的意思,后来由岔枝借译加上了"专家"的意思,现在这讲法已经比较通行了。可是旧金山一个中国报又进一步,讲到一九五五年罗素,爱因斯坦等等关于轻气弹的宣言的时候说"自比坚尼之试验,良好的当局莫不异口同声,指出轻气弹之战争,可能毁灭全世界之人类"。②

我看了半天,看不懂什么叫"良好的当局",试翻成英文 benevolent administrators 还是莫名其妙。再试试别的英文译法才想到良好的当局是 good authorities 的意思,是说据专家称云云。归根说起来,岔枝的借译是懒人的翻译法。如果外语学生译岔了枝就该扣分数,如果有地位的作家译岔了枝,起初读者看不懂,写多了就成了新用法了。不过懒人也有懒人的贡献。因为现代生活好些词都在借译着,结果虽然不达不雅,可是给编报编杂志的,给联合国的翻译员,给将来机器翻译的工作者,给那些人的工作都可以简单化一点了。

现在再继续叙述信的其他的幅度。有一个幅度很容易使人求信而失信的就是每个语言里头往往有些必具的范畴。比方英文的名词非得是单数或是多数,动词不是现在就是过去(在形态方面英文没有将来式)。德文的朋友非得一定是男的或者一定是女的。反之英文只有 cousin 总名称,中文就得分堂表兄弟姊妹的不同。在翻译的时候如果有些必具的范畴于本文无关紧要的尽管可以不管,例如"表妹"可以就译成 cousin,否则你见了人打招呼总不能说 good morning, my female-cousin-on-mother's-or-paternal-aunt's-side-young-than-rnyself 煞! 又如英文一个 marry 字中文或是俄文都分嫁娶。有一次,在民国九年勃拉克(Dora Black)女士在北京师大演讲,我给她当翻译。她提到 unmarried men and unmarried women,我把两个字弄颠倒了说成"没有嫁的男人,没有娶的女人"。当然大家马上哄堂大笑,讲演的问怎么回事? 我只好打喳喳儿说"这个解释起来太长,我得呆会儿再讲给你听"。

---

① 字句前加有星号(*)是表示没有这种话。
② 见《世界日报》一九五五年七月十一日社论。

像这样很显著的必具范畴倒是不难照顾,麻烦的是有些不显著的例子更容易叫一个翻译的人上当。比方一个看似简单容易的英文句子 He put on his hat and went on his way,因为英文里规矩凡是是他的就得说"他的"。可是如果叫一个初学英文的法国、德国、或是中国学生来翻译这句话,十回九回他一定忠忠实实的把两回的 his 都翻译出来:"他戴上他的帽子,走上他的路了。"而其实如果不管英文,他自己在那儿说这句话的意思,也许根本只说:"他戴了帽子就走了。"

这种翻译过头的文章要是写多了看多了日久当然又成一种新体。例如起头是学英文没学好,凡是看见一个过去式的动词在中文就照例地加一个"了"字,其实译者自己平常说话作文的时候并不每次提到过去的事情都用"了"字。又比方英文被动式用 by,译者每次看见被动式就用"被",忘了中文平常被动式多半用在不好的事情上的。可是这种起头儿觉得怪的说法看多了听多了,那就不但在翻译外语时候,连自己说话作文都用这样句法了。比方英文 A in B(名介名)式里的 in B 是形容 A 的,中文照例是说(在)B 里的 A,例如 soup in the pot 是"锅里的汤"。可是近来报上杂志上平常有"阿丽思在中国"的句法,好像是个整句子,其实是个等于 Alice in China 的名词语。这种现象在语言学里叫做借来的结构,就是说不光是借来某某词某某语,而是借来一套结构的格式。所以现在一个人不但可以被打被骂,又可以被爱被称赞了。可是"政变在南美"这类的名词语还只限于标题,还没听见人说过"请你给我一碗'汤在锅里'"呐。

除了把必具范畴都想译出来之外还有一个倾向就是把名词对名词,动词对动词,等等,或者翻译语句的时候把名词性的对名词性的,动词性的对动词性的等等语句。如果别的幅度上都一样信,那么当然词品相当就可以增加信的程度。可是别的幅度上很少完全一样的,所以词品相当不相当只能算应当考虑的各幅度之一。例如"真讨厌!"译成英文最好说 what a nuisance! 那就是把形容语译成名词语了。固然也可以译成 How annoying! 不过在体裁上又差了,因为那是把很白的话翻成太正式的话了。又比方"多好玩儿!"要是维持原来的词品译成 How funny! 那就根本把意思都翻走了。这句话当然要改成名词语说 What fun! 才对。再举一个法译英的例子:Quelle merveille! 是名词语,如果对英文的 What marvel! 词品是相当了,可是意思又太重,见次的频率又少的多,不如还是用个形容语说 How marvelous! 这样总信度较高一点。

有时候不但词品不必相当,甚至根本不同性质的语言成分可能是最好的翻译。例如中文的"好是好"的句法,如果用英文来分析可以说"(As for being) good,(it) is good."不过这是解释中国话的文法,不能算是翻译。这种句法最好的翻译是一种特别的语调,就是英国的 H. E. Palmer 称为雁颈式的语调(the swan)①。比方"好"译作 It's good,是平常的降调。可是"好是好"可以译作 It's good～（but）—这样子就是把中文的字译成英文的调了。这个句法固然也可能用字来翻译,例如加一个 to be sure 或是加个更白话式的一个低升调 all right↗,不过用那雁颈式的语调来对"好是好"的公式比任何用字来翻译更恰当了。还有成素性质相差更远一点的,语言都可以用非语言来翻译,如同上文所说用耸肩翻译"我不知道"之类。

跟上文所说的必具范畴有关的是数量词翻译的问题。不同的语言,不同的民族,对于数量、币制、颜色的名称,连数目字的本身,当然都是参差不齐的。英文没有"青",中文没有 brown,"码"跟"打"在中文是新进口的洋货。如果一个语言里不是从十三到十九有个-teen 在里头就不会有 teens 或是 teen-age 的观念。光是翻译数量本身当然很容易翻的很准确,可是用数量词的时候往往不注重数量的本身而在其他的涵义,那就应该考虑其他的幅度了。比方要是一个语言里没有 dozen 的观念的,那么英文说 a few dozen 不如说"好几十",比说"好几倍十二"好多了。这些数量单位的不同不但影响语言,甚至还影响到物价等等实际的事情。比方美国一块钱换十个毛钱儿,或是四个两毛五的钱币,因此好些东西定价跟包装的份童也就跟着来,并且好些卖口香糖,香烟等等的机器的设计也是跟着币制走的。法国要不是从前有个五生丁的小铜钱就不会有 pas un sou"没有一个大子儿"的话。中国从前要不是有那种叫蚌子的制钱就不会有"没有一个蚌子"的话。

原文跟译文体裁相当不相当自然是极要紧的幅度。现代的语言当然最好用现代语言来翻译。如果原文是很古的东西,翻译起来就有些问题了。如果某作品早有用了很久的译文,那么这译文也成了一种作品,那又是一回事。但是光求两方的时代相当并不一定就能译的很信。并且如果原文的时代还远在译文的语言成立以前,例如中国的十三经的时候还没有所谓英文那语言,那怎么办呐？在这种情形之下,最好的办法——并且也是最常取的办法——是用一种最无时代性的体裁来翻译。这办法虽然免不了失掉点原来的精采跟生气,可是至少可以免掉搀入与原文不合的意味。固然过久厂先以为无时代性的,后来的人还是会觉得出来那是某时代的译文。所以有些名著过过就又得重新翻译。不过翻译旧东西的时候至少要避免太漂亮太时髦的词句。因为越漂亮就越容易蔫,越时髦就越容易过时。

有一个极要紧而常常被忽略过的幅度就是语言的音调方面。要是翻译诗歌的时候,那么节律跟押韵尤其要紧。可是语言跟语言之间词义的范围从来不能一一相配,还有那

---

① 参看赵元任 *A Preliminary Study of English Intonation (with American Variants) and Its Chinese Equivalents*, BIHP,本刊的蔡元培先生六十五岁庆祝论文集,北平 1932,103-156 之 148。可是"雁颈式"这名词是 Palmer 氏后来才用的。

些必具的范畴这个多那个少这个少那个多的，总是参差不齐的。那么如果要把原文所有包涵的东西都照顾的一点不剩，免不了就会同时又带进了好些不相干的成素，结果就把译文弄的太长了。在这种情形之下译者当然只能斟酌取舍，并且还不要忘记了音节方面是求信的一个重要的幅度。比方法文有句话叫 et patati et patata 要是光译成"瞎说"那就太短了，译成"瞎说八道"比较近些，要是说"叽哩咕噜，瞎说八道"那就跟法文一样是八个音节了。

成语当然最好能用相当的成语来翻译，如果能把音节弄到相近那就更好。例如"种瓜得瓜，种豆得豆"译成 As ye sow, so shall ye reap，不但也是个成语，并且节律也相近。

反之，有时候一国文字习惯上在某种场合用很对称的节律而另一国文字在同样场合就用完全不同的节律。比方从前英国人办沪宁铁路时候在火车里贴的通告说：

　　　　随处吐痰，
　　　　最为恶习。
　　　　既惹人厌，
　　　　又碍卫生。
　　　　车站月台，
　　　　尤须清洁。
　　　　倘有违犯，
　　　　面斥莫怪。

八句。底下的英文"翻译"只说：

IN THE INTEREST OF CLEANLINESS AND PUBLIC HEALTH PASSENGERS ARE REQUESTED TO REFRAIN FROM SPITTING IN THE TRAINS OR WITHIN THE STATION PREMISES.

一长句。这里头固然还带了有"文明"人教训乡下人的口气，英文就完全是对平等人的措辞，所以翻译的内容不符一半是成心的。不过通告上用对称的节律在中文的确很多，而英文除了故意逗趣的通告多半都是用散文的。

翻译诗歌的时候如果还得按原来的调子来唱，那当然节律跟用韵得完全求信，一切别的幅度就管不到了。比方随便翻开一页德英文对照的舒勃特的歌谱，例如 Erlkönig 的头两句：

这个译的可以算是很准了,可是为着节律关系,there, loving, young 三处是加的;und wind 不然很好译成 and wind,可是为了跟 child 押韵,只好译成 so wild 了。(谱词里有减号的是原文有而未译的,有加号的是原文无而译文添的。)反之,西洋人翻译中国旧诗为了注重内容就没法子顾到声音了。像理雅各(James Legge)翻译的《诗经》跟韦烈(Arthur Waley)翻译的唐诗,跟原文比起来平均总多到原文两倍至四倍的音节。他们那些译文固然把内容跟涵蓄的诗意都表达的很全,可是我们这些一小儿背中国诗长大的人念起那些冗长的英文中国诗来,虽然不能说味如嚼蜡,可是总觉得嘴里嚼着一大些黄油面包似的。

至于从英文翻译到现代的中国白话,在节律方面就相称的多了。比方我翻译路易斯·加乐尔的书的时候,我的工作就容易的多,把意思都翻译了,同时还可以不牺牲声音方面。特别在《走到镜子里》不但玩儿字的地方都翻译出来,所有的诗差不多能全照原来的轻重音跟韵脚的格式。例如《炸脖笼》诗的头一首:

> Twas brillig, and slithy toves
> Did gyre and gamble in the wabe.
> All mimsy were the borogoves
> And the mome raths outgrabe.
> 有一天/15S 里,那些活济济的瑜子
> 在卫边儿尽着趴尽着霓。
> 好难四儿啊,那些鹈鹡鸿子
> 还有寮的猎子呕得格儿。

---

① 见 Franz Schubert Songs, Theodore Baker 英译,纽约 1895, 1923 Schirmer 版册 343,页 214-215。

用国语罗马字写出来不但读的像原文，连看起来都有点儿像：

> Yeou' tian beirlii, nehshie hwojihjide toutz
>
> Tzay weybial jiinj gorng jiinj berl.
>
> Hao nansell a, nehshie borogoutz
>
> Hair yeou miade rhatz owdegerl.

这里虽然有些"有音无字"的字，可是所有的声、韵、调都是国音里可能的字音。那么后来昏弟敦弟解释那些怪字的来历当然也都得说得通，例如 wabe 原文的解释是 way before，way behind，跟 way beyond，那么中文方面卫边儿(weybial)是这边儿(jeybial)，那边儿(neybial)，跟外边儿(waybial)。

最后，翻译中信的幅度有一样于实际常常有关系的就是原文与译文用时的场合。上文已经提过有时候语言得翻译成非语言或是非语言译成语言。比方中文有个感叹词"唉！"翻译戏剧的时候英文除了现在已不通行的 heigh-ho 之类没有字可以翻译，所以只用个括弧写个(sigh)，换言之，中文原来是对话的一部分，译成英文变成"叹气介"的导演语，不是对话了。还有时候翻译活语言的时候，说着说着事情变了，那怎么办呐？要是接着翻译完了就把一句本来说的对的话翻成了(现在)不对的话了。要不然应该怎么办？下面是有次一个能临机应变的飞机师对付的方法，大概是飞过大西洋时候预备紧急降落的事情吧。他先用法文说：

Attention, messieurs et mesdames. C'est votre commandant. Attachez vos ceintures de sécurité ct préparez-vous pour un atterrissage d'urgence.

接着用德文说：

Achtung, meine Damen und Herren. Hier spricht ihr Flugzeugfürhrer. Bitte, befestigen sie ihren Sicherheitsgürtel und bereiten sie sich auf einer Notlandung vor.

可是说到英文的时候情形又变好了，他说的是：

Ladies and gentlemen, forget it. Everything is now A-OK. ①

那么这个算不算翻译呐？要是的话，它的信的程度不是等于零或甚至负一百分了吗？

总之上文讲起信的各种幅度的时候都好像拿它当作可以衡量的独立变数似的。其实那些幅度既不能作定量的准衡，又不是各自独立不相牵涉的，更谈不到怎么设立一个数学的函数来求得一个最大数值的总信度了。多数读者对于上文里提出的些问题大概都有过经验。本文不过把这些问题聚拢在一块儿使从事翻译者容易参考参考就是了。眼前的翻译学的状态只能算是在有些正式学门里所谓尚未系统化的阶段，换言之，里头

---

① 见 *Punch* 周刊 1966 年 10 月 19 日，页 577 漫画。要是照原文翻英文的话当然得说："This is Captain Smith speaking. Please fasten your seat-belts and be ready for an emergency landing."。

说的都还是些半调子未成熟的观念，美其名曰 presystematic stage 而已。我们现在其实还没很超过 Postgate 五十多年前论翻译时候所注重的话。他说："大家都承认，虽然大家不都实行，一个翻译的基本优点就在乎一个信，谁翻译的跟原文最近就是谁翻译的最好。"① 可是远近既然还是程度的问题，这话不是又说回头了吗？有一个有用的试验法就是把译文译回头，看是不是另有一个更恰切的原文可以对这译文。如果有的话，那就是起头儿翻译的不够信。固然这只是个试验的方法，而信的多幅性的困难依然存在②。说起来的话，有哪门学问里不是老在那儿愁着多幅性的困难的？（《中研院史语所集刊》第 39 本，1969 年）

---

① J. P. Postgate, *Translation and Translations*, London, 1922.
② 最近讲翻译多幅性讲的较详切的有 J. C. Catford, *A Linguistic Theory of Translation*, 伦敦（牛津大学出版部），1965，viii+103 页。不过这里所谓翻译，比平常的讲法较广，例如（页 64）俄文的 СПУТНИК 写成字形最近（可是音不相当）的罗马字 CHYTHNK 也认为是翻译的几种方式之一。

二、《阿丽思漫游奇境记》译者序

赵元任

会看书的喜欢看序，但是会做序的要做到叫看书的不喜欢看序，叫他越看越急着要看正文，叫他著序没有看到家，就跳过了看底下，这才算做序做得到家。我既然拿这个当做作序的标准，就得要说些不应该说的话，使人见了这序，觉得它非但没有做，存在，或看的必要，而且还有不看，不存在，不做的好处。

《阿丽思漫游奇境记》是一部给小孩子看的书。在英美两国里差不多没有小孩没有看过这书的。但是世界上的大人没有不是曾经做过小孩子的，而且就是有人一生出来就是大人，照孟夫子说，大人的心也同小孩子的一样的，所以上头那话就等于说英国人，美国人，个个大人也都看过这书的。但是因为这书是给小孩子看的，所以原书没有正式的序。小孩子看了序横竖不懂的，所以这个序顶好不做。

《阿丽思漫游奇境记》又是一部笑话书。笑话的种类很多，有的是讥刺的，例如法国的 Voltaire，有的是形容过分的，例如美国的 Mark Twain，有的是取巧的，例如相传金圣叹做的十七言诗，有的是自己装傻子的，例如美国的 Artemus Ward（一），还有种种名为笑话而不好笑的笑话，例如从各国人的眼光里，评判别国人的笑量和审笑官能，……这样例如下去，可以例如个不完。但是这部书里的笑话另是特别的一门，它的意思在乎没有意思。这句话怎么讲呢？有两层意思：第一，著书人不是用它来做什么寓言的，他纯粹拿它当一种美术品来做的。第二，所谓"没有意思"就是英文的 Nonsense，中国话就叫"不通"。但是，凡是不通的东西未必尽有意味。假如你把这部书的每章的第一个字连起来，成"阿越这来 那她那靠他阿"十二个字，通虽不通了，但是除掉有"可做无意味不通的好例"的意味以外，并没有什么本有的意味在里头。"不通"的笑话，妙在听听好象成一句话，其实不成话说，看看好象成一件事，其实不成事体。这派的滑稽文学是很少有的，有的大都也是摹仿这书的。所以这书可以算"不通"笑话文学的代表。从前 Artemus Ward 在一群迂夫子跟前演说，他们听了莫明其妙，以为这位先生的脑子大概有点毛病，过后有人告诉他们说 Artemus Ward 是一个滑稽家，他演说的都是些笑话，他们回想想，果然不错，于是乎就哈哈哈地补笑起来。要看不通派的笑话也是要先自己有了不通的态度，才能尝到那不通的笑味儿。所以我加了些说明，警告看书的先要自己不通，然后可以免掉补笑的笑话。以上是关于笑话的说明。但是话要说得通，妙在能叫听的人自己想通它的意味出来，最忌加许多迂注来说明，在笑话尤其如此。所以本段最好以删去为妙。

《阿丽思漫游奇境记》又是一本哲学的和论理学的参考书。论理学说到最高深的地方，本来也会发生许多"不通"的难题出来，有的到现在也还没有解决的。这部书和它的著者的其它书在哲学界里也占些地位。近来有个英国人叫 P. E. B. Jourdain 的做了一本罗素哲学趣谈书,他里头引用的书名,除掉算学的论理学书以外,差不多都是引用这部《奇境记》和一部它的同著者的书,可见它的不通,一定不通得有个意思,才会同那些书并用起来。至于这些哲理的意思究竟是些什么,要得在书里寻出,本序不是论哲学的地方,所以本段也没有存在的必要。

《阿丽思漫游奇境记》的原名叫 The Adventures of Alice in Wonderland,平常提起来叫"Alice in Wonderland",大约是一八六七年出版的。它的著者叫路易斯·加乐尔(Lewis Carroll)。这个人虽然不是"不通"笑话家的始祖,但是可以算"不通"笑话家的大成。他曾经做的这一类的书有许多部,其中最有名的就是现在翻译的这部和一部叫 Through the Looking Glass 的。这第二部书的名字咱们可以译它作《镜里世界》,也是一部阿丽思的游记。路易斯·加乐尔是一个小孩子的朋友,他自己虽然没有子女,但是他的亲近的小朋友非常之多。所以他懂小孩子的性情,比一般做父母的还要深些。他所写成书的那些故事,他曾经在牛津对他的小朋友常讲着玩。但是有一层:这些听故事的小孩子虽然真有,可是路易斯·加乐尔这个做故事的并没有其人。

你们试在《大英百科全书》里查姓加乐尔名字叫路易斯的,一定查不到这个人。这话怎么说呢?试在索引里查查看,就知道《阿丽思漫游奇境记》著者的真名字是查尔斯·路维基·多基孙(Clarles Lutwidge Dodgson),他做玩意儿书的时候才叫路易斯·加乐尔。但是他是以笔名出名的,所以甚至于做他的传的人 S. D. Collingwood 也题他的传叫 The life and Letters of Lewis Carroll,1898。多基孙的生死年是一八三二初到一八九一初,就是前清道光十一年末到光绪二十三年。他的行业是教师和算学教师。谁也料不到他是做这类书的人。后来人知道了路易斯·加乐尔就是他,他还假装着不承认。他在算学里也稍微有点贡献,不过没有他的"不通"派滑稽文那么出名。从前《奇境记》这部书初出的时候,英国女皇维多利亚看了非常赞赏它,就命令人们记得把这人以后再做的书随出随送上去。谁晓得底下一部书一送上去就是一部又难又无味的代数学方程式论!这都是揭破人家笔名秘密的结果。所以咱们最好还是就记得路易斯·加乐尔,不再提多基孙这个真名字,免得和算学多生事节。既然最好不再提多基孙这个名字,那么这段里多基孙这个名字本来应该不提,所以这段讲多基孙的序也应该完全删掉。

《阿丽思漫游奇境记》这故事非但是一本书,也曾经上过戏台。戏本是 Saville Clarke 在一八八六年编的。近来美国把它又做成影戏片。又有许多人仿着这个故事做些本地情形的笑话书。例如美国康桥哈佛大学的滑稽报在一九一三年出了一本《阿丽思漫游康桥记》,勃克力加州大学在一九一九年又出了一本《阿丽思漫游勃克力记》。以后也说不定还会有《阿丽思漫游北京记》呢。但是一上戏台或一上影片的时候,这故事就免不了受两种大损失。一，戏台上东西的布置和人的行动都很拘束，一定和看过原书人所想像惯的奇境的样子相冲突。这原书里 John Tenniel 的插画的名声是差不多和这书并称的。所以戏台上改变了原来的样子，看过书的人看了它一定失望。二，影戏的布景固然可以自由得多，不过用起人来装扮成动物，也是很勉强的事情；但是它最大的损失是在影戏总是哑巴的缺点。① 像平常影戏里在前景后景当中插进许多题词进去，更不会念得连气，所以书里所有的"不通"的 笑味儿都失掉了。那么说来说去还是看原书最好，又何必多费麻烦在这序里讲些原书的附属品呢？

《阿丽思漫游奇境记》这部书一向没有经翻译过。就我所知道的，就是庄士敦(R. F. Johnston)曾经把它口译给他的学生宣统皇帝听过一遍。这书其实 并不新，出来了已经五十多年，亦并不是一本无名的僻书；大概是因为里头玩字的笑话太多，本来已经是似通的不通，再翻译了变成不通的不通了，所以没有人敢动 它。我这回冒这个不通的险，不过是一种试验。我相信这书的文学的价值，比起莎士比亚最正经的书亦比得上，不过又是一派罢了。现在当中国的言语这样经过试验 的时代，不妨乘这个机会来做一个几方面的试验：一，这书要是不用语体文，很难翻译到"得神"，所以这个译本亦可以做一个评判语体文成败的材料。二，这书里有许多玩意儿在代名词的区别，例如在末首诗里，一句里 he，she，it，they 那些字见了几个，这个是两年前没有他，她，它的时候所不能翻译的。三，这书里有十来首"打油诗"，这些东西译成散文自然不好玩，译成文体诗词，更不成问题，所以现在就拿它来做语体诗式试验的机会，并且好试试双字韵法，我说"诗式的试验，"不说"诗的试验，"这是因为这书里的都是滑稽诗，只有诗的形式而没有诗文的意味，我也本不长于诗文，所以这只算诗式的试验。以上所说的几句 关于翻译的话，似乎有点说头，但是我已经说最好是丢开了附属品来看原书。翻译的书也不过是原书附属品之一，所以也不必看。既然不必看书，所以也不必看序，所以更不必做序。（不必看书这话，其实也是冒着一个"不通"的险说的，因为在序的第一段里，我就希望看序的没有看到这里早已跳过了去看正文，看到入了迷，看完了全书，无聊地回过头来翻翻，又偶尔碰到这几句，那才懊悔没有依话早把全书丢开了不念，给译书的上一个自作自受的当呢！）

一九二一年六月一日赵元任序于北京

---

① 当时的电影都为无声片，又名"默片"，编者注。

三、谈人工翻译(译文)

赵元任

冯雪红译　戎林海审校

如果把人体看作一台机器的话,那么所有的翻译都可以称作机器翻译,尽管这样讲,显然没有太大意义。在这篇论文里我提出需要考虑翻译的一些的问题,这些问题几乎不太可能会在不久的将来能由人类之外的机器解决。诚然,这些问题中的大多部分,在近几年甚至很多年以前就有研究翻译问题的学者们讨论过,即便在本次大会上,亦有被论及。我写这篇论文的目的,就是对他们之于所谓的机器翻译还有多远或到底多近,陈述我自己的主观判断。

翻译的过程可以看作一个多维空间,依据这个多维空间的不同维度,翻译作品被评价为高水平、一般水平和较差水平的不同等级。由于很多因素会相互冲突,所以翻译的总体结果或多或少就是这些因素决定的。实际上,说由这些因素决定的还是有些不成熟,因为所有这些维度仅仅是一些不成体系的、模糊的概念,而不是可以衡量的具体数值。就本文而言,我现在只是分开考虑这些不同维度,并不打算要建立一个对一般意义上的翻译或是真实的特定翻译的一个全面的评价体系。我依次考虑的有以下几个方面:(1) 翻译文本的物理组成;(2) 翻译单位的大小;(3) 文体风格;(4) 语法结构;(5) 主题和文化范畴;(6) 翻译的语用问题。

1. 翻译文本的物理组成

大多数的翻译都是不同语言之间的书面文本转换。但是从更宽阔的视角来看,考虑其他的物理形式的翻译文本应该会对讨论这个问题有所帮助。在口译过程中,"翻译文本"就是现场讲的言语。众所周知,联合国的书面文字翻译和同声传译工作需要很多不同的技巧,并隶属于该组织的不同部门。出于理论上令人信服的原因,现代语言学都把口语作为语言研究的对象,但是同样出于令人信服的实用原因,机器翻译主要考虑的是源语言和目的语的视觉信息,因此书面语在语言研究中重新有了值得尊敬的地位,再也不是被我们语言学家们看不起了。然而,现在大量的研究工作都是围绕声音输入端自动语音识别和声音输出端语音合成展开的,因此,三步式口语对口语的机器翻译与文字对文字的机器翻译一样,离我们已经不是很遥远了。我猜,大致发展的阶段会是这样的:(1) 1965年以前,书面语和口语的翻译都是人工完成的;(2) 书面语的机器翻译将始于1965到1970年间,但是仍然没有适用于口语的机器翻译;(3) 同时适用于口语和书面语的机器翻译将会在1970年到1975年间开始发展。顺便提及一下,应该注意到的是在第3阶段的发展中,可能并不需要经历所涉语言的通常的拼字过程。尽管这种拼字过程在进行机器翻译时必须进行编码,但利用音位或音位编码却可以绕开这一过程。对于书写单位比语音单位要大很多的语言,情况尤其如此。

2. 翻译单位的大小

被翻译的文本可能是一本书、一个剧本、一篇文章、一篇讲稿、一首诗、一封信或是一份演讲稿。每一个翻译文本或多或少都是一个完整的语篇,每一个语篇也都相应地会有一个最好的目标语翻译。但即使是这样的情况,译者可能不得不在文本之外(参见下文第6部分)来考虑翻译问题。实际上,没有这些就没有语文学。句子层次的翻译单位会有不止一种翻译形式。译者要么依靠语言语境,要么依靠情景语境来决定如何理解原文和如何翻译原文。在当前条件下,做这样决定很大程度上仍然需要人工来完成。

当我们谈到句子的下一层单位——短语、词和词素时,语言之间缺乏一一对应的关系就成了很大的问题,随意翻开任何一部双语词典,就能证实这一点。大家可能注意到,当今机器翻译的研究主要包括如何编译和编码这些层次的机器翻译单位,特别是在"词"这一级,以及面对多种选择时,通过扫描不多不少的所需语境内容,找到机器自动判断的方法。

最后,我们来讨论音素这一层。在这一层,不同语言之间的翻译就成了毫无意义的事情,因为不同语言之间的音素之间的关联度几乎为零。换句话说,一个语言的任何音素要翻译成另一个语言的音素,这之间的对应关系必须要由词素层以上的因素来决定的。如果我们从音素层再到语音的区别属性层面,也会是同样的情况。我说过它们之间的关联度"几乎为零"是因为当我们翻译诗、歌、名言警句和幽默笑话时,语音层次的可比性就变得相关了。

然而,超音段词素(不包括音位调),与其他词素一样更有可译性。它们更容易被机器处理,因为一些超音段词素类似于语言普遍性的某些情形,比如用升调或提高音高表示担忧,降调或降低音高表示结束讲话。另一方面,它们却又很难被机器翻译处理好,甚至也很难被人工处理好,因为它们通常不用传统的拼写法书写。虽然这些超音段词素或许是组成信息的不可缺少的部分,但因为它们没办法直接看见而经常被忽略。

3. 文体风格

源语和目的语文体风格的可比性是我们必须考虑的一个重要方面。如果可能的话,译者应该把散文译成散文,诗译成诗,古词译成古词,口语体译成口语体,俚语译成俚语。总的来说,机器翻译现在完全忙于解决以词汇单位的多种选择以及句法和词素之间的相互转换问题,文体风格可比性的大多数问题只能依靠人工翻译来解决。

但是文体风格有一个方面似乎可以进行定量处理,那就是词项出现的频次,因此可以部分地依靠机器来处理。把一种语言的短语和句子对逐字翻译出来所产生的特殊效果,大家都并不陌生。假设语法和词汇已经被考虑进来了,对应词出现的频次的差异会使这种效果更加新鲜和有趣,或者乏味无奇,或者怪诞,甚至难以理解和辨识。我并不是说把词项翻译成频次相当的词项就会产生好的译文,但是如果完全忽视这些就会产生文体风格的差异。因此,就翻译而言,词典条目不仅应该包含词条的意义、功能,也许还有文体信息(一些词典已经这样做了。如,标明某词项为俚语、古语等),还应该包括词项使用的频次,这样做是有益处的。

与词项的频次相关的就是在前面讨论过的翻译单位的大小,特别是在音素和音节这一层次上。大致来说,翻译单位类型的变化是由承担一定量信息的翻译单位(即:翻译单位的大小)的数量决定的,是后者的递减函数。例如:日语里有较少的音素和音节,那么日语与有更多音素和音节的语言相比,就需要使用更多的音节来构成词素。但是由于长度和音节构成都是与文体风格有关的因素——诗歌尤其如此——两种语言在此方面的丁点差异会使这两种语言间的翻译变得更加复杂。这就解释了为什么欧洲的翻译家们在翻译中国古典诗的时候要用比源语言多一到两倍的音节去传达原作的信息了;也解释了为什么我在翻译 Lewis Carroll 的诗时在维持原作的韵律和节奏上要更容易一些,因为现代汉语口语的音节与英语更加相似。

4. 语法结构

翻译中语言的语法结构一直是机器翻译研究者所关心的重点,甚至比词汇更让他们关注。如何处理必需的词项和范畴是有所有翻译人员,包括翻译机器关注的焦点。每个译者都必须经常在超额翻译和欠额翻译之间进行选择。所谓超额翻译就如把词的曲折变化或是音调变化翻译成一个完整词;所谓欠额翻译就如机器收到这样的指令"去掉冠词"或"隐藏复数"。在日常翻译中,译者冒着超额翻译的危险就是为了不使原信息的任何部分丢失,但文体风格可比性对这样做会有一定的制约。

关于语法结构的一个重要的问题就是应该在哪一层次达到对等。Jakobson 说:"最通常从一种语言到另一种语言的翻译所替代的信息并不是单独的编码单位,而是在另一种语言里表达的全部信息。"但是现阶段所有的机器翻译都只得关注从建立某种型类开始,再到目的语中建立与源语或相似或相异、但按照规则变化的型类结束。如:后置修饰从句变成目的语的前置修饰从句,因为目的语里不允许出现后置修饰语。但是一些没有对应形式的情况,或是至少比较复杂的对应形式在现阶段都不得不由人工来完成。我记得有很多这样的情况,比如一种语言有一种结构就是主—谓—宾。另外一种语言或许在很多情况下有相似的结构,但在另外一些情况下却有不同的结构,这是由该语言的词汇因素决定的,而不是结构决定的。

大家经常会区分直译/逐字翻译和意译/地道翻译,但是不仅仅只有直译/逐字翻译和意译/地道翻译这两种翻译。如果我们分析"词"层次以下的部分,我们还会有词素对词素的翻译,如果有人试图翻译谚语到谚语,那么两种语言之间这时就通常没有相对应的内部结构。Voegelin 发明了一种与电子计算机编程相联系的多步骤翻译技巧。这一技巧与 Hockett 处理直接成分中间级(IIC)相联系。这些方法是些有用的步骤,能使人工翻译清晰易懂,使人工翻译更接近于机器翻译。Hockett 的理念与 A. D. Andreyev 论文《翻译的语言学层面》(本卷 P625)中的媒介语(IL)有关联但又不完全相同。媒介语的理念比 IIC 更加野心勃勃也更吸引人。但是这种 IL 理念是属于未来的,而 Hockett 的 IIC 理念则可以被用于现在的任何时间。

构词方式,无论是派生还是合成,都是一种特别重要的结构类型。在这样一个领域里科技类或新闻类译者完成翻译任务相对容易,因为译者无须考虑复杂词是按照词素成分来翻译,如拉丁语和德语之间的翻译;或是当作整体来翻译,科技翻译和政治翻译的所有单位大都具有国际性。从某种意义上也可以说是所有的现代生活都属于同一种文化,翻译时代久远、内容陌生的文字(翻译这样的文字,各种方法都能找到存在的足够理由)时碰到的困难,也因此不会遇到。这种情况典型的例子就是翻译中国的朝代名称。一般普遍采用的方式就是音译,这样翻译的话,这些名称的音节构成就会很相似,但是这样做绝对是欠额翻译,因为音译是零度翻译,对对源语使用者而言,这些词的组成词素若非确有所指,无疑是含有寓意的。另一方面,如果把这些词按照组成词素翻译成独立的文字的话,那么不仅对应的音节要增加到三到四倍,而且表达了比原语读者或听众理解的更多的内容。面对这样的问题,即使一个学识渊博的人也会感到左右为难更不要说那些机器了。

5. 主题和文化范畴

在结构部分我们注意到,科技和新闻用语可以比较容易的在两种语言里找到相等的表达而无须考虑这两种语言的内部结构。那是因为科技和时事总体属于同一当代文化。当遇到多种文化时,即使是人工翻译也会遇到更多的困难。我们刚才已经注意到在翻译朝代名称时译者所面临的左右为难的境地。另一个有意思的文化差异的例子是称谓翻译,包括亲属称谓的翻译。一个日常高频出现、在一种语言里可以直接用作呼语的短的词语,在别的语言里却相当于一个很长的描述性的短语。从翻译的其他维度来判断,这是一个非常不好的翻译。你肯定不会这样和一个人打招呼:"你早,我的父亲那边的叔伯家的比我小的那个女孩子。"

似乎数字和数量概念可以很容易地被人工或是机器翻译成另一种语言,但是那只是在数字和数量可以被放入一个共同的编码里时,它们才可以被翻译成目标语。另一方面,数字和数量的实际使用中渗透着文化因素,这使这些数字和数量变得和其他文化项目一样复杂。除了作为借用的外来语,有些语言并没有"dozen(一)打"的概念。"teenage(青少年 13—19 岁)"纯粹是一个语言意外,指的是从 13 岁开始往后的一段时间。长度单位、时间单位、货币单位,特别是硬币的面值也大多是一种文化概念。它们不仅影响文字的翻译还影响物品的尺寸大小和价格。

专有名词似乎无须翻译，目的语的语音的（符号的）某些编码似乎就能满足翻译的需求，可以直接机械地翻译（或音译）。但是即使是专有名词的翻译，特别是人名的翻译，有时也会像翻译称谓一样遇到麻烦，就像我们在双语词典里面查找专有名词时遇到的情况一样。为了规范专有名词的翻译和/或音译，各种全国性的和国际性的组织建立起来了，但他们从来都没能完成这样的规范工作。

另外一个要考虑的文化范畴是音乐。音乐本身就构成了一种表现艺术而不是再现艺术，音乐语言不是普通意义上的语言，似乎音乐本身并不需要翻译，和舞蹈、建筑一样也不能被翻译。但是即使这样，也往往有一种共同的趋势，就是一个特定文化背景的人会用自己的文化来"解读"另一种文化的音乐，就好像是一个毫无经验的译者却把一种语言翻译成了另一种语言，或者就好像是一个外语学习者用一套母语音素来替代与自己的母语并不一致的外语音素一样。一个显著的跨文化音乐"翻译"的例子就是我自己的一次经历。有一次我听到一首日本音乐作品，由 do, re, mi, sol, la 组成的，可以肯定又不全是这个调。但是后来我了解到那实际上是一个五音阶平均律！

6. 翻译的语用问题

最后要谈到的是翻译中的语用问题，或是翻译中语言使用的环境问题。这也是机器翻译最难解决的一个方面。因为这里我们要一直考虑翻译被情景语境影响的程度。一个机器，如果是无限大，可以被设想能处理所有的语言语境。但如果把情景语境也考虑进来的话，那被翻译的语言就要求是活的语言，换言之，这个问题就是："在这种情况下你会怎么说？"在一定的范围内，可以把一些典型的情景文字化，然后按照所用习惯用语列出种种情况。如果是那种在街上见面的场景，德语里的"事情办得怎么样？"就会翻译成中文的"去哪里呀？"对于一个表扬或是赞美，一种语言的人可能会说"谢谢！"但目的语的人却说"没有，一点都不。"一种语言可能会记录部分舞台指导式的对话为"笑声"或是"叹息"，但在同样的情况下，另外一种语言的作者可能使用真实的感叹词如"哈哈"或是"唉—噢！"这是因为源语缺乏这些普遍接受的书写形式。

所有这些问题似乎又把我们带回到直译和意译的问题上来了。回顾这些耳熟能详的翻译问题，之所以这么做，我是想要表明直译和意译不仅可分为不同的程度，而且还有不同的维度，不同程度的直译和意译分列其间；并且，尽管在起始程度和基础维度上的翻译，机器能够而且已经由机器来处理，但在今后很长一段时间里，大部分有意思的和重要的翻译工作仍然要由人工而不是机器来完成。在人工翻译和机器翻译之间，尽管人们希望可以使能做的事情变得越来越少，但人们还是需要做很多必须做的事情。

第九届国际语言学家大会（1964）会议记录

四、论翻译——给鲁迅的信①

瞿秋白

敬爱的同志：

你译的《毁灭》出版，当然是中国文艺生活里面的极可纪念的事迹。翻译世界无产阶级革命文学的名著，并且有系统的介绍给中国读者，（尤其是苏联的名著，因为它们能够把伟大的十月，国内战争，五年计划的"英雄"，经过具体的形象，经过艺术的照耀，而供献给读者。）——这是中国普罗文学者的重要任务之一。虽然，现在做这件事的，差不多完全只是你个人和 Z 同志的努力；可是，谁能够说：这是私人的事情？！谁？！《毁灭》，《铁流》等等的出版，应当认为一切中国革命文学家的责任。每个人革命的文学战线上的战士，每一个革命的读者，应当庆祝这一个胜利；虽然这还只是小小的胜利。

你的译文，的确是非常忠实的，"决不欺骗读者"这一句话，决不是广告！这也可见得一个诚挚，热心，为着光明而斗争的人，不能够不是刻苦而负责的。二十世纪的才子和欧化名士可以用"最少的劳力求得最大的"声望，但是，这种人物如果不彻底的脱胎换骨，始终只是"纱笼"（Salon）里的哈叭狗。现在粗制滥造的翻译，不是这班人干的，就是一些书贾的投机。你的努力——我以及大家都希望这种努力变成团体的，——应当继续，应当扩大，应当加深。所以我也许和你自己一样，看着这本《毁灭》，简直非常的激动：我爱它，象爱自己的女儿一样。咱们的这种爱，一定能够帮助我们，使我们的精力增加起来，使我们的小小的事业扩大起来。

翻译——除出能够介绍原本的内容给中国读者之外——还有一个重要的作用：就是帮助我们创造出新的中国的现代言语。中国的言语（文字）是那么穷乏，甚至于日常用品都是无名氏的。中国的言语简直没有完全脱离所谓"姿势语"的程度——普通的日常谈话几乎还离不开"手势戏"。自然，一切表现细腻的分别和复杂的关系的形容词，动词，前置词，几乎没有。宗法封建的中世纪的余孽，还紧紧的束缚着中国人的活的言语，（不但是工农群众！）这种情形之下，创造新的言语是非常重大的任务。欧洲先进的国家，在二三百年四五百年以前已经一般的完成了这个任务。就是历史上比较落后的俄国，也在一百五十六年以前就相当的结束了"教堂斯拉夫文"。他们那里，是资产阶级的文艺复兴运动和启蒙运动做了这件事。例如俄国的洛莫洛莎夫……普希金。中国的资产阶级可没有这个能力。固然，中国的欧化的绅商，例如胡适之之流，开始了这个运动。但是，这个运动的结果等于它的政治上的主人。因此，无产阶级必须继续去彻底完成这个任务，领

---

① 本篇原为作者给鲁迅的信，由鲁迅发表于《十字街头》第一、二期（一九三一年十二月）；其后并连同自己的复信编入杂文集《二心集》。

导这个运动。翻译,的确可以帮助我们造出许多新的字眼,新的句法,丰富的字汇和细腻的精密的的正确的表现。因此,我们既然进行着创造中国现代的新的言语的斗争,我们对于翻译,就不能够不要求:绝对的正确和绝对的中国白话文。这是要把新的文化的言语介绍给大众。

严几道的翻译,不用说了。他是:

译须信雅达,

文必夏殷周。

其实,他是用一个"雅"字打消了"信"和"达"。最近商务还翻印"严译名著",我不知道这是"是何居心"!这简直是拿中国的民众和青年来开玩笑。古文的文言怎么能够译得"信",对于现在的将来的大众读者,怎么能够"达"!

现在赵景深之流,又来要求:

宁错而务顺,

毋拗而仅信!

赵老爷的主张,其实是和城隍庙里演说西洋故事的,一鼻孔出气。这是自己懂得了(?)外国文,看了些书报,就随便拿起笔来乱写几句所谓通顺的中国文,这明明白白的欺侮中国读者,信口开河的来乱讲海外奇谈。第一,他的所谓"顺",既然是宁可"错"一点儿的"顺",那么,这当然是迁就中国的低级言语而抹杀原意的办法。这不是创造新的言语,而是努力保存中国的野蛮人的言语程度,努力阻挡它的发展。第二,既然要宁可"错"一点儿,那就是要蒙蔽读者,使读者不能够知道作者的原意。所以我说:赵景深的主张是愚民政策,是垄断智识的学阀主义,——一点儿也没有过分的。还有,第三,他显然是暗示的反对普罗文学(好个可怜的"特殊走狗")!他这是反对普罗文学,暗指着普罗文学的一些理论著作的翻译和创作的翻译。这是普罗文学敌人的话。

但是,普罗文学的中文书籍之中,的确有许多翻译是不"顺"的。这是我们自己的弱点,敌人乘这个弱点来进击。我们的胜利的道路当然不仅要迎头通打,打击敌人的军队,而且要更加整顿自己的队伍。我们的自己批评的勇敢,常常可以解除敌人的武装。现在,所谓翻译论战的结论,我们的同志却提出了这样的结语:

翻译绝对不容许错误。可是,有时候,依照译品内容的性质,为着保存原作精神,多少的不顺,倒可以容忍。

这是只是个"防御的战术",而普列汉诺夫说:辩证法的唯物论者应当要会"反守为攻"。第一,当我们首先要说明:我们所认识的所谓"顺",和赵景深等所说的不同。第二,我们所要求的是:绝对的正确和绝对的白话。所谓绝对的白话,就是朗诵起来可以懂得的。第三,我们承认:一直到现在,普罗文学的翻译还没有做到这个程度,我们要继续努力。第四,我们揭穿赵景深等自己的翻译,指出他们认为是"顺",其实只是梁启超和胡适之交媾出来的杂种——半文不白,半死不活的言语对于大众仍旧是不"顺"的。

这里,讲到你最近出版的《毁灭》,可以说:这是做到了"正确",还没有做到"绝对的白话"。

翻译要用绝对的白话,并不就不能够"保存原作的精神"。固然,这是很困难的,很费功夫的。但是,我们是要绝对不怕困难,努力去克服一切的困难。

一般的说起来,不但翻译,就是自己的作品也是一样,现在的文学家,哲学家,政论家,以及一切普通人,要想表现现在中国社会已经有的新的关系,新的现象,新的事物,新的观念,就差不多人人都要做"仓颉"。这就是说,要天天创造新的字眼,新的句法。实际生活的要求就是这样。难道一九二五年初我们没有在上海小沙渡替群众造出"罢工"这一个字眼吗?还有"游击队","游击战争","右倾","左倾","尾巴主义",甚至于普通的"团结","坚决","动摇"等等,等类……这些说不尽的新字眼,渐渐地容纳到群众的口头上的言语里去了,即使还没有完全容纳,那也已经有了可以容纳的可能了。讲到新的句法,比较起来要困难一些,但是,口头上的言语里面,句法也已经有了很大的改变,很大的进步。只要拿我们自己演讲的言语和旧小说里的对白比较一下,就可以看得出来。可是,这些新的字眼和句法的创造,无意之中自然而然的要遵照着中国白话的文法公律。凡是"白话文"里面,违反这些公律的新字眼,新句法,——就是说不上口的——自然淘汰出去,不能够存在。

所以说到什么是"顺"的问题,应当说:真正的白话就是真正通顺的现代中国文,这里所说的白话,当然不限于"家务琐事"的白话,这是说:从一般人的普通谈话,直到大学教授的演讲的口头上的白话。中国人现在讲哲学,讲科学,讲艺术……显然已经有了一个口头上的白话。难道不是如此?如果这样,那么,写在纸上的说话(文字),就应当是这一种白话,不过组织的比较紧凑,比较整齐罢了。这种文字,虽然现在还有许多对于一般识字很少的群众,仍旧是看不懂的,因为这种言语,对于一般不识字的群众,也还是听不懂的。——可是,第一,这种情形只限于文章的内容,而不在文字的本身,所以,第二,这种文字已经有了生命,它已经有了可以被群众容纳的可能性。它是活的言语。

所以,书面上的白话文,如果不注意中国白话的文法公律,如果不就着中国白话原来有的公律去创新的,那就很容易走到所谓"不顺"的方面去。这是在创造新的字眼新的句法的时候,完全不顾普通群众口头上说话的习惯,而用文言做本位的结果。这样写出来的文章,本身就是死的言语。

因此,我觉得对于这个问题,我们要有勇敢的自己批评的精神,我们应当开始一个新的斗争。你认为怎么样?

我的意见是:翻译应当把原文的本意,完全正确的介绍给中国读者,使中国读者所得到的概念等于英俄日德法……读者从原文得来的概念,这样的直译,应当用中国人口头上可以讲得出来的白话来写。为着保存原作的精神,并不用着容忍"多少的不顺"。相反,容忍着"多少的不顺"(就是不用口头上的白话),反而要多少的丧失原作的精神。

当然,在艺术的作品里,言语上的要求是更加苛刻,比普通的论文要更加来得精细。这里有各种人不同的口气,不同的字眼,不同的声调,不同的情绪,……并且这并不限于对白。这里,要用穷乏的中国口头上的白话来应付,比翻译哲学,科学……的理论著作,还要来得困难。但是,这些困难只不过愈加加重我们的任务,可并不会取消我们的这个任务的。

现在,请你允许我提出《毁灭》的译文之中的几个问题。我还没有能够读完,对着原文读的只有很少几段。这里,我只把茀理契序文里引的原文来校对一下。(我顺着序文里的次序,编着号码写下去,不再引你的译文,请你自己照着号码到书上去找罢。序文的翻译有些错误,这里不谈了。)

(一)结算起来,还是因为他心上有一种——"对于新的极好的有力量的慈善的人的渴望,这种渴望是极大的,无论什么别的愿望都比不上的。"更正确些:结算起来,还是因为他心上——"渴望着一种新的极好的有力量的慈善的人,这个渴望是极大的,无论什么别的愿望都比不上的。"

(二)"在这种时候,极大多数的几万万人,还不得不过着这种原始的可怜的生活,过着这种无聊得一点儿意思都没有的生活,——怎么能够谈得上什么新的极好的人呢。"

(三)"他在世界上,最爱的始终还是他自己,——他爱他自己的雪白的肮脏的没有力量的手,他爱他自己的唉声叹气的声音,他爱他自己的苦痛,自己的行为——甚至于那些最可厌恶的行为。"

(四)"这算收场了,一切都回到老样子,仿佛什么也不曾有过,——华理亚想着,——又是旧的道路,仍旧是那一些纠葛——一切都要到那一个地方……可是,我的上帝,这是多么没有快乐呵!"

(五)"他自己都从没有知道过这种苦恼,这是忧愁的疲倦的,老年人似的苦恼,——他这样苦恼着的想:他已经二十七岁了,过去的每一分钟,都不能够再回过来,重新换个样子再过它一过,而以后,看来也没有什么好的……(这一段,你的译文有错误,也就特别来得"不顺"。)现在木罗式加觉得,他一生一世,用了一切力量,都只是竭力要走上那样的一条道路,他看起来是一直的明白的正当的道路,象莱奋生,巴克拉诺夫,图嬶夫那样的人,他们所走的正是这样的道路;然而似乎有一个什么人在妨碍他走上这样的道路呢。而因为他无论什么时候也想不到这个仇敌就在他自己的心里面,所以,他想着他的痛苦是因为一般人的卑鄙,他就觉得特别的痛恨和伤心。"

(六)"他只知道一件事——工作。所以,这样正当的人,是不能够不信任他,不能够不服从他的。"

（七）"开始的时候，他对于他生活的这方面的一些思想，很不愿意去思索，然而，渐渐的他起劲起来了，他竟写了两张纸……在这两张纸上，居然有许多这样的字眼——谁也想不到莱奋生会知道这些字眼的。"（这一段，你的译文里比俄文原文多了几句副句，也许是你引了相近的另外一句了罢？或者是你把茀理契空出的虚点填满了？）

（八）"这些受尽磨难的忠实的人，对于他是亲近的，比一切其他的东西都更加亲近，甚至于比他自己还要亲近。"

（九）"……沉默的，还是潮湿的眼睛，看了一看那些打麦场上的疏远的人，——这些人，他应当很快就把他们变成功自己的亲近的人，象那十八个人一样，象那不做声的，在他后面走着的人一样。"（这里，最后一句，你的译文有错误。）

这些译文请你用日本文和德文校对一下，是否是正确的直译，可以比较得出来的。我的译文，除出按照中国白话的句法和修辞法，有些比起原文来是倒装的，或者主词，动词，宾词是重复的，此外，完完全全是直译的。

这里，举一个例：第（八）条"……甚至于比他自己还要亲近。"这句话的每一个字都和俄文相同。同时，这在口头上说起来的时候，原文的口气和精神完全传达得出。而你的译文："较之自己较之别人，还要亲近的人们"，是有错误的（也许是日德文的错误。）错误是在于：（一）丢掉了"甚至于"这一个字眼；（二）用了中国文言的文法，就不能够表现那句话的神气。

所有这些话，我都这样不客气的说着，仿佛自称自赞的。对于一班庸俗的人，这自然是"没有礼貌"。但是，我们是这样亲密的人，没有见面的时候就这样亲密的人。这种感觉，使我对于你说话的时候，和对自己说话一样，和自己商量一样。

再则，还有一个例子，比较重要的，不仅仅关于翻译方法的。这就是第（一）条的"新的……人"的问题。

《毁灭》的主题是新的人的产生。这里，茀理契以及法捷耶夫自己用的俄文字眼，是一个普通的"人"字的单数。不但不是人类，而且不是"人"字的复数。这意思是指着革命，国内战争……的过程之中产生着一种新式的人，一种新的"路数"（Type）——文雅的译法叫做典型，这是在全部《毁灭》里面看得出来的。现在，你的译文，写着"人类"。莱奋生渴望着一种新的……人类。这可以误会到另外一个主题。仿佛是一般的渴望着整个的社会主义的社会。而事实上，《毁灭》的"新人"，是当前的战斗的迫切的任务：在斗争过程之中去创造，去锻炼，去改造成一种新式的人物，和木罗式加，美谛克……等等不同的人物。这可是现在的人，是一些人，是做群众之中的骨干的人，而不是一般的人类，不是笼统的人类，正是群众之中的一些人，领导的人，新的整个人类的先辈。

这一点是值得特别提出来说的。当然,译文的错误,仅仅是一个字眼上的错误:"人"是一个字眼,"人类"是另外一个字眼。整本的书仍旧在我们面前,你的后记也很正确的了解到《毁灭》的主题。可是翻译要精确,就应当估量每一个字眼。

　　《毁灭》的出版,始终是值得纪念的。我庆祝你。希望你考虑我的意见,而对于翻译的问题,对于一般的言语革命问题,开始一个新的斗争。

J. K.（即瞿秋白——编者注）
一九三一,十二,五。

五、再论翻译——答鲁迅①

瞿秋白

亲爱的同志：

因为病的缘故，直到现在才动笔来答覆你。这是要请你原谅的。

翻译的问题在中国还是一个极重要的问题，从"五四"到现在，这个问题屡次提出来，屡次争论，可是始终没有得到原则上的解决。最近一年的争论实际上有两个来源：一个是赵景深老爷提出了"宁可错些不要不顺"的原则，一个是我提出了"绝对用白话做本位来正确的翻译一切东西"的原则。赵老爷和我——这是绝对的两件事情。"宁可错些"！这算什么话，真正是不成话的胡说。所以咱们没有和他争论的必要。不过因为《文艺新闻》(？)曾经提出"宁可正确而不通顺"的说法，算是对于赵老爷的答覆，我认为这也是没有抓着问题的根本，无形之中和赵老爷站在同一个水平线上去了，——因此，我在前一封信里才附带的提着这个问题。你的来信也还说："我是至今主张'宁信而不顺'的。"我觉得这是提出问题的方法上的错误，问题根本不在于"顺不顺"，而在于"翻译是否能够帮助现代中国文的发展"。第一，如果写的的确是现代中国文（嘴上说的中国普通话），那么，自然而然不会有不顺的事情，所以根本不成问题。第二，如果写的不是现代中国文，而是"远东拉丁文"（汉文文言），或者是西崽式的半文言（例如赵老爷等的翻译），那么，即使顺得象严又陵那样的古文腔调，也和中国现在活着的三万万几千万的活人两不相干。说到"信"也是一样。

That is the question，问题是在这里！

象你说的："宁信而不顺"……"现在可以容忍多少的不顺"，那就是没有着重的注意到绝对的白话本位的原则。

我上次的那封信里已经说过：

真正的白话就是真正通顺的现代中国文，这里所说的白话，当然不限于"家务琐事"的白话，这是说：从一般人的普通谈话，直到大学教授的演讲的口头上说的白话。……写在纸上的说话（文字），就应当是这一种白话，不过组织得比较紧凑，比较整齐罢了。

翻译的时候，应当用这种绝对的白话文：一方面和原文的意思完全相同（"信"），别方面又要使这些句子和字眼是中国人嘴里可以说得出来的（"顺"）。"信"和"顺"不应当对立起来，不应当说：要"顺"就不能够"信"，要"信"就不能够"顺"，或者：要"顺"就不能够不容忍一些"不信"，要"信"就不能够不容忍一些"不顺"。

---

① 本篇最初发表于《文学月报》第一卷第二期（一九三二年七月十日）。

赵景深老爷的根本错误，就在于他认为"信"是和"顺"冲突的。

象你信里所举出来的例子："山背后，太阳落下去了，"——你以为这句话有点儿"不顺"，其实，这是很通顺的白话文。只有赵老爷才会说这是"不顺"。假使把这句话改做"日落山阴"，那倒的确不顺了，因为"日落山阴"这句话，在并非老爷的小百姓看来，简直没有懂的可能。小百姓的口头上有没有"日"，"阴"这类的字眼呢？没有。现在活着的小百姓的中国文的字典里根本没有"日"字，而只有"太阳"或者"日头"（"正月初一日"的"日"字是另外一个意思）。

如果说：所谓"不顺"就是"新鲜"的意思，就是"没有看惯，没有听惯"的意思，那当然不成问题；我们在翻译的时候，甚至于自己写文章的时候，当然应当大胆的运用新的表现方法，新的字眼，新的句法。可是，把"宁信而不顺"变成一种原则，那始终是极不妥当的。第一，我们创造新的字眼，新的句法……等等，应当使它们能够在口头上说得出来，能够有"顺"的条件，不然呢，这些新的表现方法就要流产的。第二，我们不应当自己预先存心偷懒，说什么也可以"不顺"些，——这一个倾向的发展可以造成很坏的结果：一般青年的翻译因此完全不顾群众的需要，随便搬出许多《康熙字典》上的汉字，把它们拼拼凑凑就造成了"新名词"（例如"扭现"，"意味着"等等），随便用些文言的缩写式的虚字眼，把英文句法分析的图表写成一大堆模糊混乱的句子（例如"将行将入木的速度扭现于目前"等等）。

这里最重要的问题是：要创造新的表现方法，就必须顾到口头上"能够说得出来"的条件。这意思是说，虽然一些新的字眼和句法，本来是中国话里所没有的，群众最初是听不惯的，可是，这些字眼和句法既然在口头上说得出来，那就有可能使群众的言语渐渐的容纳它们。假使存心可以"不顺"些，那就是预先剥夺了这种可能，以致于新的表现方法不能够从书面的变成口头的，因此，也就间接的维持汉字制度，间接的保存文言的势力，反而杀死了那新的表现方法。

你的信提到我所举出来的"罢工……"等等的新的字眼，你是完全明瞭我的意思的：我不但不反对新的表现方法，而且要求这种新的表现方法能够容纳到广大的群众生活里去。我的前一封信说：

一般的说起来，不但翻译，就是自己的作品也是一样，现在的文学家，哲学家，政论家，……要想表现现在中国社会已经有的新的关系，新的现象，新的事物，新的观念，就差不多人人都要做"仓颉"。这就是说，要天天创造新的字眼，新的句法。……可是，这些新的字眼和句法的创造，……要遵照着中国白话的文法公律。

所以这个问题是很清楚的。我和你同样主张要输入新的表现法，可是，我主张根本不要"容忍多少的不顺"的态度。

你的来信说:"中国的文或话,法子实在太不精密了……译本不但要输入新的内容,而且还要输入新的表现法。"这里,要输入新的表现法,当然是不成问题的,问题是在于严格的分别中国的文还是话。中国的文言和白话的分别,其实等于拉丁文和法文的分别。我们先要认清这一点。中国的文言文,这是"士大夫民族"的国语,与我们小百姓不相干。这种文言文里面还须要输入什么新的表现法,或者不须要,这是另外一个问题,这是老爷们的问题,不是我们的问题。至于现代的中国文(就是白话),那么,我上次的信也已经说过:

中国的言语(文字)是那么穷乏,甚至于日常用品都是无名氏的。中国的言语简直没有完全脱离所谓"姿势语"的程度——普通的日常谈话几乎还离不开"手势戏"。自然,一切表现细腻的分别和复杂的关系的形容词,动词,前置词等等,一一都几乎没有。宗法封建的中世纪的余孽,还紧紧的束缚着中国人的活的言语,(不但是工农群众!)这种情形之下,创造新的言语是非常重大的任务。……翻译——除出能够介绍原本的内容给中国读者之外——还有一个很重要的作用:就是帮助我们创造出新的中国的现代言语。

这就是你所说的:"中国的……话太不精密"……"讲话的时候,也时时要辞不达意,这就是话不够用,所以教员讲书也必须借助于粉笔。"因此,你我都主张要"借着翻译输入新的表现法"。但是你只说:"要医这个病,我以为只好陆续的吃一些苦,装进异样的句法,古的,外省外府的,外国的,后来便可以据为已有。"这是不够的。不但要采取异样的句法等等,而且要注意到怎么样才能够"据为已有"。当翻译的时候,如果只管"装进异样的句法"等等,而不管是否活人嘴里能够说得出来,——那么,这些"异样的句法始终不能够据为已有"。新的表现法将要永久是"用粉笔写在黑板上的"表现法!我们应当改变一个新的方针:就是竭力使新的字眼,新的句法,都得到真实的生命,——要叫这些新的表现法能够容纳到活的言语里去。不应当预先存心等待那自然的淘汰。固然,这些新的字眼和句法之中,也许仍旧有许多要淘汰掉的;然而,假使个个翻译家都预先存心等待自然的淘汰,而不每一个人负起责任使他所写出来的新的字眼和句法尽可能的能够变成口头上的新的表现法,那么,这种翻译工作就不能够帮助中国现代文的发展。

现在不但翻译,甚至于一般欧化文艺和所谓"语体文",都有这种病根,——就因为这种不负责任的态度,所以不但不能够帮助中国现代白话文的发展,反而造成一种非驴非马的骡子话,半文不白的新文言。要举出实际的例子来说,那简直是举不胜举。譬如说罢,新近有一位金丁,我看过他的一篇小说《孩子们》,这篇小说证明他并不是不会写真正的白话文。但是,我看见他另外一篇"创作"(《尖锐》杂志),却大不相同了。他居然会写出这洋的句子:

街道,没有起色的躺在澎湃着的喧嚣底下,被人的流,车马的流,践踏着,而伴同着没有风沙的好天气,从城中每一隅角,把若干人们喊出来,喊到所谓闹市的东单,西单,正阳门大街,喊到更其嘈杂的天桥。

诸如此类的句子凑成一大篇"不堪卒读"的文章。

你看,这里许多字眼:"伴同着","喧嚣","隅角","没有起色","若干人们""流"……都是口头上的白话文字典里不会有的字眼,或者是意思用错的。这一句句子的结构也是混乱到万分,不知道它的主词在什么地方。也许"街道"是主词,这是说"街道同着没有风沙的好天气把好些人叫了出来"? 假使是这样,那么,为什么不爽爽快快的就这么说出来,为什么一定要那样扭扭捏捏的? 大概因为这是时髦,这可以表现作者的本领,可以抬高作者的身分?!

这是五四式的林琴南主义! 这种新式的林琴南主义现在风行得很。而金丁能够写真正的白话,却偏要扭扭捏捏的,这尤其是不可宽恕的罪恶。我说"罪恶",这决不是过分的。我记得在一本杂志上,有人骂一种群众报纸上用"借途灭虢"的标题,是"对于革命的罪恶"。

这不是输入新的表现法,而是糟蹋新的表现法。

输入新的表现法,当然要"吃一点苦"。你这句话是很对的。因为既然是"新的",自然起初是生疏的。必须用些脑筋想一想。赵景深老爷等等,想用士大夫所熟悉的滥调(所谓"顺")来翻译外国文,而且故意要译错,自然是无聊。从这种偷懒的态度同样的发生一种倾向;就是"不求甚解"的糊涂主义。赵景深老爷甚至于很公开的不怕羞的说出来,说要"宁可错些"。这好象桐城派做墓志铭似的,不管死人是谁,只要文章"合乎义法",就可以随便捏造些忠孝节义的话头。这是林琴南主义的另一方面。

现在要开始一个新的文学革命,新的文字问题的斗争,就一定要打倒新式的林琴南主义。这就是要坚定的清楚的认定白话本位的原则。

新的言语应当是群众的言语——群众有可能了解和运用的言语。中国言语不精密,所以要使它更加精密;中国言语不清楚,所以要使它更加清楚;中国言语不丰富,所以要使它更加丰富。我们在翻译的时候,输入新的表现法,目的就在于要使中国现代文更加精密,清楚和丰富。我们可以运用文言的来源:文言的字根,成语,虚字眼等等,但是,必须要使这些字根,成语,虚字眼等等变成白话,口头上能够说得出来,而且的确能够增加白话文的精密,清楚,丰富的程度。如果不能够达到这个目的,那么,根本就无所谓新的表现法。同样,我们应当用这样的态度去采取外国文的字眼和句法。

这样,才是真正使中国言语(文字)丰富起来的方法。

自然,初初输入新的表现法的时候,须要"多吃一些苦",就是要多用一些脑筋,多费一些心思。然而这些心思要费得有用才行,必须新的表现法能够真正容纳到现代的中国白话里去,而不必永久的"借助于粉笔"。

再则,你提出一个新的问题,说读者之中可以分做两种:"甲,有很受了教育的,乙,有略能识字的",你的意思以为要"分别了种种的读者层,而有种种的翻译"。我以为不能够这样办法的。自己写文章是一个问题,翻译又是一个问题。自己写,自己编,这当然要分别读者的程度;而最通俗的各种书籍现在特别的需要。这里,要利用外国材料的时候,索性要中国作者自己负起更大的责任去"改译"。至于翻译,那么,既然叫做翻译,就要完全根据原文,翻译的人没有自由可以变更原文的程度。

现在所需要的,正是大批的最通俗的各种书籍,运用通俗的现代中国白话文,逐渐的解释许多科学艺术等等的新名词,逐渐表现许多新的字眼,句法,……这样去造成一个必须的扶梯,沿着这个扶梯,一般读者可以进到更高的程度,可以懂得世界的科学艺术的著作的译本。

法国有句俗话,叫做"La mort saisit la vie"——死人抓住了活人。中国群众的没有可能受着高等的教育,他们的受着混蛋糊涂的中国文言的磨难,恰好应着这句俗话。封建残余的势力从各方面束缚着他们;资产阶级的剥削,连智识都垄断了去。还有赵景深老爷等的文化战线上的武士,故意要使群众读错误的翻译。还有"革命骡子"的害虫政策——偏偏用些不文不白的新文言来写革命的文章。这些都是"死人"的力量。我们必须动员全部的力量,来打倒这些僵尸。

最后,我要说到严复的翻译和佛经的翻译。佛经的翻译的确在中国文化史上有相当的功劳。第一,佛经的翻译是中国第一次用自己的"最简单的言语"去翻译印度日耳曼语族之中最复杂的一种言语——梵文。第二,佛经的翻译事实上开始了白话的运用——宋儒以来的语录其实是模仿佛经而来的。不但如此,照现在已经发现的材料来说,中国最早的白话文学也是在佛经影响之下发生的。墩煌石室的唐五代俗文学,实在是最早的说书(讲经)的记录。佛经的翻译从汉到唐的进化,正是从文言到白话的进化。自然,这所谓白话,还只是半吊子的白话,这是文言本位的搀杂一些白话。

至于严复的翻译的进化,事实上也是如此。他从《天演论》到《原富》,也因为要想"信"的缘故,所以不能够不多少采取白话的腔调。可是,他的翻译始终和佛经一样,——只是受着原文内容的强迫,不得已而采取一些接近白话的腔调,他的翻译始终也是文言本位的翻译。这种翻译的新式文言逐渐的变化,造成后来的一种"时文"——例如工部局译的《费唐报告》,这就是现在一切条约,法律条文,"正统派"的科学教科书用的一种文言。所以用历史的眼光来看,严复的确可以算得中国的中世纪的末代文人。严复,林琴南,梁启超等等的文章,的确有陈列在历史博物馆的价值。这是一种标本,可以使后来的人看一看;中国的中世纪的末代士大夫是多么可怜,他们是怎么样被新的社会力量强迫着一步一步的抛弃自己的阵地,逐渐的离开中世纪的文言的正统,可是,又死死的抓住了文言的残余,企图造成一种新式的文言统治。但是,这种统治始终是支持不住的了。"五四"时期来了一个大暴动,动摇了这个统治的基础。最近,又一个大暴动开始了,目的是要完完全全肃清这个中世纪的毛坑。

将来的新中国里,将要设立科学院之下的古代汉文系(和古代梵文,希腊文,拉丁文……等等同等看待),那里的研究生自然也要研究一下严复等的翻译文章,因为所谓古代汉文是包括《诗经》《书经》到康有为的《大同书》……而说的。(自然,这所谓古代之中,还分着许多时期)。

所有这些古代的,统治阶级的文化遗产,我们必须承受下来,而且必须批判它们的价值。这些东西,这些古董,只能够给我们做研究的材料。对于广大的群众,这些东西只有这么一点价值,只有参考的价值。例如《天演论》等等真正有价值的科学著作,都一定要用现代中国文重新翻译出来。

然而你说严复大人和赵景深老爷有"虎狗之别",这句话也是很对的。赵景深老爷已经是封建残余之中的灰尘,犯不着放到历史博物馆去了。万牲园里用得着老虎,因为老虎是少见的;可是,万牲园里用不着狗,因为狗是到处可以碰到的。如果历史博物馆里要把故意译错的错误翻译都陈列起来,那就未免太糟蹋地方了!

随笔写来,竟写了这么许多,暂且"带住"罢。

一九三二,六,二〇。

P. S. 如果你不厌烦,我举几段赵景深老爷的译文给你开开心。赵景深老爷"以选译柴霍夫而得名"——而"为人所知"(这类恶心的文言句子是"赵译"的擅长),所以我就举他译的柴霍夫小说罢:

(1) "A violoncellist, whose instrument wept, who frankly said that of all women he knew Olga Ivanovna alone could accompany;" (La Cigale)

赵老爷译文:"还有一位是音乐家,他会奏低音環碗磷,奏得非常哀婉,他很明白的说,天下的女子都不在他心里,只有伊维萝扶娜能够做他的朋友。"(《寒蝉》或《蚱蜢》)

(2) "You sat down, and you were hidden from the world." (The Naughty Boy)

赵老爷的译文:"你坐在这里,可以忘去人间,好似已在尘寰之外。"(《顽童》)

第(1)个例子里,谁也看得出他的"顺的翻译"是错到如何的程度!"accompany"在这里是"合奏"的意思——因为 Olga 会奏 piano,而这个 violoncellist 会奏 violoncell,所以说"合奏"。"All women he knew"是"他所知道的一切女人"的意思。而赵老爷把"accompany"译做"做……朋友",把"all women he knew"译做"天下的女子都不在他心里"。这难道不是荒天下之大唐吗?而且"Violoncello"——中国的音乐界现在通常译做"赛洛",

这和所谓"低音環破磷"也是不对头的。

第(2)个例子的错误也是显然的。那句原文的意思是："你坐下来,你就真的躲了起来,全世界都看不见你的了。"这句话而且是那篇小说的主要的关键:那小说是说一个姊姊同着她的情人去讲恋爱,被他的小弟弟(顽童)发见了。……所以开始说这二对情人怎么自以为躲到了一个"秘密地方",而不料钻出了一个"顽童"。象赵老爷的"顺的翻译",那就简直不知道"顺"到了什么地方去了。而且象他那样调文的腔调。

忘去人间。好似——已在——尘寰——之外!

简直是昆曲里老生的说白,多么肉麻!

最可以注意的是:我把赵译的《寒蝉》(La Cigale——他后来又改做《蚱蜢》,其实,这个英文本的题目也是意译的,原文的题目,如果译得粗俗些,可以说是《跳蚤》和英文本子(Modern Library:"Rothschild's Fiddle and Other Stories")对了一下,就在第一页上,发见的错误已经有十二个! 总共不过六百字,而错误已经十二个。赵老爷真可以说是"错译专家"了。

还有,关于严复翻译的牺牲了"信"的问题(这是我上次的信里说的,你的来信没有提到),我现在举一个例子:——

In the price of corn, for example, one part pays the rent of the landlord, another pays the wages or maintenance of the labourers and labouring cattle employed in producing it, and the third pays the profit of the farmer, These three parts seem either immediately or ultimately to make up the whole price of corn. A fourth part, it may perhaps be thought, is necessary for replacing the stock of the farmer, or for compensating the wear and tear of his labouring cattle, and other instrumentsof husbandry. But it must be considered that the priee of any instrument of husbandry, such as a labouring horse, is itself made up of the same three parts

A. Smiths "Wealth of Nations" (George Routledge and Sonss 版 P.38－39)

严译:

合三成价观于谷价最明,其中必有田亩之租赋,必有长年佃者之庸钱与牛马田畜之所食,凡皆庸也,二者之余,则有农人所斥母财之息利,总是三者而后谷价成焉,或将谓牛马田器,积岁用之必稍稍耗,不有所弥势不可久,当其评价是在其中则三者之外尚有物也,三乌足以尽之乎,不知此牛马田器之价亦乃合三而成。

现在中国文的翻译:

譬如说罢,谷子的价钱——一部分要付地主的租钱,一部分付工钱,或者当做劳动者的和牲口的维持生活费,这些牲口足用来生产谷子的,第三部分要付农民的利钱。可见得这三部分,直接的或者结算起来,就形成谷子的全部价钱。也许可以以为必须一个第四部分,就是要恢复农民的成本,或者抵偿他的牲口和其他农业工具的消耗。但是应该注意到:一切工具,以及耕作的马匹,它们本身也都是由同样的三部分形成的。

这里,可以看得出严译的疏忽而不精密。差不多每一句的附加的形容句都被他取消了。这里最重要的一句,有理论的价值的,就是"成本或者……农业工具的消耗"。斯密斯的经济理论的主要错误,正在于他不把"不变资本"(工具,机器,原料)算在价钱里面去。而严译恰好把"成本"一个字眼取消了。而且严又陵自作聪明,加上几句"不有所弥势不可久"等等的句子,把问题扯到另外一方面去了。如果用严译本来研究斯密斯的学说,那是真正困难得很。在这个例子里面,就有两个结果:(一)看不出斯密斯的功绩是他已经发见了工具是成本的一部分,(二)同时,看不出斯密斯的错误,是他把"成本"除外,不算在价钱的组成部分里去。至少,严又陵把斯密斯的意见弄得很模糊,使读者看不清楚。固然在《原富》的译文里,已经有白话的影响,已经不象《天演论》那么调文。然而结果尚且如此。所以我说,古文的文言没有可能实现真正"信"的翻译。

再则,我的译文里用的专门名词和现在通行的术语有些不同:

原文	通行的译名	新译名	严译名
Price	价格	价钱	价
Wages	工资(赁银)	工钱	庸
Rent	地租	租钱	租赋(?)
Profit	利润	利钱	息利

这些通行的译名,本来并没有改变的必要,我这里用了新的译法不过是表示白话字根的优点。例如给工人群众讲政治经济学的时候,象"工钱","租钱"之类的名词,一定比较"工资","地租"等类的字眼容易解释得多,他们可以极容易的从日常生活的言语的概念,进一步而了解科学的概念。假使用我的译文,一个一个字眼的讲解,我想,对于中等程度的,甚至于不识字的工人,也未必是很难懂的了。可是,现在的科学文章,虽然打倒了严又陵式的调文腔调,却喜欢用"工部局式"的翻译文章,我所谓时文文言。即使用"白话"也是半吊子的。例如,半文不白的翻译:

举例言之,谷物之(的)价格——一部分付给地主之(的)地租,别部分付给工资,或以为劳动者及用以生产谷物之(的)家畜之(的)维持费,其第三部分则为给与农民之(的)利润。可见此(这)三部分,直接的或最终结算的,形成谷物之(的)全部价格。或可以为必须一第四部分,以恢复农民之(的)成本,或抵偿其家畜及其他农业工具之(的)消耗。但应注意者,一切工具及耕作之(的)马匹,其本身亦为(是)同样之(的)三部分所形成。(我这个翻泽,自话成分已经很多了,平常还要少得多。)

你看,现在的所谓"白话"和"时文文言"的文法,不是只要略为更动几个虚字眼,就可以互相"转变"的了吗?这种"言语"固然比严又陵式的言语高明多了(这是要感谢"五四"前后的"古文不通"的留学生的,尤其是日本留学生)。用这种言语可以直译(至少法律条约和科学教科书)。然而,为什么工农群众一定要再研究"之","其","但","及","即","资","亦","为","者","此","润"等等的文言汉字呢,为什么一定要他们再来研究这一种文言(及所谓"白话")的句法呢?至少三万万人将要说,我们不高兴!

J. K. 又及六,二八。

① 这句话的原文是:"我们要把它'行将入木'的速度,扭现在目前。"见《文艺新闻》第四十五号《请脱弃"五四"的衣衫》。

② 金丁,原名汪林锡,一九〇一年生,北京人。小说《孩子们》刊于《文学月报》第一卷第一期(一九三一年五月)。

③ "借途灭虢",典出《左传》(僖公五年):晋献公向虞国借道攻打虢国,灭虢以后,回过头来,把虞国也灭掉了。

④ 梵文,古代印度的书面语。

⑤ 《天演论》,严复译述英国赫胥黎(1825—1895)的《进化论与伦理学及其他沦文》前两篇文章的译名。《原富》,严复翻泽英国亚当·斯密(1723—1790)的蓄作《国民则富的性质和原因的研究论》所用的译名。

⑥ 工部局,当时英、美、日等帝国主义在上海,天津等地租界内设立的统治机关。

⑦ 《诗经》,中国最早的诗歌总集,共三.五篇,分风雅颂三大类。相传由孔予编定。《书经》,即《尚书》,我国上古历史文件和部分追述古代事迹著作的汇编。二者都是儒家经典。《大同书》,宣扬"无邦国,无帝王,人人平等,天下为公"的大同社会,成书于一九〇一至一九〇二年间。

六、译者志

瞿秋白

"国际"一字,欧洲文为"International",歌时各国之音相同,华译亦当译音,故歌词中凡遇"国际"均译作"英德纳雄纳尔"。

此歌自一八七〇年后已成一切社会党的党歌,如今劳农俄国采之为"国歌",将来且成世界共产社会之开幕乐呢。欧美各派社会党,以及共产国际无不唱此歌,大家都要争着为社会革命歌颂。

此歌原本是法文,法国革命诗人柏第埃(Porthier)所作,至巴黎公社(La Commune de Paris)时,遂成通行的革命歌,各国都有译本,而歌时则声调相同,真是"异语同声",——世界大同的兆象。

诗曲本不必直译,也不宜直译,所以中文译本亦是意译,要紧在有声节韵调能高唱。可惜译者不是音乐家,或有许多错误,然而也正不必拘泥于书本上的四声阴阳。但愿内行的新音乐家,矫正译者的误点,令中国受压迫劳动平民,也能和世界的无产阶级得以"同声相应"。再则法文原稿,本有六节,然各国通行歌唱的只有三节,中国译文亦暂限于此。

译者志。

(见《瞿秋白文集》文学编第四卷 423-424)

七、谈莎士比亚《十四行诗集》的翻译

屠 岸

《当代文学翻译百家谈》一书的编者一再要我谈谈译诗的经验和体会,这是个难题,因为:第一,我译作不多,说不上有什么经验好谈;第二,我虽然从四十年代开始搞翻译,但是直到现在一直没有时间好好总结一下。编者又要求我谈谈翻译莎士比亚《十四行诗集》和翻译斯蒂文森《一个孩子的诗园》的经验,我谈不出什么经验,这里就只好不怕同《译后记》的内容重复,谈谈我翻译莎士比亚《十四行诗集》的一些有关情况吧。

我的这个译本在 1950 年出初版,根据的原文是:夏洛蒂·斯托普斯女士(Charlotte C. Stopes)编注的本子(1904 年);克雷格(W. J. Craig)编的牛津《莎士比亚全集》一卷本(1926 年)。这个译本以及以后各版在每首诗之后附有"译解",是译者为帮助读者了解这些诗的内容而写的。译本在 1955 年再版前作了一次修订,根据的原文除上述两种本子外,加上了哈锐森(Harrison)编订的"企鹅"版(1949 年修订本,初版于 1938 年)。我对这个译本在六十年代初又作了一次较大的修订,根据的原文主要是:诺克新·普勒(C. Knox Pooler)编注的"亚屯"版(1943 年修本),海德·柔林斯(Hyder Edward Rollins)编订的"新集注本"(1944 年)。

莎士比亚十四行诗集的"第一四开本"(1609 年),标点可疑之处较多,但其他错误很少,是现代各版所根据的标准本。"新集注本"的优点之一是重印了"第一四开本"的原文,又将后来各版本的异文加以集注,这就给了译者以比较和取舍的方便。关于注释,"亚屯"版虽然没有特别的创见,但还比较翔实,是可以信托的。我根据这两个版本,对译文和"译解"进行了一次全面的检查,发现了不少译得不妥当和解得不妥当的地方。虽然已发现的不妥当处都改正了,但是肯定还会有未发现的不妥当处。除了文义上的修订外,还对译文的修辞和音韵方面作了改进的努力。修订本搞完后,大约在 1964 年初,交给了出版社,因 1962 年刚重印过一版,这时不宜立即再印(还要重新排字)。再,那时的气氛也越来越不宜于印这种外国资产阶级作家作品的译本了。不久,开始了"文化大革命"。翻译介绍这本"封资修黑货"成了我的"罪状"之一。直到粉碎"四人帮"之后,才从卞之琳同志家中取回他为我保存了十五年之久的《译后记》原稿(衷心感谢他!),又从上海译文出版社取回他们为我保存了十五年之久的译本修订稿(衷心感谢他们!)。我对译本和《译后记》又作了一次修订。上海译文出版社于 1981 年 5 月又重新排印出版了这个经过修订的新译本。

谈翻译莎士比亚《十四行诗集》,要先谈一下十四行诗。十四行诗是英文 Sonnet 的译名。Sonnet 也称作 Sonata,与音乐中的"奏鸣曲"同名。Sonnet 的中文译名不止一种,

有译作"十四行"或"十四行体诗"的,有译作"商籁体"或"商籁"的,有译作"短诗"的。"商籁体"似乎是音义双关的译法,但不一定恰当。"十四行诗"这一译名也有缺点。这种诗体除行数有规定外,还有节奏和韵脚的规定,而这个译名从字面上看,只指出了这种诗体的一个特征。倒不如干脆音译好。但既然"十四行诗"这个译名已经流行,也就不必另起炉灶了。

十四行诗原是指中世纪流行在民间的抒情短诗,是为歌唱而作的一种诗歌的体裁。十三世纪意大利诗人雅科波·达·连蒂尼是第一个采用十四行诗形式并赋予它以严谨格律的文人作者。意大利诗人彼特拉克(Petrarch)是文艺复兴时期最著名的十四行诗作者。他用拉丁文写的十四行诗,由两个四行组和两个三行组构成(一个组亦可视作一个诗节),共十四行。其韵脚排列是这样的:

   1221 2332 454 545

意大利文艺复兴的影响遍及欧洲。十四行诗亦随之传入法、英、西班牙诸国,并适应各国语言的特点,产生了不同的变体。十四行诗大约在十七世纪传入德国。

十六世纪初叶,两位英国贵族萨瑞伯爵亨利·霍沃德(Henry Howard, Earl of Surrey)和托马斯·外阿特爵士(Sir Thomas. Wyatt)把这种诗体移植到了英国。他们略加变化改为三个四行组和一个两行组。萨瑞伯爵所作十四行诗的韵脚排列有几种变化:

   1212 3434 5656 77
   1212 1212 1212 11
   1212 1212 3232 44
   1212 1212 1212 33

外阿特爵士喜欢用的格式是:

   1212 1212 3433 44
   1221 1221 3443 55

而诗的节奏是每行五个轻重格(即抑扬格)音步。其后英国十四行诗都是用的这种节奏,莎士比亚剧作中的"无韵诗体"也是这种节奏(只是不押脚韵而已)。现在举悉德尼爵士 Sir Philip Sidney)的一行诗作为标本,来说明什么是五个轻重格音步:

   And that｜my Muse,｜to some｜ears not｜unsweet,

这里,一格(用竖线分隔)为一音步,每一音步包括两个音节,前一个轻读(V),后一个重读(—),共十个音节。(这是公式。实际上,轻重读有变化。)

十四行诗体介绍到英国之后,逐渐风行起来。到十六世纪末,这种诗体已成了英国诗坛上最流行的诗体。许多十四行诗人产生了:悉德尼爵士,丹尼尔(Daniel),康斯塔勃尔(Constable),洛其(Lodge),德瑞顿(Drayton),恰普门(Chapman),斯本色(Spenser),

就是其中最著名的几个。斯本色的十四行诗的韵脚排列比较特殊,象连环扣,被称作"斯本色式":

    1212 2323 3434 55

  紧接在这群诗人之后,莎士比亚作为十四行诗诗人象一颗耀眼的新星,出现在英国诗界的天空。莎士比亚十四行诗也是由三个四行组和一个两行组构成,其韵脚排列是这样的:

    1212 3434 5656 77

与萨瑞伯爵的十四行诗韵脚排列方式之一种相同。后来这种格式被称作"莎士比亚式"了。也被称为"英国式"或"伊丽莎白式"。莎士比亚十四行诗集中的诗都是这种格式,除了三个例外:第九九首有十五行,从格式上说,第五行是多出来的;第一二六首只有十二行,是六对偶句构成的;第一四五首,行数与韵脚排列不变,但每行只有四个轻重格音步,也就是说,每行少去两个音节。

  到了密尔顿(Milton)笔下,十四行诗韵脚排列的格式回过去接近了彼特拉克,虽然变化仍多:

    1221 1221 3434 34
    1221 1221 3454 35
    1221 1221 3453 45
    1221 1221 3223 23

密尔顿的十四行诗最后两行不押韵,而是各与第三个四行组中相当的诗行押韵,这就是英国诗歌中的所谓"挽歌诗节"。

  虽然十四行诗形式在英国广泛流行并不持久,但后来写十四诗的仍不乏人。除了前面提到的密尔顿外,还有华兹华斯(Wordsworth),雪莱(Shelley),济慈(Keats)等诗人都写了十行诗,其中不乏名篇。勃朗宁夫人(E. B. Browning)的《葡萄牙人的十四行诗集》更是著名的爱情诗。十四行诗体的生命一直延续到现代。现代欧洲诗人,例如英国的奥顿(Auden),奥国的里尔克(Rilke),法国的瓦雷里(Valery),都用彼特拉克式的变体写十四行诗。

  在英国的十四行诗中,莎士比亚的十四行诗是一座高峰。莎士比亚以惊人的艺术表现力得心应手地运用了这种诗体。在短短的十四行中,表现了广阔的思想的天地。我在《译后记》里曾说过:这部诗集乍一看来,倒确会给人一个单调的感觉,因为莎士比亚在这些诗中老是翻来复去地重复着相同的主题——总是离不开时间、友谊或爱情,艺术(诗)。但是,如果你把它们仔细吟味,就会发觉,它们决不是千篇一律的东西。它们所包含的,除了强烈的感情外,还有深邃的思想。那思想,同莎士比亚剧作的思想一起,形成一股巨流,汇入了人文主义思潮汇集的海洋,同当时最进步的思想一起,形成了欧洲文艺复兴时期人文主义民主思想的最高水位。莎士比亚在这些诗里,通过对一系列事物的歌咏,表达了他的进步的人生观和艺术观,提出了他所主张的生活的最高标准:真,善,美,和这三者的结合。我在《译后记》里曾对莎士比亚的十四行诗谈过一些我自己的理解,那是很粗浅的,并且一定会有错误的,我所谈的也远远不能说明莎士比亚十四行诗全部深刻的思想内容。同时,我觉得,这些十四行诗的艺术是高超的:诗中语汇的丰富,语言的精炼,比喻的新鲜,时代感,结构的巧妙和波澜起伏,音调的铿锵悦耳,都是异常突出的。诗人尤其善于在最后两行中概括诗意,点明主题,因而这一对偶句往往成为全诗的警句。莎士比亚十四行诗不仅在英国的抒情诗宝库中,而且在世界的抒情诗宝库中,保持着崇高的地位。

  我认为,既然是翻译,那么就应该尽可能把原作的诗形式呈现在读者面前。

  原作有严谨的格律(行数、节奏、韵脚),音乐性很强。要把原诗的节奏——以行(诗行)为单位的轻重格五音步完全用汉文来表达,是很困难的,因为两种语言的差别太大。英语单词发音的特点在轻读和重读:汉语单字的发音特点在声调(四声)。两种不同的特点构成了各自诗歌韵律的基础或出发点。既然特点不同,也然决定了这种节奏之互相"翻译"的几乎不可能。在经过了一些探索并参考学习了一些前辈翻译家(如卞之琳同志)的翻译样本之后,我觉得可以肯定地说:轻重格(其他格如重轻格、轻轻重格等等,也一样)是无法"译"的;但音步似乎可以用顿或音组来表达(以前我曾用过"发音单位"这个杜撰的名词,一个发音单位就是一顿或一个音组。)原诗每行五个音步,译成中文就应该是五个音组,如:

    我们要 | 美丽的 | 生命 | 不断 | 繁殖

我就是本着这样的原则进行翻译的。至于个别超过五个音组的诗行(如译本第一○五首的第九、十、十三行,每行有六顿),则作破格(不是指运用纯熟之后突破程式,而是近乎犯规的意思。下同)论。但是破格也有个限度,即不允许超过六顿。

  根据汉语韵文的节奏要求,译文以二字一音组和三字一音组为合格,而一字一音组(一字音组在字义上有矛盾,下称一字顿)和四字一音组则为破格。在一般情况下,一字顿遇到上下文是二字音组时,即归上或归下而不独立为一音组。四字音组最末一字必为虚字,否则即自然地分为两个二字音组。超过四字,必然分为两个音组。每行的字数不作硬性规定,但最多是十五,最少是十,而以十二或十三为最合适。在合格的情况下,必须避免清一色的二字音组和清一色的三字音组。(译本中个别诗行有五个三字音组的、如第八五首第十四行,则作破格论。)在不得已而破格的情况下,一行诗中至多只能有一个一字顿或一个四字音组。(至于译本中个别情况,如第一○五首第九、十、十三行每行有连续三个一字顿"真,善,美",则更是破格了。)最理想的是二字音组和三字音组交替出现,这又有两种情况,一是二字音组起头,各音组字数依次是二三二三二,如:

  时间|就捣毁|自己|送出的|礼物

一种是三字音组起头,各音组字数依次是三二三二三,如:

  他只用|一声|悲哀的|叫唤|来答复

这样的安排(特别是前一种),听上去似乎比较协调,有一种既整齐又参差有致的效果。

  不管一个音组有几个字,每个音组必有一字为重读,其他字为轻读。如果两个重读相并,往往是其中之一为次重读。(轻读和重读的位置不拘。如果规定位置,就会使翻译近乎不可能。这也是轻重格或其他任何格无法"译"的原因之一。)例如〔ˇ轻读,ˉ重读,ˊ次重读〕:

  ˊ ˇ   ˊ ˇ ˇ   ˊ ˇ ˇ ˊ

  我们要 | 美丽的 | 生命 | 不断 | 繁殖(第一首)

  ˉ ˇ ˇ ˇ ˇ ˊ ˇ   ˊ ˇ ˇ ˇ ˇ

  它就会 | 显得 | 更美, | 更美 | 多少倍!(第五四首)

  这样,似乎也就勉强地把原作节奏的一个组成部分——音步传达出来了。但是效果究竟如何,以及这种分音组的句子在中文(汉语)里是否也能算作一种韵文,只能由读者去判断了。

  再说韵脚。原作的韵脚排列有一定的格式,译文尽可能亦步亦趋。但原作不是一成不变的。译文有时也作些变通。这里把原作韵脚排列的普遍格式、原作第二九首的韵脚排列同译文第四九首的韵脚排列作一比较:

原作韵脚排列的普遍格式:

  1212 3434 5656 77

原作第二九首的韵脚排列:

  1212 3434 5252 66

译文第四九首的韵脚排列:

  1212 3434 5252 33

原作第二九首第六韵与第二韵同;译文第四九首第六韵与第二韵同,第七韵与第三韵同。所谓变通,主要是指这个。这样的情况还有不少。而译文第五四首则更是一个特殊的例子,其韵脚排列是这样的:

  1111 1111 2222 22

  再谈谈协韵字的问题。

  莎士比亚选用协韵字并不十分严格,常常用"视韵"(sight rime)即看上去仿佛押韵

（相应的元音字母、辅音字母相同）而实际上并不押韵（同一元音字母发音不同）的"韵"，如 love 与 prove（第一〇首第十行与第十二行），are 与 prepare 的第二音节 pare（第一三首第一行与第三行），beloved 与 removed（第二五首第三行与第十四行），minds 与 winds（第一一七首第五行与第七行）等；还有一些连"视韵"都算不上，看上去相应的字母并不整齐或相同而听起来更不押韵的"韵"，如 come 与 doom（第一四五首第五行与第七行），were 与 near（第一四首第五行与第七行），die 与 dignity 的第三音节 -ty（第九四首第十行与第十二行）等等。这种变通的用韵法在英国诗歌传统中是被允许的，而莎士比亚在用韵上似乎更不拘泥，更自由洒脱一些。

我的译文在选用协韵字方面，标准也是宽的。所谓宽，有如下几个方面：(1) 加上介母而协韵。例如以 a、ia、ua（这里用汉语拼音字母，下同）为韵母的字协韵，以 an、ian、uan、ian 为韵母的字协韵等等。这原是古今通行的押法。（但，ie、ue 固然协韵 e 同 ie、ie 却不协。）(2) 以发 zi、ci、si 各音的字为一类，以发 zhi、chi、shi、ri 各音的字为另一类，同类字相押是严格的，两类相押就宽一些。但这两类字相押也是古今通行的。(3) 不拘平仄而协韵。这是"五四"以来的新诗所通行的押法。(4) 音同字不同，可以押。不过我所说的标准比较宽，主要是指：(5) 押大体相近的韵。关于大体相近的韵，我是这样理解的：甲，以 en、in、uen(un)、i、eng、ing 为韵母的字均算作协韵字；乙，发 er 音的字可以同发 zi、ci、si、zhi、ni、shi、ri 各音的字押韵；丙，e 为韵母的字可以同以 o、uo 为韵母的字押韵。以 ou 为韵母的字以同以 u 为韵母的字相押。但 i（非 zi-ri 各音中的 i）与 ü 不得押，ü 与 u 不得押，否则作犯规论。

我又给自己订了几条规则：第一，凡轻声字（不就是轻读字，但后者包括前者），即表达语气的"吗"、"吧"、"呢"、"么"、"了"（非"了不起"等中的"了"），虚字"的"、"地"、"得"（非"目的""土地""得到"等词中的"的"、"地"、"得"），人、物名称的附加字"子"（"果子""钩子"等中的"子"）等等，不得押韵。轻声字只能在多字韵（两字的为阴韵，三字和三字以上的为复合韵）中作韵尾，而且最好是同一个字。例如，第一五三首译文中的双字韵（阴韵）是"……熟了"和"……入了"，"熟"和"入"相押，韵尾都是"了"字；第九〇首译文中的三字韵（复合韵）是"……恨我吧"和"……胜我吧"，"恨"和"胜"相押，韵尾中都有"我吧"二字，而"吧"是轻声字。第二，同一个字不得押韵，但可以在多字韵中作韵尾。例如第九七首中的双字韵是"……冬天"和"……冻天"。儿化音的"儿"字不得押韵，但可以在儿化多字韵中作韵尾。对以上这些规则，我没有做到完全不违反的地步。

译文所用的语言，避免生硬的欧化语法，尽量用现代汉语普通话的口语（但也适当运用一些成语）。例如以"当"字开头的表示时间的从句，尽可能放在主句之前，不倒装；又要求以"的时候"或"时"收尾，否则分不清同主句的界线。再者，把原文中表示时间的从句化为汉语的办法不止一种,"当……的时候"的句式也不宜多用。又如一句中连用三个以上"的"字或"地"字,尽量避免。生硬的欧化语法例子很多,这里只是略举一二。但有些欧化语法,如"既然"句、"尽管"句放在主句后面的倒装句法等,因为不算太生硬,还是用了。

　　我在《译后记》里讲过了:译诗是难事,译莎士比亚更谈何容易。要译文的文义不出错,不是易事,但更难的是传达原诗的风格,原诗的韵味。好诗有一种在字面上捉摸不到然而能够动人心魄的魔力。几个平淡无奇的字,在大手笔的安排下,"神通显威灵"般地攫取了读者的心灵。文艺科学应该能够准确地解释这种现象。但翻译却极难于传达这种艺术魅力,如果不是完全不可能的话。我虽然不主张诗根本不可能翻译,但对于有人之所以持这种见解,我能够理解。因此我对自己的译文是不存奢望的。我译的莎士比亚《十四行诗集》的任务仅仅是:使读者(尤其是青年读者)知道,在世界文学的宝库中,有一本叫作《莎士比亚十四行诗集》的书。至于这些诗篇的艺术力量究竟在哪里,只有等后来的译者来"发掘"了。到那时候,我的译本就"欣然消灭"。

(原载《文学翻译百家谈》,北京大学出版社,1989)

八、"信达雅"与"真善美"

屠 岸 许 钧

许钧：就我所知，先生早在 40 年代就开始做翻译，在半个多世纪的文学翻译生涯中，先生译的主要是外国诗歌与戏剧，几乎不涉及小说的翻译，这是否与先生的文学创作活动和工作有相当大的关系呢？您的诗歌创作和诗歌翻译之间有什么联系或影响吗？

屠岸：我从事翻译，主要是译诗。译小说，有过一次，是把师陀的小说《贺文龙的手稿》译成英文，发表在上海英文《密勒氏评论报》1949 年 6 月 18 日出版的一期上。译戏剧，量也很少。90 年代应方平兄之约，译了莎士比亚的历史剧《约翰王》。莎剧台词大都是素体诗，我把它既当作诗又当作剧来翻译。与工作有关的翻译有一次：50 年代我在中国戏剧家协会工作，接受了南斯拉夫戏剧家努西奇的喜剧《大臣夫人》的翻译，译本在 1958 年由中国戏剧出版社出版。原文是南斯拉夫驻华大使馆向剧协提供的英译打字稿，接受翻译是为了促进中南两国文化交流。1983 年西安话剧院根据我的译本把它搬上了舞台。

我译诗，首先是出于我爱诗。我在上海交通大学读的是铁道管理，但爱的是文学。我与权表兄同住一楼，他在光华大学读英国文学。他的英国文学课本和读物，我都拿来读，我和他还常到当时上海英租界工部局图书馆去遍览英国文学书籍。他的老师周其勋先生对英国诗歌的讲解，都通过他传到我的耳朵里，他有一本 *Golden Treasury of Songs and Lyrics*（《英诗金库》），上面写着密密麻麻的注释，是周先生讲解时他记下的，我都拿来学。1941 年 12 月太平洋战争爆发后，日本侵略军进占上海租界，英美居民都被抓进集中营，他们家中的藏书大批流入上海旧书市场。我把能攒的零用钱全都用来购买英国文学原版书，大部分是诗歌。（这些旧书后来都毁于"文革"。1984 年我访英时，到新旧书店去，也没有见到我在 40 年代上海所购得的英诗版本！）我的课余时间都花在阅读中国古典诗歌、英语诗歌和五四以来的中国新诗歌中，达到如痴如醉的程度。我也阅读翻译诗，如梁遇春、郭沫若、戴望舒等人的译诗，逐渐感到，我也可以试试，于是开始译诗的尝试，终至一发而不可收。

我译惠特曼的诗，开始时是出于对他的爱好。我爱他雄浑、自由、奔放的诗风。对他在美国南北战争时期写的诗，尤其喜爱。我把译他的 52 首诗结集，以《鼓声》为书名，于 1948 年在上海自费（用"青铜出版社"名义）出版。惠特曼是林肯总统和北方联邦政府的支持者，这部译诗集中有不少诗篇歌颂南北战争中北方的战士，歌颂林肯。而我的这部处女译著出版时正值中国人民解放战争进入决战阶段，我借它的出版作为象征：支持以延安为代表的北方革命力量，预示这场战争将导致全中国的解放。

1946 年到 1947 年我和友人合办过油印诗刊《野火》，出了 3 期。上面登载创作的新诗，也登载译诗。其中有我译的苏联诗人马雅可夫斯基的《我们的进军》和英国诗人威廉·莫里斯的《那日子要来了》。后来袁鹰等同志在党的地下组织领导下主办的铅印丛刊《新文丛》公开发表了《那日子要来了》，并把诗题作为丛刊那一辑的辑名。我译的俄国诗人聂克拉索夫的诗《许多都城震动了》发表在《蚂蚁》小辑的一辑上，也以该诗题作辑名。此时已经到了 1948 年，中原大地的城市一座座获得解放，全国解放的日子快要来了。这是我又一次（也是最后一次）用译诗"配合"政治。

我后来出版的译诗集，都是出于对缪斯的祀奉，没有任何政治暗示。我的第一首白话诗习作是《北风》，写于 1936 年。1938 年秋，我开始写旧体诗，那是受母亲的熏陶，读唐诗入了迷，便不自量力学着写。1941 年开始热衷于写白话新诗。我写的第一首公开发表的诗是《祖国的孩子》（散文诗），我的第一首公开发表的译诗是爱伦·坡的《安娜贝莉》，它们都发表在 1941 年上海《中美日报》的副刊《集纳》上。此后，我的诗歌创作和诗歌翻译同步进行。太平洋战争爆发后，日军侵占上海租界。我不向任何敌伪报刊投稿，但创作和翻译没有停止。抗战胜利后，我成了《文汇报》副刊《笔会》和《大公报》副刊《星期文艺》的投稿者，《笔会》主编唐弢先生和《星期文艺》主编靳以先生发了我的不少新诗、译诗和关于译诗的评论。当时在《文汇报》《申报》和《东南日报》上发表的我的译诗，原作者有英国的莎士比亚、雪莱，苏格兰的彭斯，爱尔兰的斯蒂芬斯，法国的波德莱尔，奥地利的里尔克，俄国的普希金、尼基丁，美国的惠特曼，印度的泰戈尔等。

我的诗歌创作和诗歌翻译之间有着明显的联系，这里着重谈一下十四行诗。在 40 年代，我写了十几首汉语十四行诗，那是在翻译英国十四行诗（莎士比亚、斯宾塞、雪莱）的影响下，也是在读中国诗人朱湘、冯至的十四行诗的引导下，开始动笔的。50 年代，十四行诗被某些评论家斥为"已经僵死了的西欧贵族和资产阶级的诗歌形式"，"已经随着产生它的时代和阶级一去不复返了"，致使汉语十四行诗在中国诗坛上绝迹。到 70 年代末，我才又拿起笔来写作十四行诗。收在《屠岸十四行诗》（1986）和《哑歌人的自白——屠岸诗选》（1990）中的十四行诗，是我 40 年代和 80 年代的作品。卞之琳先生在《翻译对中国现代诗的功过》一文（《译林》1989 年第 4 期）中提到我译莎士比亚十四行诗与《屠岸十四行诗》之间的关系，认为后者是在前者的影响下产生的。

我写十四行诗，开始时并没有引进这种体裁的考虑。我在实践中逐渐意识到这种体裁与中国古典诗歌中的律诗十分接近，可以作为中国新诗形式的一种而存在，并且可以得到发展。长期以来，中国新诗一直以自由诗为主体。但 20 年代闻一多就从理论和实践两方面提倡新格律诗（或者叫现代格律诗）。50 年代，何其芳、卞之琳等曾讨论过中国新诗的格律问题，但讨论没有持续下去。"文革"结束后，对新格律诗的理论探讨和创作实践又活跃起来。汉语十四行诗以个人专集形式出版的就有多种,许多诗人的诗集中收有十四行诗;由选家选编的《中国十四行诗选》也出版了两种。我曾为许霆、鲁德俊选编的《中国十四行诗选》写过序,对中国十四行诗的渊源和走向提出了我的看法。我感到,包括十四行诗在内的中国新格律诗将不断巩固自己的地位,总有一天会形成与自由诗分庭抗礼的局面。

我写十四行诗运用了引进的形式,但拒绝单纯的模仿。莎士比亚十四行诗也是运用了从意大利引进的形式,但不是模仿彼德拉克。莎士比亚发挥了他伟大天才的独创性。中国诗人们写十四行诗同样发挥了他们各自的独创性。如冯至的十四行诗,虽然受到里尔克的影响,但他在诗中表达的对人生和宇宙的思考,蕴含的丰富而深邃的哲理,则是20世纪40年代中国的,更是冯至个人的。我写十四行诗,是为了表达我所处的时代和在这个时代中生活的我所特有的思索与感受。

许钧: 先生翻译过惠特曼的诗集《鼓声》《莎士比亚十四行诗集》,还译过斯蒂文森的儿童诗集《一个孩子的诗园》(合译,1982年)。在这些不同国度、不同风格与不同题材的翻译中,先生的总的翻译原则是什么?又采取了什么方法以传达它们之间的不同特点?

屠岸: 我对严复的"信、达、雅"三原则,始终信奉。这三者中,我认为"信"是中心,是主导,也是关键。正如人生三标准"真、善、美","真"是根本,"真"的内涵是"善",外延是"美"。没有真,也就不存在善、美。信好比真,达、雅是信的两个侧面。没有信,就谈不上达、雅。不达,就不能说信了。对读者负责必须与对作者负责统一起来。对雅,我的理解是对原作艺术风貌的忠实传达。所谓"不忠之美",我认为不符合翻译的雅,而是译者创作之美。英国诗人费兹吉罗德译的波斯诗人欧玛尔·哈亚姆的《鲁拜集》,被认为是费兹吉罗德的创作,列入英国诗选;美国诗人庞德译的中国古诗,如汉武帝的《落叶哀蝉曲》、李白的《长干行》等,被认为是庞德的创作,列入美国诗选,我认为恰当。这些是特殊的现象,广大的翻译工作者不宜仿效,因为这不是人人能做到的。

我译诗用的语言,是当代白话——以北京语音为标准音,以北方话为基础方言,以典范的现代白话文著作为语法规范的普通话。要求口语化,适当用一些至今还有生命力的文言词语,但应与白话水乳交融。生硬的欧化语法不用。有些欧化语法和外来词语已溶化在今天中国人的语言文字中,丰富了中国语文的表现力,这在翻译时自然接受。

我不用文言的古典诗歌形式译诗。我觉得那样会造成不谐调气氛,产生不伦不类的感觉,但从古典诗歌和民歌中吸取有益的营养,是必要的。

外国诗有多种形式和体裁。我用汉语新格律诗译外国格律诗,用汉语自由诗译外国自由诗。对英语格律诗的翻译,我的原则是"以顿代步,韵式依原诗",亦即卞之琳先生所说的"亦步亦趋"。"顿"与闻一多所说的"音尺",孙大雨所说的"音组"是一个东西。英语格律诗有两个要素,一是节奏,叫"格"(metre),一是韵,每首诗都有"韵式"(rime-scheme)。诗行由若干"步"(foot)构成,一"步"包括两或三个音节,音节的轻读和重读的位置决定"格"的性质,因此有所谓"轻重格"(即抑扬格)"重轻格"(即扬抑格)等。英语素体诗(blank verse)除了不用韵外,与其他英语诗一样。英语语音的特点是轻音和重音间的交替,汉语语音的特点是四声的交替。这两种特点无法互相沟通。因此轻音重音位置固定的"格"在英诗汉译时无法表达,不可能"译"出。但英诗"步"可用汉语"顿"(音组)代。以音组代音步的方法之首创者是孙大雨先生,完善者是卞之琳先生。当代运用"以顿代步"方法的译家逐渐多起来,成功者有杨德豫、黄杲炘先生等。

"顿"和"步"有特殊的"缘分",所以"以顿代步"成为英语格律诗转换为汉语格律诗的特殊"桥梁"。但这座桥不能逆向通行。把汉语格律诗译成英语时就不能"以步代顿"。其他语种的格律诗汉译时能否用"顿"来代原作的节奏单位,尚待研究。

对英语自由诗,我用汉语自由诗来译。自由诗并不是无节奏的分行散文。优秀的自由诗有动人的内在节奏。惠特曼的诗,常常是汪洋恣肆,如海涛汹涌,有强烈的节奏感和旋律感。所以,无论译格律诗还是自由诗,我总让自己带一双有音乐感的耳朵。

我的译诗要求是既要传达原作的风格美、文体美,也要传达原作的形式美、音韵美。(这是追求的目标,能达到多少是另一回事。尽善尽美是永远不可能的。)要传达原作的精神和风格,译者就应当做到深入体验作者的创作情绪,使译者的心灵与作者的精神契合,译者的灵魂与作者的灵魂拥抱在一起。这话也许说得有些"玄",但我认为可以向这个方向努力。我译莎士比亚十四行诗,译济慈的六"颂"和十四行诗,常常把原作诵读多遍,有些篇是诵读多年,烂熟于心,能够背诵的。这样可帮助掌握原作的风格和神韵。1984 年我访英时,在爱丁堡和格拉斯哥的集会上,我朗声背诵了莎士比亚的十四行诗和彭斯的怀乡诗。苏格兰朋友问我为什么对英诗喜爱到如此程度,我的回答是:因为我要求自己成为一个合格的英诗翻译者。

深入体会原作的精神,还必须把翻译和研究结合起来。译一位诗人的作品,就应该了解和研究他的生平、创作经历,所谓的流派,他的时代,他对同时代人和后世的影响,他的诗作的特色和在文学史上的地位等。这种了解和研究不能脱离文本。我的译本都有自己写的前言、序或后记,其中包含了我的研究,只是研究得还不够深入。

我有一个习惯,就是译作出版后,如有再版机会,我就不断进行修改。《莎士比亚十四行诗集》就进行过小的和大的修改多次。我体会到,对译作的修订、改进、琢磨,是无止境的。

有人认为,译者要选与自己风格近似的原作来译,这样易于成功。这话有道理。但译者的风格也不是一成不变的。我在 1948 年发表在《大公报》上的《译诗杂谈》中曾把翻译比之于绘画的临摹和音乐的演奏。我说,同一原作经过不同的译者之手出来,必然产生不尽相同的效果,正像同一乐曲由不同的演奏家演出,必然带有不同的特色和风采。那么反过来,同一个演奏家可以演奏不同作曲家的多种乐曲,同一个演员可以表演不同剧作家剧作中的许多角色,只要这个演奏家或演员能深切体验原作(乐曲和剧本)的精神实质,把它化为自己的血肉,那么他们的演出就会成功。演奏家和演员必然有他们对原作的理解,有他们自己的风格,他们的艺术是第二度创造,是原作的风格和他们的风格水乳交融的产物,是他们的灵魂和原作者的灵魂相结合的产儿。翻译的道理与此相通。我读戴望舒译的波德莱尔的诗和他译的洛尔迦的诗,感到二者风格不同而又仿佛相同。不同,因为原作者是两个人;仿佛相同,因为译者是一个人。

许钧: 在诗歌翻译中,最困难的是形象的转换。先生在诗歌翻译过程中,有没有遇到过不可转换的诗歌意象?另外在韵律层次上,诗歌翻译中有没有什么"失",您如何处理?在隐喻的再现上,有哪些困难?

屠岸: "形象"有时作文艺作品中的"人物形象"解,又可作具体形状或姿态解,与"抽象"相对。在诗歌翻译中,会遇到形象:在叙事诗中是各式各样的人物,在抒情诗中是作为抒情主体的诗人自己,当然也常有别的人物。我对翻译学所知甚少,不知"形象转换"是否翻译学的专门术语。我姑且把"形象转换"理解为把原作中的人物用另一种语言表现或塑造出来。这不容易,首先会遇到对原形象的理解问题。如莎士比亚戏剧中的人物,不同的导演和演员可以有不同的理解和不同的解释,因而有不同的演出。一千个演员演同一个莎剧中的哈姆雷特会出现一千个哈姆雷特。百分之百的原汁原味是不存在的。但我又认为,这一千个哈姆雷特又必须都是莎士比亚的丹麦王子,必须"万变不离其宗",否则就不是莎剧而是别的什么东西了。翻译的道理与此相通。我译济慈的叙事诗《圣亚尼节前夕》《伊萨贝拉》《拉米亚》等和译莎士比亚的叙事诗《鲁克丽丝失贞记》时,就遇到"形象转换"问题。工作第一步就是深入到原作的人物形象中去,掌握他(或她)的性格、秉赋、气质,以及语调、姿态等,然后运用适当的汉语把他们表达或塑造出来。

然而翻译与演剧不尽相同。不同译者笔下出现的同一原作人物之间的差异,较之不同导演、演员塑造的同一原剧人物之间的差异,要小得多。这是因为舞台创造的空间比翻译活动的空间大。此外还要看到,原作中的人物是多种多样的,有的简单,有的复杂。莎士比亚的《鲁克丽丝失贞记》中的两个主要人物塔昆和鲁克丽丝,一个是淫棍、强奸犯,一个是贞女、烈妇。两人都有丰富的内心经历。但不同的译者对这两个人物的理解不可能有大的差异。杨德豫译的《贞女》和我与屠笛合译的《鲁克丽丝失贞记》中这两个人物形象基本上是一致的。

有的人物就比较复杂,莎士比亚历史剧《约翰王》中的私生子菲利普,是个勇敢、正直的爱国者,但他有一段关于丑恶的"利欲"的著名独白。他在痛斥"利欲"之后,又说:假如有机会,他也会选择"利欲"。一位西方评论家认为,可见菲利普已经萌生了一种倾向于"物质现实主义的非道德觉醒"。(认为他选择"利欲"放弃道德是一种"觉醒"!)我在研究了菲利普的全部言行之后,认为这位评论家的判断是可疑的。我认为那段独白的后半部分是反讽,而且是强烈的反讽。根据这种理解,我在译文中就自然流露出一种说反话的口气。

对抒情诗中的形象——主要是抒情主体即诗人本人的形象,译者应掌握作者的性格和气质。要注意的是,作者本人也是在变的。青年华兹华斯和老年华兹华斯不一样。写《满二十三周岁》时的弥尔顿和写《梦亡妻》时的弥尔顿不一样。这就要求译者掌握好分寸。抒情诗中也有人物形象。莎士比亚十四行诗中除诗人自己外,还有青年贵族"朋友""黑女郎""诗敌"等人物,要完成这些"形象转换"就要求翻译与研究(不是烦琐考证)相结合。华兹华斯的《露西·格雷》中的露西与《露西抒情诗》五首中的露西不是一个人,又仿佛是一个人。这要求译者仔细体会二者细微的差别,用艺术家的手腕去再度创造这两个深刻而又单纯的农村少女形象。

"意象"和"形象",在英语中都是 image。但这两个中文词既有共同点,又有不同点,形象强调形,具象,所以与逻辑思维相对的是形象思维。意象强调意与象的结合,接近意境、情景。在诗歌翻译中,会遇到某些不易转换的意象。这里举一例,济慈的《夜莺颂》第七节中有三行,原文是:

> The same that oft-times hath
> Charmed magic casements, opening on the foam
> Of perilous seas, in faery lands forlorn.

大意是:这同样的歌声(指夜莺的歌唱)曾多次迷醉了那神秘的窗子,这窗子向险恶的大海浪涛打开着,在那失落的仙乡。这里济慈用了一个典故:中世纪传奇故事里常常讲到美丽的公主被囚禁在海上古堡里,勇敢的骑士泅过惊涛骇浪,救出公主,获得她的爱情。(也可能是借用希腊神话和传说中的故事:青年勒安得每夜泅渡赫勒斯滂海峡去与情人希罗相会。最后一次,希罗的灯灭了,勒安得溺毙在大海里,希罗找到了他的尸体后,投海而死。)济慈想象夜莺的歌声打动了美人的心,使她打开窗户,望看大海,盼望勇士的到来。但原文文字上没有出现美人,只出现了 magic casements(神秘的窗子)这个意象。译文如何处理呢? 这三行诗,朱维基的译文是:

> 也许就在那孤寂的仙境
> 经常朝着危急的海浪而开的
> 那个着了魔法似的窗格。

查良铮的译文是：

　　就是这声音常常

　　在失掉了的仙域里引动窗扉

　　一个美女望看大海险恶的浪花。

朱译按原作只出现"窗格"而不提美人（这几行译文把"窗"与夜莺歌声的关系切断是不妥的），使读者摸不着头脑。查译直截了当地写出"美女"，而原作不是这样，这样译就失去了原作含蓄的意味。

我的译文是：

　　这歌声还曾多少次

　　迷醉了窗里人，她开窗面对大海

　　险恶的浪涛，在那失落的仙乡。

原文 casements 是个隐喻，有指代意义，它暗指窗里有美人。为了读者，我只好牺牲隐喻，但不能失去喻象，于是我把它译为"窗里人"，使隐喻和它暗指的对象结合，受到夜莺歌声的迷醉。这种译法与朱译不同，接近查译，但与查译在"窗扉"之外另加"美女"，也不同。我不敢说我的译法优胜，但不否认有我的特点。

朱译虽有缺点，但他把 magic 译出了："着了魔法似的"。magic 可解作"神秘的"，也可解作"着了魔法似的"。朱译是正确的，因为"窗"在这里是暗指美人，美人在渴望着爱人的来临，仿佛着了魔一样，这正是热恋中的情人的心态。magic 这个词在查译和拙译中都没有译出，应该说是一种"失"。如果我在译文中把它加进去，那么上面引的拙译三行中的第二行就要变成："迷醉了那着了魔似的窗里人，她开窗面对大海"。此行原为五顿（代五步），这一来变成七顿，就与"以顿代步"的原则相背。而且这行变得过长，在视觉上失去了匀称，这也是"失"。再说，原文中 charmed 是主语的行为动词，magic 是宾语的形容词，二者对应，译文中已有"迷醉了"，那么省去"着了魔似的"，便不能说损害了多少原意，这个"失"不大，两"失"相权，取其轻者，这就是我那样译法的理由。

不可转换的诗歌意象，是会遇到的。比如莎士比亚十四行诗第 135 首，原文中 will 这个词出现了 13 次。这是诗人在做文字游戏，但戏得不俗，每个 will 中都含有深意，形成了一连串的意象。我费了点心思，把诗中出现的 will 分别译为"主意""意向"（出现 2 次）、"意图"（出现 4 次）、"意欲"（出现 3 次）、"意志"，使包含"意"字的汉语双音（二字）词也出现了 13 次。但原作中一个 will 包含多层意思，译文无法全部表达。原作中最后一个 Will，首字母大写，用斜体字型排出，它不但含有 will 所含的多种意思，同时是莎士比亚的名字 William（威廉）的简写，我把它译成"意志"，加引号，以示与众不同，但只能表达它的一种意义，无法表达暗示作者自己或其他与作者同名者。这就是不可转换的意象。

正如毛泽东的词《蝶恋花》中的句子"我失骄杨君失柳","杨"和"柳"既是象征春天的两种树,又指杨开慧和柳直荀两位烈士。这在译成外国语时是无法兼顾的,补救的唯一办法是加注。

许钧:我在《中华读书报》上读过先生的一篇文章,叫《"归化"和"洋化"的统一》,这是文学翻译中比较重要的一个问题,涉及翻译的目的与原则,先生是怎么理解的?"归化"与"洋化"的度应如何掌握为好?

屠岸:关于"归化"与"洋化",我在那篇短文里已把我的基本观点说明了。这里可以作点补充。有的翻译理论家把译者比作"一仆二主",是说他既要忠于原作者,又要忠于读者,这道理是对的。但,尽管"仆"不一定含贬意(如"人民的公仆"),我觉得还是换个说法为好,不如说译者"一身而二任",既是作者的朋友,又是读者的朋友。对朋友,要讲忠诚,要讲友好。为了作者朋友,要讲"信";为了读者朋友,要讲"达""雅"。三者又分不开,都是为了两个朋友。"洋化"与"信"联系较多,"归化"与"达""雅"联系较多,但三者也不能分割。对读者朋友来说,"归化"过度,是对他们的蒙蔽,"洋化"过度,是对他们的放弃。以作者朋友来说,"归化"过度是对他们的唐突,"洋化"过度是对他们的诌媚。

周珏良先生在《论翻译》中说,除非有特殊理由,不准用四字成语。我认为四字成语可以用,但要用得恰当,不要多用,更不可滥用。对带有中国典故的成语,必须慎用,最好不用。我在那篇短文里举过几个例子,如在莎士比亚诗的译文里出现"朝秦暮楚",在彭斯诗的译文里出现"初识之无",在巴尔扎克小说的译文里出现"毛遂自荐"等含有中国历史典故的成语,这种译法是"归化"过度的结果,会使读者产生时代和民族传统文化错乱的感觉。

还可以举几个例子来说说。莎士比亚十四行诗第 99 首第 6—8 行原文为:"The teeming autumn, big with rich increase,/Bearing the want on burden of the prime,/Like widowed wombs after their lords' decease"。大意是:"多产的秋天,因受益丰富而充实,孕育着春天留下的丰沛的种子,像丈夫死后的寡妇的子宫。"——womb(子宫)这个英文字,在英语诗歌中出现的频率虽不算高,但并不回避。可是在中国诗歌中,以及在中国其他文学作品如小说、散文中,"子宫"这个词是见不到的。这牵涉到不同民族文学语言传统和读者欣赏习惯问题。在英国读者看来,出现 womb 很自然;在中国读者看来,出现"子宫"就感到突兀。因此,我在译这首诗时,不能不把这个词"归化"一下,把那行诗译成:"像死了丈夫的寡妇,大腹便便。"我觉得这样更适合中国读者的欣赏习惯。

作为译者,心中应时时警醒着,意识到中国和外国不同的历史文化和地域文化的差异。我译的莎士比亚十四行诗第 25 首中有这几行:"辛苦的将士,素以骁勇称著,/打了千百次胜仗,一旦败走,/就立刻被人逐出荣誉的纪录簿,/使他过去的功劳尽付东流。"这里最后一行的原文是:"And all the rest forgot for whish he toil'd"。意思是:"他过去的功劳被人全忘了。"我译成"尽付东流",是意译。这本来并无不可,但仔细一想便觉不妥。中国的河流大部分向东流入海,特别是主要的河流黄河和长江是如此。所以中国诗歌和文学作品中,"付之东流"就是一去不返或一切白费之类的意思。"问君能有几多愁?恰似一江春水向东流",也是这个意思。但莎士比亚的英国是一个岛国,这里的河流有的向东流入北海,有的向西流入爱尔兰海和大西洋,在他们的传统中没有"付之东流"也没有"付之西流"的概念。所以我那样译是把中国传统的地域概念强加到莎士比亚的诗作上去了。

有人把莎士比亚十四行诗第 29 首的最后两行译作:"我怀着你的爱,使我幸福无疆,/我决不放弃你去换取南面为王。"中国古代以南面为尊位,帝王之位南向,故称帝位为"南面"。《易·说卦》有云:"圣人南面而治天下,向明而治。"《庄子·盗跖》也说:"凡人有此一德者,足以南面称孤矣。"但英国国王并无"南面而治"之说。莎士比亚的那行诗原文为"That then I scorn to change my state with kings",意为"教我不屑把处境跟帝王对调",这里没有丝毫帝位面向什么的影子。上述那种译法是把中国传统的方位观念强加到莎士比亚诗作上面去了。

上面举的两种译法也是"归化"过度的例子。

我想到鲁迅批评赵景深把 Milky Way 译为"牛奶路"的事。有人评论说,契诃夫的原作小说《万卡》中提到,小孩万卡眼中天上的 Milky Way 像用雪擦洗过那样洁白,"路"是可以擦洗的,"河"怎么能洗呢?所以译成"牛奶路"或如鲁迅所拟的"神奶路"是正确的。关于译"银河",英语中有两个词:Milky Way(由希腊神话而来)和 Galaxy(天文学名词)可任作者选用。可是中文里却只有"银河",或"天河",脱不了"河",总归不能擦洗。这时候,天平只好向"洋化"倾斜再加注了。

如何掌握好"归化"和"洋化"的"度",我实在说不清楚,因为难以划出一条明晰的界线。我想,是否可以向译者提出两条要求:第一,不要使读者产生民族传统文化错乱的感觉;第二,不要使读者如堕五里雾中。

许钧:关于"归化"与"洋化",不同的时代是否对"归化"与"洋化"的选择与认同程度有影响?作为译者应不应该从文化交流的角度看待这一问题?读者在其中又起什么作用?

屠岸:不同的时代对"归化"与"洋化"的认同程度肯定有影响。在"洋化"方面影响更为明显。现代汉语中有许多句式结构在古汉语中是找不到的,这是吸收外语语法成分化入汉语之中的结果,这丰富了汉语的表现力。现代汉语还吸收了大量外来语,使它们成为汉语的一部分,扩大了汉语的词汇。其实这种做法古已有之,"涅槃""六根清净"等等不也是从佛教经典引进的外来语吗？从中外文化交流的角度看，引进"洋"的东西是必要的，也是不可遏制的。从历史的长河看，汉文化是一种开放的文化，海纳百川，有容乃大，一旦成为封闭的文化，就没有出路，就会枯萎。这种引进与吸收，是在以民族文化为主的基础上，而不是民族虚无主义。读者见到"洋"的词汇或"洋"的概念或表现法等等，开始时会感到突然，但时间长了，便会习惯，习惯成自然。随着全球经济一体化的进程，随着科技的突飞猛进，交通和信息传递的快速发展，地球村愈来愈小，读者必然迫切要求扩大自己的眼界和知识领域，也要求扩大文学和诗歌欣赏领域。翻译上"归化"与"洋化"相统一的问题，也必然会随着时代的发展而不断地变。

许钧：文学翻译当然是一种文学交流，但文学交流属于文化交流这一大的范围之内，先生在选择作品翻译时，有没有自己的标准？作为译者和作为出版社的负责人，对作品的选择标准是不是不一样？

屠岸：我选择作品进行翻译，有自己的标准：一是在文学史上（或在现代、当代舆论上）有定评的第一流诗歌作品；二是同时又是我自己特别喜爱的，能打动我心灵的作品。选择第一流作品，是为了要把最好的外国诗歌介绍给中国读者，把外国的"真善美"输送到中国来；选择我喜爱的、能打动我的作品，因为这样的作品我才能译好。对生命力不能持久的畅销书，我不感兴趣。作为出版社负责人，考虑选题就应当更全面，视野更广阔。对入选原著的语种、原作者的国别，要扩大，时代的跨度，要延长。出版社推出外国文学作品的译本，要从改革开放的角度着眼，从中国与世界各国进行文化交流的角度着眼，从不同爱好、不同层次的广大读者的要求的角度着眼。作为文学出版社，应当出第一流的、古典的和现当代的外国文学作品，作品的文学性是第一选择标准。但有些产生重大影响的作品，其文学价值或许还没有定评，但对读者具有认识价值，也可列入选题。

许钧：作为译者，先生在翻译文学作品时，当然会有自己艺术上的追求，也有自己的标准，那么您对自己译文的评价的标准与作为出版社负责人对译稿的评价的标准是否一致？这方面有没有遇到矛盾？

屠岸：翻译理论家中有人称文学翻译是艺术，有人称它是科学。我认为两者都有道理。翻译是艺术，因此译作应该是艺术品；翻译是科学，所以作品应该具有科学性或学术性。作为出版社负责人，对外国文学作品的出版，应贯彻"百花齐放，百家争鸣"的方针。作为艺术品，译本必须是"花"；作为具有科学性或学术性的劳动成果，译者必须是"家"。出版译作还必须是"百花"和"百家"的"齐放"与"争鸣"，而不应是一花独放和一家独鸣。

我自己在翻译上有要求，对自己译文的评价也有标准。但我只是百花中的一花，百家中的一家。不能把自己的标准强加给别人，也不能屈从自己不同意的某些标准。但有些标准是译界共同遵守的，比如"信"，不赞成的恐怕很少了。公开主张"宁顺而不信"的人已不见,提倡"不忠之美"的人也不多。

有时会遇到矛盾。有的译家用汉语旧体诗形式译外国诗,如王力教授译波德莱尔的《恶之花》。我当时是出版社的一名工作人员,我不赞成这种译法,但认为应当允许其存在。王力是"大家",他的翻译态度认真、严肃,作为一种实验,更应允许"争鸣",所以出版它我不持异议。

许钧: 半个多世纪来,对译文的评价标准与要求是不是因时代而有所变化? 有人认为,在中国的文学翻译中,意识形态对翻译作品的选择与处理有很大的影响,您怎么看?

屠岸: 新中国成立已经半个世纪。新中国成立之初,还存在不少私营出版社,后来变成公私合营,50年代后期,全变成国营。从50年代末到70年代,出版外国文学译本的出版社,只有人民文学出版社(及其副牌作家出版社)和上海文艺出版社("文革"后为上海译文出版社)。那时对译文质量要求严格,很少抢译之风。自70年代末以来,出版社专业分工的体制被打破,两家出版社独占外国文学译本出版的局面改变。竞争机制使文学译本的出版活跃起来,蓬勃发展。在此情况下,出版了许多优秀的译作,同时,鱼龙混杂,一些粗制滥造的译本也纷纷出笼,甚至发展到抄袭、剽窃的译作不绝于书肆。这说明一部分出版社和"译"者为利益所驱动,降低了对译文质量的要求,但不能说中国出版界和翻译界降低了对译文质量的要求。随着翻译评论和翻译理论探讨的展开,一些出版社的编辑和一部分译者对译文质量提出了更高的要求。

意识形态对翻译作品的选择与处理有很大影响,这是事实。50年代中苏"蜜月"时期,也是俄苏作品译本出版的黄金时代。当年欧美古典文学作品占一席之地,是由于我国文艺政策中有"洋为中用"一条,同时,也可说借了"老大哥"的光。苏联诗人马尔夏克的莎士比亚十四行诗俄译,在苏联卫国战争期间全部登载在《真理报》第一版上,战后出单行本,又获得斯大林奖金。所以我译的《莎士比亚十四行诗集》的出版不会受到阻碍。法捷耶夫在《谈苏联文艺》一文中指出:"欧美资产阶级在它发展的时候,也曾有过优秀的文学作品,但现在欧美作家与这种进步文学传统相对立,走向没落的道路……我们的文艺好像是联结点,我们吸取他们的好的成分,创作自己新的东西,再传给下一代。"新中国成立初期在对外国文艺的政策上与法捷耶夫所代表的苏联的政策是一致的。所以从50年代到70年代,我国出版界对欧美的现代作品一概拒之门外。60年代中苏分歧公开后,对苏联的当代作品也当作"修正主义"作品而打入冷宫。60年代初,人民文学出版社(或以作家出版社名义)以"内部发行"形式出版过一批"黄皮书"(用黄色纸作封面,没有美术设计),包括欧美现代作品和"苏修"作品的译本,其中有(凭我的记忆)法国剧作家尤内斯库的荒诞派剧作《秃头歌女》《椅子》,爱尔兰剧作家贝克特的荒诞派剧作《等待戈多》,苏联诗人特瓦尔多夫斯基的长诗《山外青山天外天》,苏联(立陶宛)诗人梅热拉伊梯斯的诗集《人》，苏联作家索尔仁尼琴的中篇小说《伊凡·杰尼索维奇的一天》，美国"垮掉的一代"作家凯鲁亚克的小说《在路上》等，还出版"内部参考"的刊物《外国文学新作提要》，以供有关领导和业务干部参考。"文革"期间，一切外国文学译本，包括"内部发行"的，都停止出版，内部参考的刊物也一律取消。"文革"结束后，特别是党的十一届三中全会决定实行改革开放政策以后，对(外国文学译本出版的种种禁锢才被一一打破，迎来了文学翻译的春天。

许钧：您在文学翻译的组织和出版方面做出了很大的贡献，在审读送审的译稿时，您是如何对待不同风格的译家和具有不同翻译追求的译品的？

屠岸：在审读译稿时，我和我的同事们掌握的是两条原则：一是严，二是宽。严——严把质量关；宽——对译者的个人风格、个人气质和个人所追求的方法及特色采取宽容和欢迎的态度。

许钧：作为老一辈翻译家和出版家，您对目前从事外国文学翻译、编辑出版工作的年轻一代有什么要求和希望？

屠岸：一切希望都在年轻一代。我自己从来都只是个业余的文学翻译工作者，我在翻译上的成绩很小很小。不少比我年轻的翻译家，他们取得的成绩超过了我。我真心诚意地向他们学习，而且真的学到了不少的东西。

如果说我对年轻一代有什么希望的话，那么对编辑出版工作者，我希望他们在选择和编译质量上一定要把社会效益和经济效益统一起来，决不要单为利益所驱使而把劣质的、有害的出版物拿给读者。

对翻译工作者，我希望他们有高度的敬业精神。我把译者比作文化上的普罗米修斯，他把外国的真、善、美之火拿来输送给本国的广大读者。这是一项崇高的事业。这也是一项关系到中国人民前途的重要事业。试想，如果没有与外国文化的交流，中国的明天会是什么样子？所以，他们肩负着重大的历史使命。我相信他们之中的绝大多数会严肃认真地对待自己的工作。对于小部分粗制滥造者和抄袭、剽窃者，有的要通过正常的、说理的批评，有的要用法律武器，纠正他们的错误。

年轻的译者应严格要求自己。对外语，不是一般地懂得就行，应向精通的目标前进。对汉语，必须提高修养，做到能熟练地掌握和运用。有的人对原作还没有弄懂就开始翻译，有的人还不能用汉语写作就从事翻译，这都应改正。对原语和译语都要下苦功夫。

当今翻译工作的报酬偏低。立志以文学翻译为职业的年轻人，必会有甘于清贫的思想准备。我对他们表示敬意。

1999 年 1 月初稿

九、美即是真,真即是美——屠岸先生访谈录

戎林海 戎佩珏

屠岸,原名蒋璧厚,1923年出生,江苏常州人,是我国著名的诗人、翻译家、出版家、文艺评论家。曾任人民文学出版社总编辑,中国戏剧家协会《戏剧报》编辑部主任,中国诗歌学会副会长,《当代诗坛》汉英双语诗学季刊主编。几十年来,屠岸先生在诗歌创作和诗歌翻译领域辛勤耕耘,收获丰硕,成就巨大。著有《萱荫阁诗抄》《屠岸十四行诗》《倾听人类灵魂的声音》等;主要的诗歌译作有《莎士比亚十四行诗集》、莎士比亚历史剧《约翰王》《济慈诗选》《英国历代诗歌选》《英美著名儿童诗一百首》等,其中《济慈诗选》译本荣获第二届鲁迅文学奖翻译奖。2010年屠岸先生获中国翻译文化终身成就奖。

2015年7月底,笔者有幸始与屠老通信。除向他汇报我们在赵元任翻译研究方面的事宜外,也谈及他的诗歌和诗歌翻译。9月中旬,我与屠老通电话,征求他的意见,问是否能就翻译方面的一些问题用笔谈的方式对他进行采访。屠老(虽然已是耄耋老人)非常爽快地答应了我的请求(大概是因为我们是家乡人的原因吧!),这使我由衷地感动。九月底,我将拟好的十二个问题寄给他,叫他有空慢慢解答。想不到两周时间不到,屠老就将答复寄了给我。答复是用老式的方格稿子写就的,字迹工整清楚。这对于一个93岁的老人来说,是何等的不易!

下面是具体的访谈内容。提问方,戎林海、戎佩珏,以下简称"戎",回答方,屠岸,以下简称"屠"。

戎:屠老,您是我国著名的诗人、翻译家和出版家。今天有机会以笔谈的方式采访您,真是我们莫大的荣幸。首先,作为诗人,请您谈谈诗歌能不能翻译。

屠:诗歌能不能翻译?有人认为能,有人认为不能。雪莱称不能。美国诗人弗罗斯特说,诗就是经过翻译而失去的东西。我则认为诗能翻译。《圣经》上说,人要造巴别通天塔,遭致上帝的震怒,上帝把人类分散到各地,说各种不同的语言,以为惩罚。这就是《圣经》所说的人类各民族语言不同的由来。但我认为,人类各民族的语言虽然不同,他们的感悟是相通的,都有喜怒哀乐,离合悲欢,因为他们都是人。这就是翻译之可能的根本依据。诗,正是人类感情抒发的成果。既然感情相通,那也就奠定了翻译之可能的基础。

戎:您从什么时候开始对翻译,尤其是诗歌翻译,情有独钟的?

屠:我最早翻译的是惠特曼的诗集《鼓声》,出版于一九四八年。其次是《莎士比亚十四行诗集》,出版于一九五〇年。我读小学时,母亲教我《唐诗三百首》《唐诗评注读本》,使我亲近了诗歌。我读中学时,住在姨母家,表兄奚祖权在光华大学读英文系,他读的

《英诗全库》原文吸引了我,使我沉醉于英诗的艺术魅力。见到《沫若译诗集》,佩服郭沫若的开拓精神,却也发现郭老译诗的缺点和疏误。窃以为"彼可取而代之"。一九四八年,我在《大公报》连续发表《译诗杂谈(一)》和《译诗杂谈(二)》,批评了一批诗歌翻译家,有的批对了,有的批错了,幼稚狂妄,不可一世。年龄渐大,稍有觉悟。但译诗的兴趣,始终未减。初,全凭兴趣,后来,渐有使命感。

戎: 您的翻译活动似乎聚焦在诗歌翻译上,有没有其他文学体裁的翻译?

屠: 这个问题,我似在第二个问题的回答中说过了。现再作补充。朱生豪译莎士比亚戏剧,是带有使命感的。日本有坪内逍遥的莎翁戏剧和诗的日文全译本,中国没有,朱生豪感到这是中国的耻辱。我感到,英国文学中莎翁的戏剧和诗创造了黄金时代,英国诗歌直到二十世纪末在欧洲文学中始终灿烂辉煌,若没有中文译本,对中国来说是一个缺憾。于是我殚精竭虑,译出了英国诗人155位的583首诗,时间跨度为中世纪到当代,书名叫《英国历代诗歌选》,分上下两册,于2007年出第1版。我翻译过剧本、散文。我译的南斯拉夫剧作家弩西奇的剧本《大臣夫人》于一九五八年在中国戏剧出版社出版,由西安话剧团搬上舞台。

戎: 诗歌翻译不容易。有人说,非诗人不能进行诗歌的翻译。在这方面,您就是一个很好的例证。能否请您谈谈您的诗歌创作对诗歌翻译有影响吗?翻译过程中您遇到的最大的障碍是什么?韵律问题、意象问题还是其他什么?您是如何处理的?

屠: 说非诗人不能译诗,这有一定的道理,但不能绝对化。诗人有创作经验,了解创作情绪,因此能较深地进入原作的内里。诗歌翻译的佼佼者如戴望舒、绿原,本身就是杰出的诗人。也有人不以诗人知名,但所译诗歌达到极高的水平,因为他们具有诗人气质。杨德豫写过诗,但后来不写诗了,他全身心投入诗歌翻译,达到无人能超过的高超水平。杨德豫就是具有诗人气质的翻译家,我称他为译诗圣手,绝不为过。译诗过程中遇到的要解决的问题,有韵律问题,意象问题,而最难的,是要译出原诗的神韵。神韵包含风格、气质、意蕴、人格、个性。要译出神韵,是最难的。若不能很深地进入原作的内里,就不能捕捉到原作的神韵。

戎: 有学者认为诗歌翻译必须讲究音韵美、形式美、意象美,也有人认为诗歌翻译要忠实地传达原作的文体美、风格美,译语也要优美等。能否请您谈谈您的经验与感受?

屠: 文体美可以包括在形式美之中。音韵美、风格美、意象美、都是交叉存在的。严复提出翻译三原则:信、达、雅,我认为信是根本。讲究信,就不仅要忠于原作的形式,也要忠于原作的内容。形式和内容是互相制约、互相促进的,不可分割。英语诗绝大部分是有格律的(惠特曼的自由诗除外,虽然它也有内在的音乐性),因此译成中文,我认为,也必须保持它的格律。英诗的格律包括一首诗的诗节数(stanza),各诗节的行数(line),

诗行的步数(foot),诗节的韵式(rime-scheme)。卞之琳先生的译诗原则是:以顿代步,韵式依原诗,亦步亦趋。顿就是中文的音顿。孙大雨创造的术语叫"音组"。其实就是顿。我是卞之琳先生的学生,我译诗就遵循卞先生的原则。遵循这一原则的译诗家还有杨德豫、袁可嘉、傅浩等。还有,译界还有人主张直译,有人主张意译。有过论争。卞之琳先生不赞成直译和意译的分类。他主张"全面求信",在"信"的主宰下,无所谓直译和意译。

戎:严复对翻译的要求是"信达雅",这是翻译的"三字经",被许多人奉为翻译的圭臬。您觉得诗歌翻译是否也同样要遵循这个原则?

屠:严复提出"译事三难信达雅"。这三条原则,我服膺,认为对。但我有一条"但书":严复提出的"雅",原是指他的桐城派古文的风格。我们现在又不写古文,所以对"雅"要加以改造,以符合我们的要求。我认为"雅"应该是原文的风格。比如莎士比亚戏剧中人物的对白或独白,有的出自达官贵人之口,那当然雅;但有的出于市井小人、引车卖浆者流之口,那只能俗(通俗,非庸俗,更非恶俗)。译莎翁戏剧中人物的台词,也必须该雅则雅,该俗则俗。这样来理解信达雅的雅,才不至陷入教条主义。

戎:传统中国译论和当代西方译论中都有一个"似非而是"的争论,那就是翻译的策略。也就是"归化"与"异化"问题。您曾经就此论题发表过意见。能否请您再谈谈我们应该怎样有机地、辩证地看待这个问题。

屠:关于"归化"和"外化"的问题,我曾说过多次,也都发表过。鲁迅对此有过精辟的论述,这里可以不必重复。我认为翻译必须有一定程度的"归化",这是为了读者易于接受;又必须要有一定程度的"外化",是为了使读者知道原著是外来的。"归化"过度,会使读者不知道原著是什么模样;"外化"过度,会使读者难以接受(或弄不明白)这样的译文。所以,"归化"和"外化"都有一个"度"。这个度怎样掌握,很难说清。只能说,译者应该是"一仆二主",既要对得起作者,也要对得起读者。

戎:有翻译家认为,翻译必须"择爱而译"。也就是说选择翻译自己喜欢的作品。您的诗歌翻译主要集中在英国的诗歌翻译上,尤其是莎士比亚的十四行诗和济慈的诗歌翻译。您为什么选择莎士比亚和济慈?是诗歌语言上的"情投意合",还是诗人心灵上的共鸣,精神上的同振?您还选择翻译了美国著名诗人惠特曼的作品,您对翻译作品的选择遵循了什么样的原则?

屠:我译莎士比亚十四行诗,是因为被莎翁的诗艺所征服,产生了极爱。我译济慈的诗,是因为我与济慈在精神上的共鸣与沟通。济慈22岁时患肺结核,我也在22岁时患上肺结核,济慈活到25岁,我当时也以为自己只能活到25岁(当时肺病特效药还没有出现在药房里)。济慈诗歌中的诗美,使我震惊,占有了我的心灵,我成了他的俘虏。他生活在十九世纪的欧洲,我生活在二十世纪的中国。但,尽管"萧条异代不同时",他和我却在冥冥之中相遇,相交,成为兄弟、手足。"海内存知己,天涯若比邻"。我到伦敦、罗马,访问了济慈故居和他的灵宅、墓葬。我把用三四年时间呕心沥血译成的《济慈诗选》送给了济慈故居纪念馆,工作人员说一定好好保存。

戎: 说到济慈,我们想起了他的名言:beauty is truth,truth beauty(美即是真,真即是美)。怎样全面理解这句话。对诗歌创作与诗歌翻译有什么样的启示?

屠: 济慈在他的诗《希腊古瓮颂》的最后一个诗节的末尾写道:

等老年摧毁了我们这一代,那时,
　你将仍然是人类的朋友,并且
会遇到另一些哀愁,你会对人说:
　"美即是真,真即是美"——这就是
　你们在世上所知道、该知道的一切。

这里的"你"是希腊古瓮,"人"是人类,最后一行中的"你们"指人类。"美即是真,真即是美"是古瓮说的话,古瓮认为人类知道、并且应该知道"美即是真,真即是美"这句箴言。这使人想到人生三原则:真、善、美。这三者,真是基础,根本;善是内涵,美是外延。这三者又是浑然一体,不可分割。济慈说的真,其实包含了善,可以不说,不言自明。古瓮对人说,也就是济慈对人说。他说,没有美,就没有真,没有真,就没有美。诗美,人生美,都源于真。真,就是真诚性。人若没有真,就是丧失了真诚性。那不就成了伪君子了吗?济慈在这里,讲的是怎样做诗,也是怎样做人。

戎: 济慈对诗歌创作与诗歌美学提出了一个著名的诗学概念,叫做 negative capability。对于这个"术语",译界有一些不同的翻译,比如周珏良先生曾译为"天然接受力"和"反面感受力";梁实秋先生曾将其译为"否定的能力";袁可嘉先生则将其译为"消极的才能";还有人将其译为"自我否定力"。先生您的翻译是"客体感受力"。您认为这个术语的确切含义是什么?您为什么要将其翻译成"客体感受力"?

屠: 济慈在给弟弟的书信中提出了一个诗学概念:negative capability。这个概念,有不少中文译法。周珏良译为"天然接受力""反面感受力";梁实秋译为"否定的能力";袁可嘉译为"消极的才能";还有人译为"自我否定力"、对这些译法,都可以认为,都没有错误。negative 原本是"反面""消极""否定"的意思。只是"自我否定力"的译法会产生一些矛盾。若是已经否定了自我,那还会有 capability(这也是一种力)吗?

按我的理解,济慈的这个诗学概念所要说明的,是放弃自己原有的一切定势思维,而与吟咏对象拥抱,感受吟咏对象的一切,合而为一。原有的一切定势思维,属于诗人的主体。主体即是 positive,它的反面是 negative,即客体。我不采用"消极",因为我不认为济慈消极。我也不采用"否定",因为我不认为济慈否定了自己。济慈这个诗学概念,不妨说是积极的。中国诗学中有"有我之境""无我之境"。"客体感受力"与"无我之境"似有相通之处。济慈认为只有拥抱对象,才能写出好诗。

戎:您对"中国文化走出去"有什么样的看法?翻译在其中应当扮演什么样的角色?

屠:关于"中国文化走出去",最近有两件事引起广泛关注。一是莫言的文学作品获诺贝尔文学奖,一是屠呦呦因创制治疟疾的"青蒿素"获诺贝尔科技医学奖。这似乎是一个信号,也是一个标志,即西方开始关注中国,关注中国文化。中国自唐宋以来,长期是世界文化的中心,或中心之一。鸦片战争,中国失败;甲午战争,中国又失败,中国在世界民族之林中的地位一落千丈。西方中心主义瞧不起中国,把中国贬为二三等国家。中国的弱国地位,长期得不到翻身。但中国人并不自馁,始终奋斗不息,这突出地表现在十四年的抗日战争中,最终导致日本的无条件投降。西方中心主义一度漠视中国在二战中的贡献,认为战败日本法西斯只是美苏的功劳。最近欧洲的学者著书充分肯定中国在二战中战胜日本法西斯的作用,得到世界的承认。文化方面也如此。西方中心主义认为科学创造全部归功于西方。诚然,电灯电话、火车轮船始创于西方。但是,指南针、火药、造纸、印刷术都是中国的创造,由中国传到了西方。谁能否认?文学也如此。当年斯文赫定征求鲁迅的意见,问他是否同意被列入诺贝尔文学奖参赛人名单,鲁迅说"我不配"。诺贝尔文学奖评委会又提名老舍、沈从文。只是这个奖不颁给已经逝世的作家,而老舍、沈从文那时都已辞世。有一位中国作家,放弃中国国籍,取得了法国国籍,他的小说获得了诺贝尔文学奖。这未始不是好事。但如果说鲁迅还不如这位改换国籍的原中国作家,那是缺乏常识。正确的看法应该是,东方人(包括中国)和西方人都有各自的贡献,共同创造了世界的物质文明和精神文明。诺贝尔奖颁给莫言和屠呦呦,是一个信号,也是一个标志,说明西方中心主义已经注意到了过去的偏颇,开始正视历史。这才是真正的历史唯物主义。

中国文化走出去,必须依靠翻译,翻译是纽带,没有翻译,此路不通,怎么走出去?莫言的小说,如果没有外文翻译,瑞典诺贝尔文学奖的评委怎么能读懂莫言的作品?他们中有几个人懂中文?鲁迅称翻译家为普罗米修斯,这个比喻极好。外译中者,是把外国文化之火播到中国来;中译外者,是把中国文化之火播到外国去。没有普罗米修斯盗天火给人类,人类永远生活在黑暗中。没有翻译家把各民族文化之火传给其他民族,人类也只能老死不相往来,不能共享人类的物质文明和精神文明。

戎:最后,请您老对有志从事翻译研究和实践的青年学者提点希望和要求好吗?

屠:今天有志于从事翻译研究和翻译实践的青年学者,必定是有着高尚的志趣或使命感而不为名利所动的人。翻译作品的发表和出版,能得到多少稿费和版税?稿酬的低,与翻译工作所付出的劳动,无法相比!版税更不要谈起。一些译家为了出版他的译著,要给出版社"倒贴"一笔钱,为数不小。这不能怪出版社,因为出版社没有为出你的译著而赔本的道理。为什么译著销路不畅?未必是你的译著质量低劣,即使是名著佳译,也不一定畅销。这是当前社会的风气所决定的。当前流行的是"快餐文化"。真正的经典,未必合乎事宜。十九世纪美国作家华盛顿·欧文访问英国,写成一本《旅程札记》(Sketch Book,林纾译为《拊掌录》),其中有一篇《造书的艺术》(The Art of Book-Making),写的是一些英国学者如何"造书",即是拿已出版的书来,抄录拼凑,改头换面,变成一本本新书,投放市场。这些年来,中国也出现过类似的"造书的艺术"。一些人把同一原著的几种不同的中文译本,剪贴拼凑,改动几个文字,便变成一本新译,投向市场。原译者也难以对簿公堂,你说他是剽窃,他说他是新译。是吗?这种丧失道德原则的行为,青年学者必须坚决摈弃,不能沾染丝毫!

翻译是一项崇高伟大的事业。翻译工作者应该有这样的自觉。

中华民族是五十六个民族的联合体,如果没有翻译(口头的,文字的),那就是一盘散沙,不能形成伟大的合力。

中华人民共和国的成立,与翻译有着异常密切的关系。"没有共产党,就没有新中国"。这,大家知道。那么,共产党又是怎样诞生的?"十月革命一声炮响,给我们送来了马克思列宁主义。"于是导致了共产党的建立。马克思列宁主义的原著是德文、俄文,送到中国,得到中国人的接受,不通过翻译怎么行?《共产党宣言》的第一个中文译者是陈望道,他功不可没!马列著作中文翻译的后继者"代有才人出"。现在《马恩全集》中文版也已面世。我要说,没有翻译,就没有中华人民共和国。这不是危言耸听,这是事实。

有一位领导干部,说:"翻译有什么难的?只要手头有一部字典,不就什么都解决了吗?比如你遇到一个外文字,good,你查一查字典,这个字的中文解释是'好',你把'好'写下来,不就译成了?其他字,全可以此类推。"这位领导干部,以无知为聪明,令人笑,亦令人叹。

尊重翻译,尊重翻译工作者。但也不要把翻译抬到可怕的高度。

翻译工作者既不要瞧不起自己的工作,也不要拿乔。只有认真对待自己的工作,才是正确的态度。不要妄自尊大,也不要妄自菲薄。

(原载《常州工学院学报》2017年第5期)

十、对建立中国翻译学的一些思考

张柏然

我国自有文字翻译以来的一千多年间,已基本形成了特有的译学思想与理论。20世纪80年代以前,在翻译理论这一领域的研究主要集中在对翻译标准的探讨,从严复的"信、达、雅"到钱锺书的"化境"说,都局限于对翻译导向的总体把握,而很少甚至不涉及翻译过程中具体的操作技巧。80年代以来,大量介绍和吸收外国的译学理论,尤其是引进了西方的语言学翻译理论,我国的译学理论从宏观描述转为微观研究,对翻译标准及操作过程中的各个步骤、各项具体问题进行了逐一讨论和研究。这其中除了从语言学理论角度审视原语与译语之外,还从符号学、文体学、美学等角度对翻译进行多学科研究。面对这样一个新形势,我们不禁要思索:中国能不能建立翻译学? 能不能有自成体系的中国翻译学?

一

任何事物的运动都有其内在的规律与特点,翻译亦然。揭示翻译过程中的运作规律与特点,并运用科学方法加以描述便是翻译学的主要任务。翻译涉及文本、译者、读者三大关系,融合了语言、文化、哲学思想、审美心理等多种因素,具有极其丰富的内涵,它是一门涉及多学科,具有多层面(理论、实践、本体、外位)的综合性科学。建立翻译学就是要运用语言学、文学语言学、文化学以及美学等学科理论对文本进行研究,并从心理学、美学、哲学等角度对译者、读者加以认识。从翻译实践中总结理论,再以理论为依据调节具体操作;从翻译本体纵观文化外围,再从文化外围透视翻译本体,进行多角度全方位的探讨。总而言之,翻译学就是系统地研究双语转换规律,通过描述翻译过程,总结出一定的原则、理论与模式,以解释和预测一切在翻译范畴之内的现象,从而构建一套宏观结构框架加微观操作原则的翻译理论体系。在中国建立这样一个翻译理论体系是否可行呢? 有人认为建立翻译学只是一个"迷梦"(劳陇,1996),是不可企及的目标。我们则认为这是完全可能,也可行的。应该说,我国的译学已经起步,已积累了一定的理论基础,尤其是近几十年来,翻译理论已日趋系统化,很多专著都有着自成体系的理论框架,如刘宓庆的《现代翻译理论》、张今的《文学翻译原理》、申丹的 *Literary Stylistics & Fictional Translation*、许钧的《文学翻译批评研究》、柯平的《英汉与汉英翻译教程》等,已为构建译学的美学理论、批评原理、文体学理论和语符学理论等奠定了坚实的基础。而持翻译学是"迷梦"这一观点的人认为:在翻译这一语言符号系统的转换活动中,由于各种不同语言符号系统之间找不到共同的规律,两语之间的转换无法实现对等,因而无转换规律可循,翻译只是将原语思想转化为译语思想的思想转换过程,这一过程中起主导作用的是人的创造性思维及主体调节机制,因而翻译不受客观规律支配,便不能成为科学。我们说这种论点否定了人类思维的共性,否定了语言的共性,也就否定了人类思想的交流。只看到同中之异,而未见异中有同,过于突出和强调事物存在的个体特性,忽略事物的共性及普遍规律,这无疑是主观片面的。语言翻译是一项复杂的活动,制约这一活动的客观规律有待一步步探求,尤其因它具有浓厚的人文色彩,科学地进行总结与描述势必会羁绊丛生,但没有充分揭示客观规律并不等于不存在客观规律,事实上,概念的转换就是翻译过程中的一条规律。任何事物都有规律可循,都有理论可依,正如文学研究有文学理论,哲学有哲学思想体系,翻译也有其自成体系的特点与规律。文本的结构、译者的认识以及读者的接受,都有其特有的规律。建立翻译学就是要揭示所有与翻译活动有关的内在特性,并用科学的方法进行描述和研究。毫无疑问,任何学科的建立都有一个从模糊到清晰、从杂乱到系统化的过程,只要我们认定这一目标,翻译学的建立便只是一个迟早的问题,是终究能够实现的。

二

建立中国翻译学,我们的立足点何在?

建立中国翻译学,我们要立足于中华民族的语言、文化、思维方式,从本民族的语言与文化现实出发,从汉—外、外—汉语言文化对比研究的实际情况出发,描写翻译实践过程,展开翻译理论研究。引介西方翻译理论无可厚非,也必不可少,借鉴外来译学理论能丰富和发展我国的译学,但没有"放之四海而皆准"的翻译理论体系,西方的译学理论是建立在西方语言特点基础上的,我们不能机械地照搬和套用西方翻译理论模式,应该一方面吸取这些理论对翻译共性的描述,同时要根据本国的语言特点,透视语言中所反映的文化精神构建具有本国特点的译学理论。纵观一千多年来的中国翻译理论,我们有着自成体系的译学思想,无论是"信、达、雅"还是"形似、神似"之说,都体现了华夏民族的整体思维方式以及植根于本民族文化中的审美思想,这是中国译学理论发展的基石,我们要在此基础上,兼收并蓄,构建符合我国语言文化特点的翻译理论模式与操作系统。有种观点认为:中国译学发展的方向就是与国际接轨,与国际学术界进行平等对话(王宁,1996)。何谓"与国际接轨"?与国际接轨不是要我们抛弃自己一千多年的译学思想,一味追逐他人的理论模式。而要与国际学术界进行平等对话,必须要有一套建立在自身语言特点基础上的立足于本国文化精神的理论体系。

在宏观层面上,翻译学是对翻译客体—原语与译语、翻译主体—译者,以及接受者—读者三者本质特征的认识与研究。首先就翻译的基础要素语言而言,语言具有民族特点,因而各个语言的形式和结构有很大的不同。在两种语言的转换过程中,对两种语言进行对比是必不可少的。中国的译学理论更应从汉语的语言特点出发,通过与外国语言的对比描述确定相应的理论依据。在这一点上,有学者已构建了一个译学理论模式(刘宓庆,1989),即重描写的语义—功能模式。这一模式是以汉语结构特征为基础,通过与西欧语言的对比确立的。汉语与西语有着差别很大的形态表现方式,如汉语以"意合"为主,西语主要体现在"形合"上,这样两种不同的形态特征,决定了双语间的转换在很大程度上体现在语义功能的对应,而不是符号系统的形式对等。由于汉语缺乏语法功能的形态表现手段,以意念作为句子的连贯纽带,以"神"驭"形",在双语转换中,要注重在整体上把握语言的内在意念发展。译学理论要相应地突出和强调对语言事实从宏观到微观的描写,从整体到局部的把握与分析。另一方面,对翻译主体译者的研究也要以民族文化背景为参照系,译者的思维、心理、情感等都脱离不了自己民族的文化、思想影响,充分研究和对比不同的民族心理及意识过程,探求译者在翻译中的认识及其规律,从而确立适合中国译者的认识论与方法论,中国译者的思维、认识及审美方式受中国哲学的影响,最大的特点是概念模糊性,具体体现在审美认识上就是:注重意象的表现形式,不太关注某一特定的意象表现形式的内在结构、成分配列及效果分析等,即注重宏观整体的接收,而不太关注微观透视。汉民族的"综合性"整体认知模式与英语民族的"分析性"思维模式形成强烈对比,这一反差反映在译者的认识上就会有对文本客体的审美整体性与逻辑性的反应中国传统美学是以"天人合一"为哲学基础的,本民族的审美方式以知觉、体悟为主要特点;西方美学则是以"物我两分"为其始发点,辅之以逻辑辩证思维,与西欧民族的认识与审美方式相比,汉民族具有较少的认知性、思辨性和逻辑性。在描写译者的认识规律时,不可忽视其民族心理、文化背景及审美特点,应探寻与之相应的认知规律,指导具体的翻译实践(张思洁、张柏然,1996)。东方的葛洪说过:"文贵丰赡,何必称善如一口乎?"西方的荷尔德林也说过:"只能有唯一的一,这怪念头从何而来?何必一切须统一于一?"不同民族的文化心理结构毕竟是客观存在的。中西方译学的侧重实难免偏于一隅,两者所持的批评尺度很难兼得。真正融合这二者,只是历史老人的任务。但未来的融合或许正存在于今天各自的不断发展和繁荣之中。

研究翻译还有一个不可忽视的方面,即读者的接受心理。中国的译学也要包容中国读者的审美期待与接受取向,从以往曾做过的调查结果了解到(姜秋霞、张柏然,1996),读者的审美期待也有一定的特点,就语言形式而言,大多数中国读者都比较喜爱与外国作品原文结构较为贴近的译文。这种接受心理,也与整个民族文化的特征有着密切关系。中国文化源远流长,有着一种非凡的接纳和消融能力,善于接受异质的东西,物为我用。读者的接受取向及其所折射的文化背景也应纳入翻译学研究范围,因为译者在翻译实践中的动机与追求如何根据读者的接受特点进行调整具有一定的尺度与标准。

三

要建立中国翻译学，必须坚持科学化与人文性相结合。

只需回顾一下翻译史，我们不难看到，一部翻译史就是翻译研究方法迭相嬗变，不断另起炉灶的历史。这种现象的产生，一方面因为翻译有其内在的规律性，对翻译的内在的规律作抽象的、形式化的描写使翻译研究具有自然科学的属性；另一方面因为翻译是涵盖面极广的社会现象，对翻译的社会性、实践性和主体性的研究又使翻译研究具有人文科学的属性。因此，要建立中国翻译学，必须坚持将两者统一起来。如前文所述，80年代以来，我国翻译研究中引进了许多西方现代翻译研究的术语和概念，大大拓宽了翻译研究的领域。应该说，80年代以来的中国翻译研究在广度和深度等方面取得了很大的成就，形成了中国现代翻译研究史上的又一高峰。但我们也不能不看到翻译研究中一味分化、一味求细，带有烦琐哲学的味道，忽视了抽象与综合的倾向。值得警惕的是：我们在追求翻译研究科学化的同时，一不小心将翻译研究的人文性也丢掉了。翻译是语言的艺术。作为思维的载体和交际的工具，语言不是简单的机械，不是冷漠无情的单纯器具，而是充满了人情心绪、人世体验、人生阅历、人伦享受、人品精华、人性积淀的"思想精灵"，是蕴含着生机、灵气、活力、智慧的"生命编码"。甚至可以说，一个人的言语就是他生命的一部分，是生命的知觉、生命的信号、生命的外化。如果无视于此，片面强调翻译研究的模式化、标准化，那实际上是把翻译研究简单化，把情感丰富、跳动着生命旋律的翻译活动变成干巴巴、冷冰冰、枯燥乏味、刻板生硬的"文字游戏场"，这是制造"人""文"分离，使"文"外在于"人"，结果必定是背离了翻译研究的人文性，又有违于翻译研究科学化的初衷。当然，也须防止另一种片面性：那就是用翻译研究的人文性来否定翻译研究的科学化。不能因为翻译研究的人文性而认为翻译研究中的随意性、重复性、低效劳动是天然合理的，传统翻译研究的路子是至善至美的。那么，翻译研究的科学化和人文性能不能和谐地统一起来呢？答案应该是肯定的。这两者是完全可以并行不悖、相安共处的。

结语

翻译学是一门涵盖译品、译者、读者三大关系，浓缩着社会、文化、心理等各个方面因素的综合性学科，有着复杂的层次、丰富的内涵和宽阔的领域。建立中国翻译学，就是要进行多角度、多学科的研究，结合中国传统的宏观描写理论与西方的微观分析理论，以中国语言、文化为基石，用科学的方法加入文观照对双语转换过程中的各个机制进行描述，找出客观规律与普遍性，确立语言翻译的科学依据和依归。

当然人类思维、人类语言以及人的认识与接受等都有共性的一面，唯其共同的特点使各民族思想感情交流成为可能，使语言翻译成为可能。这一共性也决定了翻译理论研究的共同方面。因此，我们既要立足本位，也要参照外位，既要注重共性，也不能忽视特性，构建以本国语言文化现实为依据，并能与国际学术界对话的中国翻译学。

（原载《译学厄言》南京大学出版社，2012）

十一、翻译本体论的断想

张柏然

本世纪译学研究在总体格局上无疑对一些形而上学的问题采取了冷置的态度,这些形而上学的问题以翻译本体论为核心。长期以来的翻译理论研究,一直围绕着"什么是翻译""翻译是艺术还是科学""翻译中的形式和内容"等问题进行。可是我们不无遗憾地看到,上述几个问题乃是一个本质论的命题。存在先于本质,把握对象的本质之前,须首先追问对象的存在,这就是本体论所要解决的问题。可是这个问题在本世纪的译学研究中可谓一度阙失,再度错位。迄今尚未见到令人满意的阐释。本文试图通过对本世纪译学研究格局的横向扫描,用以揭示本体论阙失和错位的理论错误;同时,对解决这个问题的逻辑思路进行思辨性的梳理,以期从哲学出发,重建翻译本体论的理论话语。

本体论的阙失和错位,对现代译学研究来说,当是必然之事。本体论的问题原本是一个哲学问题,它是古希腊哲学研究的主题,但近代从笛卡尔始,本体论的研究便渐次让位于认识论,尤其从19世纪下半叶起,其情势益发如此。这种状况势必反映到美学和译学研究上来。本世纪译学研究形成的客观格局由如下三大显流鼎足成势:一是"(作)译者研究系列",二是"(作)译品研究系列",三是"读者研究系列"。正是在这三个系列次第登场的过程中,翻译本体论作为一个形而上学的命题,一步步地消隐其身。

以上三大显流形成的译学研究总体格局看似全面,其实有所阙失和错位;它虽然无所遗漏地从(作)译者到(作)译品又到读者,仿佛对翻译来了个全面包抄,但这个序列是在同一水平层次上的平面操作,都属于形而下的研究范畴。现在,当我们回眸上百年来译学研究的走向时,便明显发现它缺乏对翻译进行本体论思考的形而上学的研究。不管怎样,忽视对本体论的研究,则会使上述三大系列缺乏共同而深厚的理论根基。本体论所要把握的不是别的,而是翻译作为活动的存在。正是这种活动,方使(作)译者、(作)译品和读者等三大系列形成一个有机完整的翻译板块,因此这是一种突破翻译表翻译本体论表象的深化研究。当然在以上三大系列中,亦有一些论者把自己的研究对象上升到"本体"的高度,如(作)译者本体、(作)译品本体等,但这种某一局部因素的拔高,并非翻译整体意义上的形而上学研究,而仅仅是对具体研究对象的强化。正因为长期以来译学研究在整体上沉陷于形而下的层次,所以本文认为,在横向度上译学研究是丰富多彩的,然而一旦纵观,却明显缺乏层次上的立体感。

如上所言,译学研究中本体论的阙失和错位并不是偶然的,而是有着深刻的学术背景及其理论根源。归根结底,译学研究中形而上学的失落,根子还在哲学。哲学的面貌决定了美学的面貌,又以美学为中介间接地影响译学研究。近几个世纪来,哲学思想被认识论、方法论所统治,然而历史往往呈现出一种戏剧性的场面。尽管反对形而上学是本世纪哲学的一个主要流向,但形而上学并不就此甘心退出历史舞台。也有一些哲学家在为它的合法性做着艰辛的努力,于是本世纪的哲坛出现奇怪的悖反:一边是"拒斥形而上学",一边是"形而上学复兴"。哲学从本性上来讲,不仅是一种认识论和方法论而且首先是世界观,它应以存在为基础对世界做整体性的思考,所以它的基本问题并不局限于认识论,也绝不能外在于本体论。因此,形而上学的重新登场也就不难理解了。正如《简明不列颠百科全书》在"本体论"词条中所说:"20 世纪由于形而上学重新抬头,本体论或本体论的思想再度受到重视。"

哲学中本体论的重新抬头,自然给翻译的形而上学研究施以影响,因此本体论的字眼也频频出现在一些学者的文章或论著中(杨自俭、刘学云,1994),但有了本体论的字眼并非就是本体论的研究,关键在于如何研究。本体论乃形而上学中一个最重要的理论话语,它对存在的把握并非首先在经验领域里进行,而应在逻辑思辨层次上先行展开。也就是说,它的研究道路是自上而下的,即由思辨到经验。存在本身本来就是思辨范畴里的内容,它不属于经验范畴,经验之中的东西不是存在而是在者。考察本世纪翻译理论研究,本体论之所以从阙失走向错位,就在于它迷失了正确的道路,直接在经验层次上对翻译的某个对象给以指认,却不曾考虑,这种指认是缺乏它赖以成立的逻辑前提的,因此一些论者径自把自我经验所感知的翻译对象破格晋升为"本体",并认为这就是所谓的翻译本体论。岂不知,这种极大的误解乃是把本体论放到了一个非本体论的道路上去研究,其结果只能是南辕北辙。这种现象本文认为是"本体论的错位",而错位的本体论其实也就是另一种形式的本体论的阙失。

具体说,什么是错位的本体论?其表现何在?其一,从原则上来讲,凡是从直观层次把译学系统中的某一对象当做整个系统的本体论的存在,或者反过来说,把译学研究所要把握的本体论存在落实在某一具体对象上,这时本体论的错位就不可避免地发生了。就上述三大系列而言,(作)译者、(作)译品和读者实际上构成了一个完整的译学研究系统,它呈现为一个"三 R"(Translator, Translation & Reader)结构的翻译场,"三 R"则分别为这个"场"中的系统质因。把这个系统中的(作)译者因视为整个翻译场的本体论的存在,从而又形成相应的"(作)译品本体论";其二,把这个系统中的(作)译品因视为翻译场的本体论存在,从而又形成相应的"(作)译品本体论";其三,读者本体论,其根据与上两者同。所以说这是本体论的错位,因为这三者都是翻译场中直观的"在者",并非翻译场本身的存在,而翻译本体论是从形而上研究翻译存在的本身,并不直接指向作为实体的在者。所以本世纪中叶以来,翻译本体论虽然有所复兴,但其错位也是显而易见的。从其实际情况来看,举称"(作)译者本体论"和"读者本体论"时有所见,最常见的则是

"(作)译品本体论"。这种错位的本体论,不仅于整个译学大为有弊,而且也遮蔽了真正通向本体论研究的途径。

在完成以上对现代译学研究格局的描述和剖析之后,本文下一步的工作则是试图重建翻译本体论的理论话语。然而欲分清什么是翻译本体论,还须从哲学本体论上谈起。本体论的英文为"Ontology"。对它的汉译,国内学术界几十年来莫衷一是,虽然大部分人都采用了现在的译称。因为很明显"-logy"作为什么什么之"论",亦即对什么什么的研究,其研究对象在这里是"on-",这个构词要素所表示的是"存在"之意。英文"存在"的动词原形是"be",所谓"to be"即"it is",这里的"it"显然是无所指的形式主语,其语义内涵则在"is",这个"is"就是"是",就是"在",就是"有",因此正如有位学者所说"it is 本身就是一个整体,它们合起来才表示'存在'这个范畴。"(汪子嵩等,1988)这样,本体论同时也就是"是论""在论""有论"宽泛的说法就是存在论。可见本体论的研究所指不是别的,而是存在本身。"存在"概念始出于古希腊的巴门尼德,黑格尔把他对存在概念的创立称之为"哲学的真正开始"。巴门尼德立论的基点归纳起来就是这样一句"It is or it is not(存在还是非存在)",他认为存在是存在的,非存在是不存在的。他反对在他以前的米利都学派和赫拉克利特,他们分别认为世界起源于水、气、火等,并把这些视为宇宙发生的本原。由于这些物质都是来自于经验层次的感性直观,因此巴门尼德把它们一概斥之为不能通向真理的"意见之道"。他独辟蹊径,主要是通过逻辑抽象,从水、气、火等存在物上抽象出"存在"这样一个非实体的范畴,以此确立宇宙成立的终极根据。他把他的研究之道宣称为"真理之道"。真理之道与意见之道的区别一是逻辑思辨的,一是经验直观的;前者把握的是存在,后者把握的是在者。可见存在和在者,在巴门尼德时代就已区分。

以上这一通哲学上的考辨与翻译中的本体论研究密切相关。从本体论的失落来看,本世纪译学研究的主要方向是(作)译者、(作)译品和读者,这些对象在感性直观的层次上就可以把握,因此缺乏逻辑推究,它们有似于巴门尼德所说的"意见之道"而非形而上学研究的"真理之道"。至于把(作)译品推上了"本体论"的高度,却忘记了它不过是翻译中的一个在者,并非翻译存在本身. 而本体论偏又不是在者之论而是研究在本身,这个误会由来已久. 本体论的称谓就容易让人望文生义:它不就是以本体为研究对象的理论吗?非也。道理很简单,本体不是在而是在者。翻译本体论是把握翻译"存在"的理论,不是直接以(作)译者、(作)译品和读者等"在者"为其对象的理论。

问题是,从哲学上的存在何以导向翻译上的存在? 哲学上的"在"(being)作为纯粹的在乃是一个空洞的大全,它无所不容、又无所定指。然而它既是"是"、是"在"、是"有",就必然拥有自己的呈现形态。这种存在形态乃是"在的实际承担与呈现。当然,"在"的外在形态是多种多样的,海德格尔指出"存在总是某种存在者的存在。按照种种不同的存在领域,存在者全体可以成为对某些特定事情的区域进行显露和界说的园地。这些事情,诸如历史自然、空间、生命、此在、语言之类,又可以在相应的科学探索中专题化为对象。"(海德格尔,1987)翻译当然也是如此。按照卢卡契在《社会存在本体论·导论》中的划分,存在形态共有三种基本形式:物理的、有机的、社会的,前两类合为自然存在,后者独为社会存在。由于主客二分的形而上学之思维定势,当人们注意到存在的自然和社会形态时,也就产生了自然存在本体论和社会存在本体论;同样,当本文注意到翻译的存在时,也就自然产生了翻译存在的本体论。按照传统理论的思路,研究某一对象必须首先确定对象是什么,然而这种套路不是本体论的研究思路。存在是什么?这一语式是为确定某物的本质属性,因此这是本质论的研究范畴,如上所言,存在至大无比,事实上是无从定义的。再者,存在先于本质,对象只有存在方有本质可言,因此本体论的任务首先是搞清对象怎样存在。这就是海德格尔常说的"存在为什么存在?怎样存在?"因此,本体论"它不描述哲学研究对象所包纳事情的'什么',而描述对象的'如何'"。(海德格尔,1987)质言之,本质论重在把握对象"是什么",本体论则强调对象"如何是"。

现在,落实到具体,翻译本体论如何研究翻译的存在?显然,这不是追问翻译的存在是什么,而是把握翻译如何在。这个问题从表层看不难回答,只要抓住它的形态构成就行了。翻译的形态构成亦即它的存在方式,不是别的,正是由"三 R"因素组构的翻译场,翻译只能依这个场而存在,离此则不复有其身。然而这并非问题的终结,还可以进一步追问:这个翻译场又何以存在?这样,我们就把视野一步步缩小到构成这个场的"三 R"因素上。但这仍然不是问题的终结,那"三 R"在者又依何而存在?这一步紧似一步的追问无疑是必要的,只有清楚地考辨出(作)译者、(作)译品和读者这三个系统质因何以存在,才能有效地说明翻译场的存在;同样,也只有合理地解释翻译场的存在,才能最终把握翻译存在本身。针对整个"三 R"因素而言,显然,"在者的在不是实体本身",而是确定在者作为在者的那个东西,这个东西是什么呢?答曰:是一种主体性的翻译活动。不妨先看译者。译者是何物?译者是人,是一个具有主体性的人。但这个主体性的人不一定就是译者,虽然它可能成为译者,而有可能转化为现实的决定条件就是这个主体已经投身于翻译活动。是活动这个事件,才使一个主体性的人成为一个译者,因此是活动选择了译者,而不是相反。至于译品,它所以成为翻译场的在者之一,也是由于翻译活动所致,它不过是以静态的形式物化了译者翻译的动态过程,是翻译活动之"动"确定了译品形态之"静"。读者亦然。当一个人不曾进入具有再创作效应的阅读活动时,他只是一个日常语义上的人,只有厕身于阅读,他才由人转化为一个有效的读者,因此读者之在,也是一种二度创作的活动之在。这正如马克思所说:"一切存在物……只是由于某种运动才得以存在。"(马克思,1972)由是可见,"三 R"因素所以成立的根据,乃是一种共在的活动。

它不仅决定了"三R"因素的存在,而且也决定了整个翻译场的命脉所在。没有这种包括翻译活动和阅读活动在内的整个"审美实践活动",翻译场势将面临解构,翻译本身也就随之消解。因此,翻译本体论作为研究翻译存在的理论,它如何在,其答案也就昭然若揭了。翻译存在的终极根据不是别的,正是自身这种主体性的翻译活动,它依这种活动而存在,或者说,它的存在本身就呈现为一种活动。

是否可以把上述那种主体性能的翻译活动亦上升到"本体"的高度呢?不可以。本体是在者,这已是明确的,在者是实体性的,这也是不言而喻的;而活动只有功能性却无实体性,它的功能所在,就是使在者成为在者,所以,活动是在而不是在者,它不可能也无需被拔高为"本体"。须知本体并不是本体论,本体论是一种存在论,把存在从在者中崭露出来,用以解说存在本身,这才是存在论的任务。本文正是在从事着这个任务。既然我们已经从翻译场的三在者中崭露出翻译的在,这个在即活动,这等于是说活动亦即存在之本身。那么,这种说法是否在学术上站得住脚呢?答案始终是肯定的。翻译的活动作为翻译的存在,盖在于从语源学上讲,存在本身就是活动性的。追踪到古希腊文献,"存在(是)"的词根义有两个,一个意思就是"依靠自己的力量能运动、生活和存在";另一个意思则是"依靠自己的力量,能自然而然地生长、涌现、出现"(富尔基埃,1988:41)。说到底,存在作为一个动词,本身就有走出和现象的意思,所谓现象就是把自身的形态(象)给外现出来。所以,法国学者保罗·富尔基埃颇有见地地指出:"存在并不是一种状态而是行动,是从可能到现实的过渡本身。正如同该词的词源意义所表明的那样,存在就是从存有(ex)这一层次出发把自己确定在(sistere)以前只属于可能性的另一层次上。"(富尔基埃,1988)这样问题就变得显豁了,翻译之在即翻译活动,翻译活动即翻译之在,这两者原本等义。翻译正是在一种特殊的人类的"生命—精神"的活动中方才显现其身,这种活动虽然不是实体性的在者,但却是翻译作为一种对象存在的终极根据。因此,本文把对这种终极根据所做的形而上学的研究称为"翻译本体论"。这样,对"在"的重新把握,不仅体现了一条形而上学的新思路,而且正是在本体论上获得定位之后,翻译作为活动方才形成它的研究谱系:如对这种活动所做的社会学、心理学、人类学、文化学、语言符号学的差异性研究(这些研究从不同学术视角给出了翻译活动的不同的存在本质);甚至还可转入活动本身,关注它的生成机制、操作表现、动作方式、过程效应及其价值意义等。因此,翻译本体论的重建,乃是把"活动"作为翻译生态的根本性存在,并试图从此出发形成丰富的"活动研究系列",用以完成对于翻译的最后体认。

(原载《译学厄言》南京大学出版社,2012)

十二、建立中国特色翻译理论

张柏然

20世纪70年代末,我国开始了一个新的历史时期,一个文化转型期,翻译理论研究出现了转机。随后,在改革、开放的思想引导下,翻译界大规模地介绍了外国翻译理论,引进了近百年来的各种西方翻译思想。短短十来年间,许多人兴致勃勃地译介、模仿、实验,几乎把百年来的各种欧美翻译思潮都演了一遍,翻译思想空前活跃。

在这种外来翻译思想如潮水般涌来的情况下,人们要保持心态的完全平衡是不大可能的,无论在观念上,还是在思维方式上,都无不受到触动。看到外国翻译理论发展的趋势以及我国翻译理论难以为继的状态,人们自然会产生求新求变的渴望。这时也有人或把外国翻译理论看做现代翻译理论的范式、我国翻译理论的出路所在。因为隔阂既久,所以难免眼花缭乱,心态浮躁,也往往会浅尝辄止,囫囵吞枣,或抱着拒斥的态度,把外国翻译理论视为资产阶级理论思潮的泛滥,内心惶惶,实有朝不保夕之感,其实这也是大变动时期的正常现象。在翻译理论问题的争论之中,各种思想竞相展现,几乎人人都认为真理在自己手里,要找个地方,一吐为快,或登高一呼,竖立新的旗号,翻译理论似乎处于严重的失序状态。实际上,这正是逐渐酝酿着一种在失序中不断完善的新型的有序状态,或者说一种新的理论格局。

翻译理论研究主张杂语化、多样化的时代来到了。一旦旧有的禁锢被打破,人们就觉得翻译理论中的问题是如此众多,以至于任何问题都成了问题,必须进行重新阐释;而翻译实践中层出不穷的新问题,也常常使理论与批评无法对翻译实践再发表恳切、精当之论,不能不陷入尴尬境地。一些从事翻译理论研究的专业学者,事实上早就思考着、协调着翻译实践与理论的关系,希冀建立一种多样化的新的翻译理论,这就是中国特色翻译理论(桂乾元,1986;刘宓庆,1996;张柏然、姜秋霞,1997;孙致礼,1997;沈苏儒,2002)。在所有有关翻译学的讨论中,这一问题应当说是最具挑战性和理论思辨性的。之所以这么说,是因为这一问题涉及到中国特色的翻译学是否科学和科学有无国籍与国界的问题,涉及是否要强调汉语与外语的翻译特点,涉及翻译学科的人文性(民族性、特殊性)与科学性(普遍性、必然性)之间的平衡和倾斜的认识,涉及理论形态与话语权等重大的原则问题。

所谓"中国特色",第一,就是用中国人自己的目光、观点与理解,而非外国人的目光、观点与理解,来阐释中外翻译现象,尤其是文学翻译现象。近百年来,中国人几乎总是跟随在外国人的理论创新之后,翻译介绍,来往奔走,疲于奔命。而这种跟随与模仿,又往往变为一种时髦与招摇。第二,就是必须连接被忽视甚至中断了的古代翻译理论传统,从古代译论中吸取丰富的营养,摄取那些具有生命力的观念,激活那些并未死去的东西,使之成为新的译论的血肉。第三,要与当代的中外翻译实践相结合,用以阐释我国与外国的新的翻译现象,形成我国新的翻译理论。第四,有着中国特色的翻译理论又是多种多样的,对精神现象的大一统单一化的理解一旦破除,翻译理论就显出其自身的多姿多彩,加上各种学派的理论竞相争妍,就会显得更加绚丽斑斓。

中国特色翻译理论的建设,正在进行之中。建成这一翻译理论的标志是,在吸收中外古今译论的基础之上,我们在阐释本国翻译与外国翻译现象时,在理论上有自己的一套不断确立着的规范、术语与观念系统,具有我们自己的理论独创之处;在世界译论中,不是总是跟着人说,而是用我们自己的话语表述,并在世界多元化的译论格局中,有着我们译论的一定地位,使中外译论处于真正的交往对话之中。开始于20世纪90年代中期直至今天的翻译理论的反思,大体是按照这种认识进行的。

回顾翻译理论的进展与更新,可以说,这十多年的光阴并未虚度浪掷。不少学者广泛涉猎中外翻译论著,借鉴各种流派的研究方法,探讨着翻译的不同问题,都曾清理、整合过自己的学术思想,从不同侧面来阐明种种文学翻译现象,以适应新的翻译实践与新的翻译潮流的需要。

对于30年来的翻译理论研究成绩,我们自然不能盲目乐观,但也不宜妄自菲薄。新时期的翻译理论是个很有成绩的学科,只是未加集中、未曾展示而已。翻译理论中出现了不少好书和优秀著作,这是事实。一是它们具有创新意识。创新意识就是能够抓住理论中的关键问题或是新问题,从新的视角对它们进行合乎实际的理论阐述,提出新见解、新观点,使理论问题在原有的基础上,获得新的说明,从而使理论有所丰富、有所发现、有所前进。只有创新,才能使翻译理论研究具有活力,获得生命。新时期的翻译理论改变了原有的翻译理论的面貌,它的理论探索的锋芒射向翻译领域的各个方面,它所讨论的不少问题,是过去的翻译理论研究未曾涉及的,因此不时引起思想的火花而新见迭出。自然,作为新的中国特色翻译理论的整体形态还不够成熟,但是就单本著作水平而言,一些学者是获得了较高的学术成就的。

二是这些著作初步实现了理论观念的多元化。翻译本身的问题是可以分为多种层次的,每一层次的问题探讨的角度又是多种多样的。二十多年来,有关翻译审美、翻译性质和特征、文本、文体、结构、意象、意境、境界、作者、读者、阅读、修辞,以及翻译心理、翻译与社会、翻译阐释学、翻译与接受理论,比较译论与文化诗学等问题的探讨,都有专著问世,虽然水平参差不齐,但其中也不乏精品。

三是研究方法的多样化。翻译理论学派进入多元化之后,研究方法自然出现了多样化趋势,而一些学科本身就要求新的方法,如翻译心理学、翻译社会学、翻译话语研究等,方法的多样化更加促进了理论的多元化。这种景象是我们在20世纪80年代初所梦寐以求的。理论的多元化、方法的多样化,可以使理性的智慧获得解放,从而排除人类思维的独语现象,可以使学术个性得到彰显、得到尊重,使他们成长,获得生机。多样而巨大的学术个性的出现,是一个时代学术成就的标志。一个没有学术个性的时代,必然是平庸的时代。有了学术个性的出现,才谈得上学派的形成,进而漫向四面八方,推动学术的更新与发展。可以这样说,今天翻译理论中的学术个性正在探索与形成之中。这就是为什么我们要大声疾呼翻译理论与方法多元化的原因。

一个创新的新世纪已经来临。不过任何一种新型的理论形态的建立与发展,都要以前人提供的思想资料为基础。新时期的译论,作为一个良好的开端,它们无疑可以成为中国特色翻译理论的前期成果;而作为丰富的思想资料,它们无疑将汇入新世纪的新的理论创造之中。

我们认为,要在全球话语下建立中国译学理论的现代体系,"首先要做的工作是对一批具有世界意义的中国译学经典进行现代性的'还原释读',让其以文化精神的内核中迸发出具有中国现代特色的译学理论。此外,要对极其丰富复杂的翻译观象进行系统的搜集整理、考订和理论把握,即'现象统观'。它可以比较充分地吸收和转化中国传统的翻译学的学问,从而以比较深厚的功力,在本色的意义上展示与西方译学发展不同的中国译学历史过程,进而在宏观上建立中国翻译学。"(张柏然,2002)"在形象思维的发展史上,我国文艺领域以神制形,突出神韵,表现为一种形简神远的思维方式特点。这一特点对我国传统译论产生了重大的影响。对比西方译学理论思维,中国译学理论思维是感悟性强于思辨性,生命体验力强于逻辑分析力。"(谭载喜,1998)因此,我们进而提出:"在全球性跨文化对话中,中国译学理论要把握住自己的身份标志,有必要利用自身智慧优势,建立一种具有东方神采的'感悟翻译哲学'。进而以感悟翻译哲学来破解中国思维方式的核心秘密,融合中国翻译文化的基本特征,在西方译论走向形式科学的同时,促使中国译论走向生命科学,创立一种包含着丰富的中国智慧的'文化—生命翻译诗学'。"(张南峰,2000)我们之所以这样呼吁,主要是出于下面几个基本事实。

第一,"中国特色"表示有关的理论和方法是扎根于汉语语言和包括文、艺、哲、美等在内的文化事实的基础之上的。我国的现代翻译理论研究,从一开始,就受到主要从印欧语总结出来的翻译理论的指导,而汉语是一种跟印欧语言很不相同的语言,用这种西方翻译理论来指导汉语翻译理论研究时,人们往往感到力不从心,捉襟见肘,有时候明明十分清楚明显的道理,用国外某些理论来解释,反而搞得一头雾水。正如有的学者所说,"世界上不存在适用于各语系、各种类型的语言的语际转换的翻译理论模式"(朱纯深,2000),但中国"目前存在的倾向是将印欧语系翻译理论研究的进展或模式看成了'放之四海而皆准'的真理"(谢天振,2001)。因此,历年来,有识之士不断地希望在汉语原始的基础上总结出某些理论和方法来，冠之以"中国特色"，就是希望它明显地区别于建立在印欧语研究基础上的西方翻译学理论。

第二，"中国特色"意味着正确处理共性和个性的关系，在个性研究的基础上来研究共性。我们从来也不反对加强对"普遍翻译学"的研究，但是，我们也必须指出，现在所谓的"普遍翻译理论"实际上并不"普遍"，那只是在以英语为代表的印欧语言研究的基础上建立起来的，它的"普遍性"实在是应该受到怀疑的。霍尔姆斯曾提醒人们："有些理论号称普遍理论，实际上只讨论西方文化区域。"西方翻译理论大多来源于西方文化之间的翻译实践，我国有些学者把西方译论与具有普遍适用性的纯翻译理论之间划了等号，这是错误的。纯翻译理论既包括西方译论，也包括非西方国家在翻译活动和翻译研究实践中高度概括和总结出来的纯理论。这是翻译学的辩证法。要使它的"普遍性"真正具有代表性，唯一的办法就是用汉藏语系的研究，特别是汉语的研究成果去修正、补充、丰富它。

第三，"中国特色"宣告我们参加国际大循环将是"双向的"，而不是"单向的"。中国的翻译理论研究要能够跟国际翻译理论界对话，就必须有我们自己的特色产品，如果只是跟在外国人后面跑，人家研究什么，我们也研究什么，别人不研究，我们也不敢研究，甚至反对研究，那么，我们还会有什么出路呢？特别要警惕那种在"强调研究翻译的共性"的幌子下，实际上漠视对汉语或汉藏语系"个性"研究的危险倾向。

有的学者认为："翻译学就是翻译学。如果还要提倡，'中国特色的翻译学'，在21世纪就会落后于别人。"我们的看法恰恰相反。我们认为，如果我们还不旗帜鲜明地提出尽快"建立中国特色翻译学"，那么在21世纪我们必将永远落后于别人。

这些先生的论据之一是："翻译学和其他学科一样，并不存在国界。"他们认为，"科学是不分国界，不分民族的"（谢天振，2001），提出建立中国特色的翻译学的口号，可能令中国译学研究"陷入狭隘民族主义的泥坑"（张南峰，2000）。

我们首先要搞清楚：科学的定义是什么？"科学无国界"的内涵是什么？其实，问题是非常清楚的，这里所谓的"科学"是指"自然科学"，包括数学、化学、物理学、生物学等，然而语言学是一门自然科学吗？英国语言学家 R. R. K. 哈特曼和 F. C. 斯托克在合著的《语言与语言学词典》中指出："语言学已经从哲学研究和文学研究中脱离出来，变成'人文学科'和'自然学科'之间的一门独立学科。那么，翻译学是一门自然科学吗？翻译学在本质上不是一类以价值中立、文化无涉为前提，以事实发现和知识积累为目的，以严密的逻辑体系为依托的科学活动，而是一类以价值建构和意义阐释为目的的价值科学或文化科学。这既是事实性的（实然），也是表达性的（应然）。"（张柏然 2002）显然，翻译学既不同于人文社会科学，也不同于自然科学，或者说，既有跟人文社会科学相一致的地方，也有跟自然科学相一致的地方。与其说它接近于自然科学，不如说它更接近于人文社会科学。翻译离开了人,就不成为翻译,所以翻译学必然深深地打上民族文化的烙印,这是翻译学的基本常识,大前提都不能构成了,所谓"无国界"的说法也就不攻自破了。事实上,翻译是语言的艺术,除了自然属性之外,社会文化属性是更为重要的,任何人忽视了这一点,都会犯无可挽回的错误。

这些先生的论据之二是:我们也从来没有听说过要建立"有英国特色的翻译学""有美国特色的翻译学",我们为什么要提出"有中国特色的翻译学"呢?(朱纯深,2000)

英国人不提"英国特色的翻译学",美国人不提"美国特色的翻译学",那道理不是秃子头上的虱子——明摆着的么?处于强势的文化、国家或民族,总是倾向于提倡"普遍主义"或"世界主义",这里当然包含了强者的自傲。现在的所谓翻译学理论框架,主要是从英语语言事实的分析和印欧语之间转换中归纳出来的,他们当然没有必要再这么提,但是并不等于我们就不能够提。说"具有中国特色",也不是否认普遍翻译学的存在,只是我们要确立中国翻译理论研究在国际翻译学界中应有的地位。"中国特色翻译学"也还是翻译学,并没有成为别的什么样子。

这些学者的论据之三是:我们应该把"处理人类翻译的共性当做自己的任务",并且说"一些所谓中国的特点在更高层次上看实际是属于翻译的共性"。(张南峰,2000)

需要说明的是,我们提倡"中国特色",从来也没有说不要研究翻译的共性,其实"特色"的提法恰恰说明"共性"还是主要的。"具有中国特色的翻译理论与具有普遍适用性的纯理论是一个问题的两个方面。在中国翻译学与纯翻译学这一对矛盾中,前者是特殊性(或曰差异性),后者是普遍性,二者既对立,又统一,不可偏向某一方,而忽视另一方。重视译论的中国特色,并不意味着放弃对普遍性的追求;同样,对纯理论的偏重也不应该以特殊性的牺牲为代价。"(孙会军、张柏然,2002)

共性存在于个性之中,事实上我们只有通过深入地研究具体翻译的个性才有可能挖掘出翻译普遍的共性。这个简单的道理,大家都是清楚的,但是碰到实际问题,就往往会发生偏离的情况。过分强调"共性"研究,或者过分强调"个性"研究,都是不合适的。我们认为,"中国特色"的提法,恰恰比较好地解决了这一难题。世界性与民族性是事物的一体两面,表面对立,实则统一。有鲜明的民族性,才有真正的世界性。没有各个民族深入挖掘,慷慨奉献本民族的优质元素,就无法打造出内涵丰富、形式多样、色彩斑斓的世界性。

世界翻译学也在期待着研究植根于汉语泥土、理论生发于汉语事实的新流派,也在呼唤导源于中国学术传统和文化语言土壤的新思想。学术流派的形成和发展要有坚实的事实基础,可靠的论证体系,明确的研究目标,一组清晰的并得到初步验证有效的研究方法和技术手段。就客观条件而言,中国实际上已经具备了形成学派的几个重要的基础和前提:第一,有着丰富的汉语(仅语)方言、少数民族语言的大量翻译理论研究材料,其中的汉藏等语言还有着举世闻名的译学历史典籍;第二,中国人对语言与翻译问题的思考和探索源远流长.又有悠久独立的学术传统和求真务实的朴实学风,并取得过巨大的成就;第三,随着国家开放政策的有效实施,中外翻译学交流愈加频繁和顺畅;第四,跟翻译学相关的周边学科如语言学、心理学、社会学、人类学、教育学和电脑科学业已在我国得到了很好的发展,这对于多学科的交叉促进,对于激发学术灵感,对于提升学术水准极为有利;第五,已经大体上成功地建立了一个梯队层次分明、知识结构合理的高素质研究群体。总之,中国特色翻译学已经具有形成自己的风格和学派的条件和基础,所欠缺的是理论方法的眼力、提炼升华的能力和假设演绎的魄力。

面对汹涌而至的国际学术一体化浪潮,中国翻译学的建设工作任重道远。就翻译研究而言,应该根据不同的目的,创新、掌握和运用不同的理论观念。这样,中国特色翻译学才有助于作为一个整体的、多元全面的世界翻译学健康发展,中国翻译学者才能真正地以尊严和自信面对世界,同别人双向交流,平等对话。因此,我们提倡建立中国特色翻译学,正是坚持各国、各民族的"特殊性"和"差异性"原则,去共同营造一个多元、平等、对话的世界翻译理论格局。这样,才能从东西方翻译理论中抽象出真正具有普遍指导意义的世界翻译理论,从而最终完成对世界翻译学的构建。

(原载《译学厄言》南京大学出版社,2012)